U0839363

中国博士后科学基金第12批特别资助项目研究成果
（资助编号：2019T120323）

破产法律文化与破产法的变革

丁 燕 著

人 民 出 版 社

责任编辑:郭星儿
封面设计:源　源

图书在版编目(CIP)数据

破产法律文化与破产法的变革/丁燕 著. —北京:人民出版社,2022.11
ISBN 978-7-01-025233-9

Ⅰ.①破…　Ⅱ.①丁…　Ⅲ.①破产法-文化研究　Ⅳ.①D912.290.4

中国版本图书馆 CIP 数据核字(2022)第 220568 号

破产法律文化与破产法的变革
POCHAN FALÜ WENHUA YU POCHANFA DE BIANGE

丁　燕　著

人民出版社 出版发行
(100706　北京市东城区隆福寺街 99 号)

北京汇林印务有限公司印刷　新华书店经销

2022 年 11 月第 1 版　2022 年 11 月北京第 1 次印刷
开本:710 毫米×1000 毫米 1/16　印张:17.75　字数:272 千字

ISBN 978-7-01-025233-9　定价:48.00 元

邮购地址 100706　北京市东城区隆福寺街 99 号
人民东方图书销售中心　电话 (010)65250042　65289539

序一　打开破产法律文化的“黑匣子”

破产制度拥有悠久的历史，并在长期的发展中形成了独具特色的破产法律文化。自古罗马时期破产制度诞生以来，已经在绝大多数国家和地区落地生根，并随着各国的实践形成一些本土化特色，破产法律文化也在这个过程中不断在社会上演进，与不同国家、不同文明的地方性文化之间产生碰撞、交融，进而深刻地影响了各国破产法律制度的发展与变革。随着全球投资、贸易的联系愈发紧密，预重整、企业集团破产等新制度逐渐被各国所接受，当代破产法的价值、目标逐渐趋向普世化，各国的破产制度与破产法律文化在全球化背景下产生趋同。然而，趋同并不意味着相同，各国经济、政治、文化上的巨大差异终究不能让同一部破产法通行世界，破产制度与破产法律文化就在地方性与全球性之间徘徊。但无论如何，我们正在经历一个世纪以来破产法的首次全球性变革。这次变革不仅是各国的破产制度与破产法律文化继续发展的机遇，也是各国都要经历的一次挑战，重点考验各国能否厘清本国破产制度与其他国家破产制度的关系、能否找到地方性破产法律文化与全球性破产法律文化的平衡点，从而在未来促进乃至引领全球经济新繁荣。

本书作者丁燕是我指导的博士生，她在人大读博期间，勤勉尽责、严谨务实，博士毕业后一直致力于破产法的研究，笔耕不辍，在承担教学、科研任务的同时兼任青岛市法学会破产法研究会会长一职，通过打造“胶东破产法论坛”，举办公益讲座、开设研究会公众号等方式积极普及、推广破产法律文化。本次她撰写的《破产法律文化与破产法的变革》一书，邀我为之作序，自然是欣然允之。

国内以破产法律文化与破产法变革为专题开展的研究不多，可以说本书是在一条崭新的道路上摸索前行，故其间难免有不妥之处，但相信本书的出版对我国破产法律文化的辨析与重塑，对破产制度的变革与完善将大有裨益。

中国拥有悠久的历史，创造了许多彪炳史册的制度以及辉煌灿烂的文化。但是，破产制度与破产法律文化对于我国来说则属于舶来品，是这片古老土地上随着市场经济闯来的“异乡人”。社会民众长期以来难以接受现代的破产理念，对市场化的破产法律文化往往持抵触、排斥的态度，乃至对破产法的目的、价值、调整作用产生种种误解，破产法适用曾一度在中国面临水土不服的困境。

国内对于破产法的研究多关注于对现有破产制度与具体规定方面，主要是吸收借鉴国外先进制度与实务经验，健全完善破产法律制度，以保障破产法的顺利实施。但是，仅停留在这一步，不从本国传统文化中汲取养分，难以扭转民众对破产法的历史成见，破产法律文化的建设不易产生理想的效果。

随着我国的改革逐渐进入深水区，对外开放的步伐不断迈进，构建符合市场规律、迎合国家发展需要、顺应时代潮流的国际化的破产法律制度愈发重要。为保障我国破产法的发展与完善，提升破产法的国际化水平，需要破旧立新，祛除人们对破产法的陈旧观念与错误认识，改善我国的信用文化、竞争文化，塑造破产挽救文化，形成破产法律文化与破产制度相辅相成的良性循环，破除我国破产法发展的基础性障碍。为此要寻求把握破产法律文化的发展脉络，明确各国破产法律制度改革进路，找到破产法律文化与破产制度未来的发展方向，进而引领我国构建市场化、法治化的破产法，并向着破产法国际化不断迈进，这便是本书写作目的之所在。

本书立足于破产法律文化的角度审视破产法适用与变革中遇到的各种问题，从研究破产法律文化在破产法发展变迁中的基础性作用入手，揭示破产法变革的需要，把握破产法律文化的发展方向。作者综合历史学、社会学和心理学等学科，探讨破产惩戒文化、破产耻辱文化、破产宽容文化与破产拯救文化在不同历史时期对各国破产法律制度所产生的影响，并在对破产法律文化分析的基础上，提出以拯救理念来转变人们固有的陈旧观念，促使我国现代破产法律制度实现变革与创新，展现了一种新的研究思路，拓宽了我国破产法学的研究视野，为学者进一步通过法律文化反思破产法律制度，在破产法律制度中把握破产法律文化提供了新的研究模式，具有较高的学术价值。

首先，本书对破产法律文化进行了概念界定和类型归纳，在横向与纵向维度下展开对破产法律文化与破产法律制度的因果机制研究。其次，从历史学、社会学和心理学三个维度对破产法律文化与破产法的关系展开全面的理论研究和实务探讨。在历史学视角下着重关注破产法律文化在破产制度建立与变迁中的角色和影响，对古罗马、中世纪、近代、现代各个时期不同国家的破产法律文化与破产法关系进行研究。在社会学视角下，分别对破产法官、破产执业者等角色进行观察，探究破产法律文化在破产法律共同体形成与发展中的价值与作用。在心理学视角下，重点关注各类型破产法律文化的表现形式及社会心理环境对破产法律文化塑造的影响。在此基础上，本书根据破产法律文化的世界谱系图分析破产法律文化对各国破产法律制度的影响，选取有代表性的国家作为样本，对不同类型的破产法律文化与相应破产制度的关系进行研究，重点关注不同破产法律文化对破产制度、市场秩序、当事人权益保护以及破产法发展趋势的影响。同时，本书探讨了破产法律文化的全球性变革与各国破产法的转型，分析了《欧盟破产程序条例》、联合国国际贸易法委员会《破产法立法指南》、世界银行“办理破产”评价指标蕴含的破产法律文化，探究各国国内破产立法所受到的影响，通过不同时期、不同地域之成果所展示的破产法律文化差异，厘清未来破产法律文化的发展脉络，探索何种破产法律文化具有更好的未来发展趋势，从而促进各国达成共识。本书对拯救、宽容破产法律文化推广和完善的路径进行了描绘，并对在这种全新破产法律文化指导下的破产制度变革蓝图进行了擘画。

本书还从破产法律文化的发展角度着重探讨我国破产立法、司法、行政、法律共同体构建等方面的改革框架与具体内容，对立法规则进行构建与完善，在中小企业简易破产、预重整等方面进行制度改革；在法律适用方面对法官的角色进行定位，在破产案件的程序规则和实体规则上进行革新；从行政角度探索我国破产行政管理机构的定位，在此基础上还要研究破产法律共同体的职责定位与未来发展。对于实践中出现的种种新问题、新挑战，如关联企业实质合并破产、个人破产等，同样也需要从破产法律文化的角度出发进行制度建构，保证整个破产体系在逻辑上的统一性。

最后，本书考察破产法律文化与跨境破产法的关系，对《欧盟破产程序条例》《跨境破产示范法》等一系列涉及跨境破产的规定进行研究，分析其彰显的破产法律文化内涵，研究各国国内破产立法所受到的影响，为完善我国跨境破产制度提供有益经验；从破产法适用的全球性竞争透视破产法律文化的本质，结合经济全球化的背景重新审视各国破产法之间的竞争与合作关系，并对其背后的破产法律文化本质进行探索，从破产法律文化本质的角度展示各国破产法未来的改革图景。

总而言之，对破产法律文化的研究是必要的，只有掌握破产法律文化和破产法变革之间的关系，才能做到因地制宜地激活域外移植而来的破产法律制度，创新发展本土破产机制，使破产法律制度真正在我国落地生根。只有了解破产法律制度对破产法律文化的影响范式，才能通过制度建设改善文化，使人民群众了解、接受破产法律文化，引导破产法律文化的健康发展。只有把握破产法律文化的发展方向以及各国破产法律制度改革方向，才能保证我国破产法的高质量发展，提高破产法的国际化水平。

我相信本书的出版，能够为完善我国破产法律制度，建构我国破产法律文化，引领破产法向着市场化、法治化、国际化的方向不断发展做出有益的贡献。期望本书的出版能为我国破产法治的进一步发展、改革、完善尽到微薄之力。

王欣新

2022 年 6 月 16 日于京

序二　破产法律制度的文化基因

破产，曾经只是我们知识体系中的一个模糊的词语，如今已经实实在在地嵌入到这个时代的社会意识。无论是感性判断或者是理性分析，这是体现当代中国文化变革发展的重要判断。这种变革来之不易，可以成为未来社会发展重要的动力源泉。一是我们理解了现实、理解了竞争、理解了市场、理解了优胜劣汰，我们越来越认识到，现实总是有许多不如意，即使我们有美好的愿望，也付出许多努力，我们常常会遇到难以克服的困难无法清偿债务，我们知道那就是破产。二是面对多难的现实，我们也需要坚持法治的方向。以成熟的制度解决我们并不期待的现实，常常是我们能够选择的最好路径。破产制度的引进与实施，提供给我们解决债务问题的制度性方案，实际上是复杂情形下社会安定的重要力量。三是一些重大的事件，演绎出生动的场景，使我们对于包括破产在内的许多问题的认识更为深刻。1986 年 8 月沈阳市防爆器材厂宣布破产，被认为是改革开放历史中的重大法治事件，其中重要的意义就是企业经营失败会被宣告破产开始成为一种社会观念，承认优胜劣汰的市场经济竞争机制是真实发挥作用的机制。2006 年 8 月，第十届全国人大常委会第二十三次会议通过《企业破产法》，宣告我国全面建设适用于所有企业的破产制度，不仅昭示社会主义市场经济法律体系真正得以比较完整地建构，而且为陷入困境的企业提供包括清算、和解、重整的多种方案，标志着我国企业破产法律制度与国际全面接轨；2020 年 8 月，深圳市第六届人大常委会第四十四次会议通过《深圳经济特区个人破产条例》，以立法方式宣告我国进入个人破产探索重要时期，不仅表明法治建设为个体的市场主体遭遇债务危机时提供解决方案，更在于为所有的市场主体积极参与创新创业解决后顾之忧，为重整旗鼓提供后续保障，为社会经济带来新的动力。

我国30多年的破产法治建设，远远不仅是学术界的关注，不仅是理论界的活跃，而是经济社会生活期待的反映，是破产法治实践的积极贡献。破产实践以不断探索、丰富、拓展的姿态回应社会的现实。一个有趣的现象就是，破产法治发展不仅包括立法、司法解释与一个个具体的破产案件的处理，而且也包括一次次围绕热点与重点问题的广泛讨论与一场场群体广泛参与的破产法治论坛，包括广大市场主体、社会公众、政商各界与广泛的破产执业共同体共同演绎着中国破产法的进化论，一定意义上可以认为是一场围绕市场主体与社会公众面临或者可能面临债权债务困境假设下法律、经济、社会、政治等相结合的思想与理论运动，进而形成一种特殊的破产法治文化现象。

按照马林诺夫斯基的主张，研究一种社会现象应当将其放到整个社会系统中。在此意义上，规则本身就是社会系统的组成部分，是文化应当包含的内涵。一方面，由于不同的文化对于特定法律制度的理解不同，我们需要研究在中国经济社会系统中的破产制度的文化基础，研究中国破产制度的"地方性知识"。例如中国法律的儒家化是中国法治建设的典型特征之一，"以和为贵"的文化基因形成了中国人的信用观。比较而言，对于债权债务关系的处理，通常是温和与持续的处理模式，既着力维护债权人的利益，维系债权债务关系，要求债务人的主动清偿债务之自觉，礼法合一形成强大的社会规范场域，主张"欠债还钱，天经地义"，要求父债子还，但又支持各方主体的共生模式，要求债权人对于债务人必要的宽容。另一方面，中国现代破产制度的建立本质上是一次制度借鉴与法律移植。无论是清末的《破产律》，或者是民国时期的《破产法》，抑或是2007年的《企业破产法》，都体现了这一点。不过，就像所有的法律借鉴或者移植一样，破产法律制度在我国建立就不仅仅是一个引进或者照搬的行动，而且是社会系统性地理解、接受、建构、结合、融合的一个过程。研究破产法发展变革，终究是要研究这个过程，研究破产制度与其他制度之间的关系，研究破产法实施的环境与实施效果，需要超越法律的研究。我国也有一些破产法学者关注到这一问题，从不同的层面进行了研究。或许是因为问题的复杂性，目前还缺乏比较系统的研究成果。

需要说明的是，文化、法律文化、破产法律文化本身并非是不言自明的概念，需要仔细地界定与解释。当然，现代社会发展显示出不同的特点，一是在特定法律领域，现代社会具有共同的法治需求，法律文化本身与法律制度一样是现代化的组成部分，或者是需要完成现代化过程的，在全球化时代，作为商事法律重要组成部分的破产法应当是法律全球化的重要推动者。二是在社会传统法律领域，虽然在发生着变化，“地方性知识”依然在发挥着重要作用。类似移植的制度能够生长，常常需要在文化中确定稳定的连接点，只有这样才会保证移植的制度得以滋养，并在成长的过程中克服排异反应。否则，同样的规则、制度会在异质的文化中发生变形，失去期待的效用。

在我看来，一方面，热闹的破产法治实践，本身就是破产法治文化组成部分；另一方面，法律文化本身存在多样性的特点，站在不同角度观察破产法律文化，往往会有不同的感受。涉及破产法律文化，一些观察角度是必然需要的。例如，破产程序作为基于债务人不能清偿多项债务情形下开展的任何类型的程序，本质上都是一个集体性的纠纷解决程序。比较个别性的纠纷解决程序，破产程序是更富有效率的制度，破产程序是债权人对于公平公正对待的期待更为强烈的程序，破产程序是需要解决争议的同时解决最终执行的程序。又如，破产制度具有显著的二元性，既是实体法，又是程序法；既有国内法问题，又有跨境法治问题；既是主体法，又是行为法等。以主体法与行为法角度分析，作为主体法，需要规范主体的存续、组织、运行、变更、退出等一系列问题，需要区别不同类型主体的不同法律原则，不同类型主体的不同的正义观。作为行为法，既要回溯债务人过往的行为的再评价，也要重视债务人与债务人的出资人、债权人、参与债务人拯救的投资者新的行动。不同的行为类型，又涉及不同的法律规范评价问题。

丁燕在华东政法大学博士后流动站从事科研工作期间，主要研究破产重整法律制度。在她的研究中，总有一种寻找问题本源的动力，着力在破产法治的田野中寻找破产法的基因密码。因此，在研究破产重整问题的同时，着力于打开破产法律文化的“黑匣子”。她对于破产法律文化的研究，着力于分析我国破产法孕育、诞生、变迁、发展的文化基因，从政治利益集团、经济利益集团角度分析破产法治变革的动力机制，从社会心理学角度分析破产耻辱文化、破产宽容文化、破产拯救文化对于破产法治实践、破产立法变革的影响，从破产职业共同体角度分析破产法律文化现代化发展的重要变量。尤其是以《欧盟破产程序条例》、联合国国际贸易法委员会《破产法立法指南》、世界银行“办理破产”评价指标等为例对于破产法律文化变革与破产法治演进所产生的影响进行了细致的分析，具有很强的说服力。

正如作者所说，受我国历史变迁、政治经济体制发展、社会心理变化等要素影响，破产法律文化与破产法随之发生了变革，破产法律文化与破产法之间的因果机制关系日益显著。我国破产立法规则的重构必须以破产法律文化的最新发展理念为原则，并适度借鉴国际和西方发达国家破产立法例，基于破产拯救文化理念，就需要从多元化企业破产程序构造、破产程序中权力配置、个人破产制度构建等方面促进我国破产法的重大变革。站在创新时代研究破产法的变革方向，要重视破产宽容文化的建设，抑制破产耻辱文化的消极作用。从破产法律文化的发展脉络来看，破产宽容文化是通过法律移植进来的，要经过文化自塑的过程，使其与本国文化相融合，成为本国公民的权利自觉和文化自觉。中国作为有担当的重要经济体，力图将创新创业打造成为经济发展的新引擎，但创新创业是带有一定风险的，鼓励创新、鼓励创业必然意味着对创业者的失败更加包容，并帮助陷入困境的市场主体尽早脱困，鼓励遭遇危机的创业者再次起航。站在面向未来的视角，破产拯救文化必然是未来破产法律文化发展的趋势。各国营商环境竞争与“办理破产”评价指标蕴含的价值不仅见证了诸多国家在破产制度上的变革，也与各国破产制度维持企业运营、帮助债务人复苏的改革主流一致，面对不确定性的未来，以有利的企业与市场组织作为应对不确定性的意义，应当成为重要的选择。

丁燕多年来专门从事破产法学的教学与研究工作，无论是破产法律人才的培养，或者是破产法理论问题的研究，都做出了显著的成绩，是一位非常优秀并且勤奋的破产法学者。同时，她还是一位破产法治的实践者，作为兼职律师，她还亲自承办一些重要的破产案件，为一些疑难复杂的案件提供专家指导意见，从她的研究成果中，可以看出破产理论与实践结合的特殊意义所在。此外，她还是破产法治事业建设的行动者、破产法治学术与法治文化的推动者、传播者，无论是组织运行青岛市法学会破产法研究会等学术性平台或者是搭建破产法治公益讲座等宣传平台，都有出色的表现。或许正是因为她全面参与理论与实践，更能够体会破产法律文化建设的重要意义，激励她着力破产法律文化问题的专门研究，在很大意义上填补了我国破产法律文化系统研究的空白，也丰富了我国现代法律文化研究的内容。

众所周知，制度与文化从来就是互为依存、相融促进的。一方面，文化体系由经济社会发展的价值取向所决定，支撑制度体系的构建，保证制度与文化的共同发展方向，另一方面，制度体系必然承载文化价值的理念，并通过制度实施践行文化的价值追求，有利于我们更加自觉地文化自信。我们曾经判断，和平和发展是时代的主旋律。只是在现实生活中，我们似乎感觉到各种具体的冲突几乎无处不在。破产制度通常被认为是资源稀缺情形下解决复杂性冲突的重要程序，因为破产涉及的事务具有复杂性与多元性，现代破产制度已经成为富有上进心的重要法律，作为破产法律共同体的“破人”们是否可以超越破产法律更多倡导面对现实的包容性的破产法律文化，更多倡导面向未来的合力拯救从困境中解脱出来的破产法律文化，才是破产法律文化自信的行动自觉。

《破产法律文化与破产法的变革》作为开创性的著作，在梳理破产法历史同时提出了未来破产法律文化的发展方向，这一成果在很大程度上体现了破产法律共同体的共识，也有利于社会各界进一步理解破产制度的核心理念所在。有价值的现代破产制度不仅应当体现在具体规范的修改完善上，更应当体现在全面嵌入文化的制度实践中，破产法律文化的进步才是中国破产法进步最坚实的步伐。

2022 年 6 月 20 日于沪

目　录

序一　打开破产法律文化的“黑匣子”……1
序二　破产法律制度的文化基因……1

导　论……1
第一章　破产法律文化的基础理论诠释……36
　第一节　打开破产法律文化的“黑匣子”……36
　第二节　破产法律文化与破产法的因果机制运行……42
第二章　破产法律文化的类型化研究……70
　第一节　基于利益集团理论的破产法律文化分类……70
　第二节　基于社会心理学理论的破产法律文化分类……86
　第三节　基于共同体理论的破产法律文化分类……106
第三章　破产法律文化的全球变革与各国破产法的转型发展……124
　第一节　《欧盟破产程序条例》视角下破产法律文化与成员国破产法变革……124
　第二节　《破产法立法指南》视角下破产法律文化与各国破产法变革……138
　第三节　世界银行“办理破产”指标视野下破产法律文化与各国破产法变革……154

第四章　破产法律文化全球变革背景下我国破产法的改革宏图……166
第一节　影响我国破产法律文化与破产法变革的要素分析……166
第二节　我国破产法律文化的重塑与破产立法规则的重构……179
第三节　破产法律文化变革背景下我国破产法律共同体的发展……204
第五章　破产法律文化变革与跨境破产法发展……216
第一节　《欧盟破产程序条例》视角下破产法律文化与跨境破产法发展……216
第二节　《跨境破产示范法》视角下破产法律文化与跨境破产法的发展……234
第三节　破产法律文化全球变革背景下我国跨境破产法的发展……250

参考文献……257
后　记……269

导　论

我国破产制度的构建已经取得了令人瞩目的成绩，破产法为僵尸企业出清、深化供给侧结构改革所做出的贡献也有目共睹。破产制度作为市场退出机制、市场挽救机制的有机组成部分，展现了巨大的活力，为社会主义市场经济做出了卓越贡献。在企业破产法律制度之外，建立个人破产制度的呼声也越来越高，在深圳已经开始进行个人破产制度的试点，个人破产在为创新、创业保驾护航方面的作用日益得到社会的认可，破产法的巨大作用不容忽视。

在肯定破产法重要性和贡献的同时也应当意识到现行破产法律制度仍存在诸多不足，亟待改革。现行破产法在改善文化方面仍有不足，在进行立法时，研究者曾希望破产法能够完成改善信用文化、竞争文化并塑造挽救文化的任务，但目前来看，文化的转变远未完成。没有良性破产法律文化，破产法律制度的有效运转、市场经济的完善都将面临巨大困难。以历史视角分析，破产法律文化的培养绝非一朝一夕之功，对文化进行改造需要符合文化变迁的客观规律，需要有明确的发展方向，更需要得到立法、司法、行政等多方面的共同配合，协同发力，从而奠定破产法律文化变革的研究基础。

在现有法律制度中，一些制度来自于对其他国家立法经验的借鉴，但并非所有的法律移植都能落地生根，许多法律制度在移植中国后并未产生预想中效果，一个重要原因即相应的法律移植未能适应现有社会文化环境，更未进行相应的本土化改造。可以预见的是，在今后推进我国破产法变革时同样需要学习国外先进制度设计，这就要求在进行法律移植之前结合我国现有破产法律文化对其进行改造，使得制度在设计时适合我国实际情况，能够真正融入我国社会，并进而通过制度的改善影响破产法律文化，使二者之间形成良性互动。

经济全球化背景下，各国法律制度尤其是商事法律制度成为竞争力的重要组成部分，破产制度是否完善成为了投资者在选取投资地时考虑的重要内容。随着中国经济的不断发展，国家日益将优化营商环境摆在突出位置，为加快建设现代化经济体系、增强我国国际竞争力，完善破产法律制、提高破产法的国际化水平势在必行。同时，我国企业对外投资、跨国企业进入中国的情况也逐渐增加，跨境破产案件的日益增多也对我国破产法学术与实践提出了挑战。我国企业破产法在运行过程中已暴露出诸多问题，现有破产法治水平仍有较大提升空间，因此，优化破产法律制度是中国发展的必然要求，是新时代中国特色社会主义法律体系建设的重要任务。但从我国破产法实践的经验来看，仅依靠制度完善并不足以完成优化营商环境、实现和谐发展的任务，在制度因素之外必须重视文化因素。面对新的挑战，培育破产法律文化土壤的必要性日益凸显，只有适合的破产法律文化才能对破产法的变革产生正面影响，而我国破产法律文化的缓慢转变已成为制约破产法变革的短板，只有深刻理解并遵循破产法律文化与破产法变革的因果机制，才能妥善处理跨境破产、关联企业合并破产等疑难问题，从而提高我国破产法的国际化水平。

鉴此，为改善我国破产法律制度的不足，实现破产法变革，引导破产法律文化健康发展，需要突破现有研究模式，本书从破产法律文化的角度审视破产法变革中遇到的种种问题，从破产法变革的需要出发把握破产法律文化的发展方向，在对破产法律制度的研究之外寻求路径上的突破。我国破产法律文化的重塑将对破产法变革产生重要的正面影响，破产法律文化与破产制度的相辅相成将推动我国破产立法与司法实践形成良性循环。

一、研究背景与研究目的

（一）研究背景

法律并非孤立的存在，法律既受到经济制度、道德、文化等因素的约束，也作为社会规范起到维护现有价值理念、社会制度的作用。在与法律互相影响的各种因素中，文化既隐于各种要素之下，并不显眼；又发力于细微之处，影响深远。从表面上看，从法律的制定到执行，文化都并非舞台上的主角，难以起到决定性的作用。但实际上，文化与法律的关系极为密切，文化通常扮演基础性的角色引导法律的发展，润物而无声；同时法律也对文化产生维护和巩固作用。以东西方文化的差异为观察视角可以发现，中国一直以来强调感性、注重人伦的文化基础塑造了以德为主的传统法律，中国传统法律又反过来巩固了文化中对于德行和社会规范的维护；而在偏重契约精神的西方则诞生了强调理性的法律规则，西方法律规则又推动了西方文化的进一步发展。可以说不同的文化底蕴孕育出了不同的法律体系，不同的法律体系又使得文化在原有基础上进一步滋长，最终成为了文明的底色，支撑起了一整套的社会规范。因此文化与法律的密切关系是不可忽视的，对法律的研究也断不能缺少文化的视角。

文化对法律的影响反映在生活的各个方面，若从破产法视角观察，则可以发现文化从不同领域以多种方式对破产法律产生影响，且破产法律文化的形成和变革历史悠久、影响深远。自古以来人们便生活在普遍的交易活动中，最原始的“以物易物”和“即时交易”只能在最初阶段满足人们的需求，而随着交易市场的发展，经济活动越来越活跃，交易形式也发生了很大改变，“欠债”与“还钱”逐渐成为了最基本的社会经济活动之一。信用交易的存在既大大扩展了市场交易的范围，方便了交换活动的发生，又使得每个人都有成为债权人、债务人的可能。伴随债权债务关系的普及，违约行为和相应的救济也越来越常见，在违约发生时如何处理、在缺乏偿还能力时债务人将面临怎样的命运成为了债权人和债务人的重要矛盾，债权人与债务人的对抗最终导致了破产法律制度的产生，破产制度成为了解决债权债务关系的最终方案。破产法律文化并非孤立的，受到信用文化、宽容文化等理念的影响，同时不同区域文化的差异也催生出了各个地域不同的破产法律文化，可以认为破产法律文化是每个国家经济发展的一面镜子，既反映了各国公民对待金钱与债务的观念，又与本国的经济发展水平、社会传统等要素息息相关。破产法律文化可以体现一个国家及其国民的价值观，多元化的破产法律文化体现了不同文明对待经济活动的态度，也培育了丰富多彩的破产法律制度，有极大的研究价值。面对随时可能出现的负债情况，各个国家都会根据当地的特殊情况建立相应的制度规则，而基于不同文化而确立的破产法律制度又对其文化基础产生了影响，最终塑造了各国独特的破产法律文化和破产制度的形态。

破产法律文化的重要性不可忽视，虽然法律文化相较于法律制度来说更为隐性，但法律制度的运行无法脱离法律文化的影响。破产制度作为市场主体退出机制的重要组成部分，在经济运行中具有重要意义，破产案件不仅涉及债务人利益，还涉及债权人、职工利益乃至影响地方经济，各方利害关系主体及社会公众对破产法律制度的态度将直接影响案件的进展。与破产法律文化不匹配的法律制度注定难以实现良好的运行效果，会损害预定的立法目标，无数的历史经验已经证明了这一点，不适应破产法律文化的破产法律制度最终必将宣告破产。但一味向破产法律文化妥协也不是明智的选择，破产法律文化往往存在滞后性，若法律制度无法影响破产法律文化进步与变革，破产制度的价值将无法实现。遗憾的是，在现有研究中，研究者往往注重破产法律制度的改良，破产法律文化未得到足够的重视，制度与文化发展的不平衡导致实践中问题频发。

对我国而言，破产法律文化的意义可被划分为三个阶段：在第一阶段，通过破产法律制度的移植填补现有制度空白，根据本土破产法律文化对外来制度进行改造，使之适应本国环境。在第二阶段，破产法律制度的本土化发展水平较高，域外制度仅能提供部分参考，需要立法者根据本国政治、经济、社会环境进行有中国特色的破产法律制度构建，在这一过程中，更加需要重视破产法律文化的影响，既要根据本国法律文化的样态进行立法，又要通过制定良法引导法律文化向更有利于社会发展的方向变革。在第三阶段，破产法律制度将与破产法律文化形成良性互动，法律文化在立法、司法上起到正面作用，促进破产法律制度的落地；社会公众认可破产法律制度，破产法律制度进一步推进破产法律文化向利于社会发展的方向变革，形成良性循环。在不同阶段，破产法律制度与破产法律文化的关系都存在区别，如何探明两者的关系，实现每一阶段的目的，是研究者需要重点关注的。

破产法律制度系通过法律移植进入中国，这意味着国外的破产法律制度与中国本土文化存在较大差异，在移植过程中必然面临着现有制度与国情的不适应，国外制度可以为我国立法提供启发，但对其作相应的改造也是十分必要的。在我国现行破产法律的完善过程中，对国外制度的分析、改造和移植成为了重要手段。在这一阶段，分析国外法律制度的文化土壤，判断其是否可适应我国文化并在我国得以运行是必要的。在过去的实践中，立法者和研究者已经充分践行这一研究范式，致力于通过实现域外制度在中国的切实运行。但这一阶段中对破产法律文化的研究仍然是浅层的、机械的，仅仅关注破产法律文化“是什么”，本国破产法律制度的缺乏也使得破产法律文化变革速度较慢，以立法者和司法者对法律文化的适应与妥协为主，这一现象如果持续下去，将无助于破产制度建设的深入。

当破产法律制度在中国实施运行后，总结本土化经验，进行有中国特色的破产法律制度构建成为主要任务。立法者和研究者必须分析现有破产法律制度与破产法律文化的不和谐之处，并开始了解影响破产法律文化的诸多因素，既要构建在当前破产法律文化之下可以实际运行的法律制度，又要通过制度的运转推动破产法律文化的变革，在政治、经济、心理等各项因素上实现破产法律文化的改良，降低法律文化对法律制度的负面影响。这一过程是复杂的，需要对破产法律文化的内部原理有准确认知，不仅要重视法律制度的完善，更要推动破产法律文化的变革，最终才能实现破产法律文化与破产法律制度的良性互动。

破产法律文化本身就具有多元化的特点，对破产法律文化的研究更是如此，影响因素多元化、发展模式多元化、类型多元化，都使得对破产法律文化的研究应兼具广度和深度。鉴于文化对法律的基础性作用与制度性功能，有必要从纵向、横向两个维度研究各国破产法律文化与破产法律制度的发展与变革。以纵向维度入手，可以梳理各国破产法律文化对破产法律制度变迁产生的影响，进而掌握破产法律制度与破产法律文化互相作用的规律；从横向维度出发，可以深入探析不同法律文化对破产法律制度的作用方式，这不仅可以减少对制度设计初衷的理解偏差，帮助我们全面理解现行制度，更有助于揭示当前法律的制约因素及路径依赖，为当下的制度设计及法律改良提供理论基础。对破产法律文化发展与变革历史的研究，可以勾画破产法律文化的发展路径，进而帮助研究者找到影响破产法律文化的因素，在明确政治、经济、社会、心理等各方面影响因素后，通过制度建设、共同体建设等手段多管齐下，在如火如荼的破产法律制度变革背景下，同步开启破产法律文化的变革，实现破产法律制度与破产法律文化的和谐互动。

（二）研究目的

经济全球化趋势下，各国商事法律制度处于不断竞争、发展与变革中，资本的全球化使得国家商事法律的完善程度成为了一种竞争力，营商环境作为一项重要的软实力在吸引投资方面发挥着日益重要的作用。在世界银行每年关于营商环境的报告中，“办理破产”指标即是一项重要的考察项目，因此破产法律制度的完善对于经济社会发展具有重大意义。而在社会主义市场经济制度中，市场退出机制与市场挽救机制是制度建设不可缺少的一环，破产法律制度承载着出清僵尸企业、挽救困境企业的重要任务，是市场经济新陈代谢的有机组成，对破产法律制度的优化与破产法律文化的改善有助于完善市场经济制度、助力我国在世界经济舞台上发挥更加重要的作用。

破产法律制度对于中国社会来说属于舶来品，在过去的研究中，对国外先进制度进行吸收从而改进国内法律制度一直是主流观点，但通过长时间的实践可以发现，这类法律移植往往面临着水土不服的困境，若无法做好本地化则很难发挥理想作用。任何一种法律制度的呈现都因不同国家的社会实际情况而表现各异，倘若忽略了渗透于各民族血脉的文化要素，破产法立法的价值目标将无法实现。简单的法律移植无法适应本国特点，难以从本国文化中得到养分，移植而来的法律制度可能难以在实践中运转、产生预期效果，因此对破产法律制度的研究、对本国破产法律改革前景的描绘都离不开对破产法律文化的分析。只有探明破产法律文化对破产法变革的重要意义和运行机制，才有可能通过制度移植和制度设计对现有破产法律制度进行改良。

因此，本书以研究破产法律文化在破产法发展变迁中的基础性作用为核心，探讨破产惩戒文化、破产耻辱文化、破产宽容文化和破产拯救文化对各国法律制度所产生的影响，并在对破产法律文化分析的基础上，提出以拯救理念来转变人们固有的陈旧观念，促使各国现代破产法律制度平衡各方利益，实现自身变革与创新。本书从破产法律文化的视角入手，意图从更高的层面、利用更多维的视角审视破产法的发展，这是相较于传统研究最大的创新之处。传统上对破产法律文化的研究浮于表面，较少有深入且全面的见解，仅将其作为具体制度研究的背景板，使得破产法律文化与破产法变革的关系从未清晰地呈现在立法者与研究者面前。无法捋清破产法律文化与破产法变革的关系就导致在具体的立法、实践中忽视或夸大破产法律文化的作用，忽视破产法律文化会导致唯法律规定的倾向，而夸大破产法律文化则不利于准确把握文化对法律的影响，无论哪一种倾向都不利于我国的破产事业发展。仅将研究目标聚焦于具体破产制度，可能使研究者落入只见树木不见森林的误区，无法抓住法律制度背后文化传统的变迁脉络和法律文化对法律制度的作用，则破产法学研究将成为空中楼阁，难以真正成为一门系统性、有活力的学科。

随着我国的改革逐渐进入深水区，破产法学研究者也应在重视微观问题的同时尝试从宏观角度进行研究，透过法律条文去探究破产法律文化的影响，深入了解破产法现存问题背后更深层次的原因，把握破产法未来的变革方向，从而清除破产法发展的障碍。探究破产法律文化与破产法变革之间的关系足以成为此类研究方式转变的切入点，由微观视角转入宏观视角，有助于推动我国形成有利于破产事业发展的文化土壤。只有做好对破产法律文化的研究，才能真正从根本上理解破产法、改进破产法、用好破产法，进而预测破产法的发展方向并提前着力培育相应的破产法律文化，发挥破产法在我国经济社会发展中的重要作用。

二、国内外研究现状

笔者以“破产”“法律文化”为主题，在中国知网进行检索，可检索到51个结果，其中期刊、辑刊论文13篇，学术论文38篇，整体研究成果较少，在发表年度上分布相对均匀，发表年度从2002年至2022年均有，未发现明显变化趋势；在主题上，现有成果同样呈现多元化分布，对个人破产领域法律文化、法律移植、企业重整领域破产法律文化的研究成果相对较多，但研究领域集中度并不明显，系统性论述破产法律文化的研究成果较少。通过Lexis数据库以“Insolvency culture”为关键词在“Secondary Materials”中进行检索，可以检索到57个结果；以“Bankruptcy culture”为关键词在“Secondary Materials”中进行检索，可以检索到18个结果，发表年度涵盖1996年至2021年，研究范围包括美国、英国、德国、法国等国家。可见，国内外研究学者已就破产法立法实践中存在的问题进行了诸多有益探索。已有研究成果中，有的使用了历史研究方法、比较研究方法，有的侧重于理论分析或实践经验总结，研究视角与方法虽存在很大差别，但都具有一定理论与实践价值。综上，通过不同标准对研究成果梳理可以发现，国内外现有关于破产法律文化的研究成果具有一定的广度和深度，但也存在一定局限性。

（一）纵向维度研究成果述评

该类研究主要运用了历史研究方法，从纵向维度对破产法律制度的发展和破产法律文化的变迁进行了研究，侧重历史时期和研究对象有所不同。有的研究对破产法律文化在世界范围内的主要发展脉络进行关注，有的研究对我国破产法律文化和法律制度的关系进行探讨。梳理世界范围内破产法律文化的发展脉络，有助于理解破产法的基础理论与未来发展方向，是对破产法律文化与破产法互相作用基础理论进行研究的有力手段，对于特定国家如美国破产法发展历史的研究同样可以对破产法律文化的发展源流提供模型，帮助研究者就破产制度在全球范围内的发展建立研究框架；而我国破产法律制度虽然确立较晚，但传统文化与破产法律文化冲突十分严重，自清末以来我国进行了多次破产法立法实践，在应对破产法律文化与破产法律制度的冲突上做出了诸多探索，因此，破产法律文化在我国的发展脉络也具有重要的研究价值。纵向维度的研究主要有以下成果：

托马斯·米特拉诺（1972）《大清破产律：一部法案史》① 对清末破产立法的经过及立法理念与中国传统文化的碰撞进行了详尽介绍，研究成果表明西方思想的传播推动了传统文化的转变，传统“欠债还钱”的思想已经不能适应当时的社会现实，社会为适应新情况开始寻找其他路径。在这一前提下，文化的转变进一步推进了清末《大清破产律》的颁布，标志着破产免责思想合法性的确立。尽管这一成果值得肯定，但《大清破产律》的艰难推行过程和最终破产也展示了当时破产法律文化的普及程度有限，社会没有做好吸纳这一制度的准备，由于缺乏成熟的文化土壤支持，破产法律制度无法有效地在中国大地上生根发芽，这一问题至今仍然在困扰着中国的立法者和研究者，成为亟待解决的重要难题。托马斯·米特拉诺的研究虽然从清末立法实践的历史经验出发提出了中国传统文化与破产制度不相容的问题，但并未提出行之有效的解决途径。

延续清末的立法经验，我国民国时期同样存在设立破产法、建立破产制度的尝试，谢振民《中华民国立法史》② 对此进行了介绍。在民国时期六法全书的框架之下，立法者为解决破产制度与我国文化的冲突，充分考察了

① ［澳］托马斯·米特拉诺：《大清破产律：一部法案史》，陈夏红译，载陈夏红主编《中国破产法的现代化，从〈大清破产律〉到〈企业破产法〉（1906—2006）》，中国大百科全书出版社2018年版，第301—336页。

② 谢振民编著：《中华民国立法史》，中国政法大学出版社2000年版，第838—850页。

英美等先进国家、日本及暹罗等亚洲国家的破产立法，并吸收了《大清破产律》的失败经验，抑制了对破产人的惩戒，允许债权人同意的情况下不进行均等分配。民国《破产法》对于破产法律文化的重视使得其完成了《大清破产律》未竟的使命，真正推动破产法律制度在中国推广。民国《破产法》的立法虽然具有重要意义，但是对立法后实施情况的考察可以发现，这一法律并未在中国塑造出破产免责的土壤，制度未与文化形成良好的互动，这一症结长期困扰中国破产法，直至现在也未得到全面解决。

王小梅《法律移植与本土文化的融合——1930 年代南京国民政府〈破产法〉考察》①，以民国时期河北高等法院的档案为研究对象，对民国时期《破产法》的适用进行了探究。从历史文献出发，研究对涉及破产和解相关条款的典型案例宝成银号破产进行了介绍，对法律移植中《破产法》与本土文化的融合成果进行了分析，认为民国《破产法》在对“不能清偿债务”的认定上，结合本土经验，以“清偿债务的能力”为判断标准，符合中国国情，是法律移植中重视本土破产法律文化的体现。在承认破产法本地化、重视破产法律文化的同时，也应当认识到民国《破产法》在破产法律制度与破产法律文化的融合上并不彻底，也并未彻底改变社会环境，无法推动破产法律文化进一步进步和发展。由于当时的破产实践有限，档案能够提供的材料有限，且研究仅以河北为样本，结论未必能够推广到全国，具有其局限性。

程霖、周艳《近代中国家族企业债务重组制度思想及其现实镜鉴》② 不仅关注法律的变迁，还描绘了近代中国的家族企业债务重组制度思想的图景，提供了研究我国破产法律文化变迁的重要角度。该研究展现了在经济社会巨变之下破产免责思想如何进入中国社会并推动中国破产法律文化转变的过程。与传统成果不同，该研究认为在近代历史上，儒家伦理与西方思想相融合，债务重组思想也发生了三阶段的改变，即中国的破产法律文化不仅在

① 王小梅：《法律移植与本土文化的融合——1930 年代南京国民政府〈破产法〉考察》，《河北学刊》2007 年第 3 期。

② 程霖、周艳：《近代中国家族企业债务重组制度思想及其现实镜鉴》，《财经研究》2017 年第 7 期。

一定程度上接纳了破产免责思想，还发展出通过债务重组优化企业治理、改善企业经营的想法。该研究并未将传统文化放在破产免责文化的对立面，而是认为可通过对传统文化的吸收和发展，补充破产免责文化，给予破产法律制度更多的灵活性。这一研究脱离了传统研究之窠臼，为我国破产法律文化的未来发展趋势提供了新思路，在与中国传统文化结合的基础上，中国完全有可能发展出更加切合本国特色的破产法律文化，从而推动破产法律制度迈上新的台阶，但对具体制度如何构建以及应吸纳何种传统文化方面，仍然有待进一步研究。

李曙光《新破产法的制定与中国信用文化和信用制度》① 在企业破产法制定的背景下重新审视了中国信用文化与信用制度的现状，对经济转型期中国破产制度不完善对破产法律文化带来的损害进行了介绍，认为破产法具有重塑信用文化的重要使命。在这一历史时期，传统文化的影响不再如清末、民国时期一样根深蒂固，但破产免责文化仍未成为主流，市场经济的冲击反而造成了信用文化的真空。破产法律制度的不完善造成了法律文化的迷失，对信用的忽视给社会发展造成了负面影响，社会需要完善的破产法律制度规制债务人，通过完善法律、防范破产欺诈实现信用文化的重塑。在这一历史时期，破产法律制度与破产法律文化的关系呈现了不一样的样态，传统文化无力维护信用体系，社会需要完善的法律制度重塑信用体系，这一任务也是现有破产法律制度承载的使命，在重视信用文化的同时推广破产宽容法律文化，是当今社会发展的必然趋势。

以纵向视角对破产法律文化研究时，美国则是不容错过的研究对象，因为破产挽救文化的诞生和发展、传播都离不开美国这片土地，小戴维 · A. 斯基尔的《债务的世界——美国破产法史》② 是这类研究中的代表性成果。自 18 世纪起，美国破产制度的发展就伴随着政治与经济上的斗争，该书以全面的视角为读者还原了破产法在美国发展、兴盛的历程，展示了这一过程

① 李曙光：《新破产法的制定与中国信用文化和信用制度》，《法学家》2005 年第 2 期。

② ［美］小戴维 · A. 斯基尔：《债务的世界：美国破产法史》，赵炳昊译，中国法制出版社 2010 年版，第 3—22 页。

中立法者的考量和社会的反应，比较全面地将破产法律文化在美国的发展历程进行了分析。独特的债务文化催生了美国独特的破产法律文化，破产拯救文化也因此在美国生根与发展。美国的这一独特文化虽促进了破产制度在本国的发展，但却使其破产制度，尤其是重整制度向其他国家移植时，存在较高文化门槛，对于缺乏美式破产法律文化的国家来说，即使能将美国破产制度精确地复制，仍然会面临制度无法运转的局面。美国的破产法律文化发展路径可以为其他国家提供借鉴，但注定无法完全复制。

娜塔莉·马丁（2005）《历史与文化在破产和破产制度发展中的作用：法律移植的危险》[①] 以破产法律的移植为切入点，对各国破产法律的移植路径与落地效果进行了介绍，考察了不同国家的独特历史因素如何塑造各国的法律文化，进而影响破产法律制度的设计和实施效果，通过对美国、英国、德国、法国、日本等国家破产制度发展历史的梳理，娜塔莉·马丁以全球视野构建出了历史与破产法律文化、破产制度三者之间的互动模型，勾勒出了破产法律文化在时间维度上的发展痕迹，从各国实践出发强调了适宜的破产法律文化土壤对于推行破产制度的重要性，更为可贵的是，研究还对全球债务文化的发展趋势进行了预测，并指出了为应对这一变化需要先进行破产法律文化的推广。纵向研究层面上，这一成果在研究范式上具有一定的创新性，在研究范围上也十分广泛，但其研究不以中国为主要对象，也没有结合中国社会的特殊性做出更为深入的分析，仍需要国内学者予以深入挖掘。

从纵向角度来看，针对世界典型国家破产法发展历史和各个历史时期下我国传统文化与破产法律制度关系的研究已经比较深入，纵向视角下的研究对于理解中国传统文化对破产制度的阻碍以及历次立法如何应对这种阻碍大有裨益。但纵向视角下的研究也存在一定的短板，如该类研究多以某一历史时期、某一制度侧面为切入点，在系统性、全面性上存在不足，缺少更加宏观的视角，有管中窥豹之嫌疑。现有研究成果无法建立破产法律文化与破产

① ［美］娜塔莉·马丁：《历史与文化在破产和破产制度发展中的作用：法律移植的危险》，谢琳译，载陈夏红主编《中国破产法的现代化，从〈大清破产律〉到〈企业破产法〉（1906—2006）》，中国大百科全书出版社 2018 年版，第 342—437 页。

制度互动的理想模型，我们应当对我国破产法律制度的发展历史予以掌握，并对现有成果进行整合，综合运用横向视角、纵向视角，结合实际情况进行深入研究，只有这样才能廓清破产法律文化与破产法律制度间的复杂关系。

（二）横向维度研究成果述评

对相当一部分国家而言，破产制度都不是一项本土制度，但破产制度从起源到发展都离不开不同国家或地区的改进与创新，各国会因地制宜对破产法律制度进行改进，塑造了全球破产立法百花齐放的盛况，因此，对破产法的研究中，横向维度的研究不可或缺。该类研究以比较研究方法为主，既包括对某一国家法律文化与法律制度关系的研究，也包括不同国家之间法律运行效果、破产法律文化区别的比较。对某一国家的研究有助于观察破产法律文化与破产法律之间的关系，而不同国家间破产法律与破产法律文化现状的对比也对推进国内破产法改革有很大的帮助，代表性研究成果如下：

1. 不同国家破产法律文化的比较研究

现有研究中有以亚洲法律实体为研究对象的成果，如 Roman Tomasic，Peter Little，Angus Francis，Kam Kamarul，Kui Hua Wang（1996）Insolvency Law Administration and Culture in Six Asian Legal Systems① 对中国、印度尼西亚、马来西亚、新加坡的破产法制度和法律文化进行了研究。中华文化认为友谊比金钱重要，并受到儒家思想、平等主义的影响，因此在中国大陆地区破产耻感更强，但也有观点认为大陆地区受到儒家文化影响减弱，受传统文化影响有限。中国台湾地区受传统文化影响很深，其破产法也表现出一种追求和解的倾向，而中国香港地区的实践则似乎表明虽然法律文化会对法律的实践产生影响，但儒家文化对破产立法影响很小。在新加坡也有类似观点，部分观点认为在新加坡传统文化对破产法影响较小，但也有观点认为文化至少对法律执行产生了影响。印度尼西亚受到伊斯兰教传统影响，本身也存在

① Roman Tomasic，Peter Little，Angus Francis，Kam Kamarul，Kui Hua Wang：*Insolvency Law Administration and Culture in Six Asian Legal Systems*，AJCL LEXIS，1996，Vol.15，pp.3-110.

非对抗主义的文化，这导致在处理破产问题上，人们优先寻求协商而非接触司法程序，与其他国家差别较大。而在马来西亚，由于文化较为多元，破产法律受到文化影响反而较少，但在当地华人社区中，传统文化影响很大，破产法律制度的应用十分有限。该研究很有创造性地对六个亚洲实体进行了观察，这六个实体都或多或少受到传统中国文化的影响，且华人社群影响力大，是横向研究破产法律文化对法律制度影响的重要资料。但该文发表后至今，各国法律、社会都发生了较大变化，原有结论具有一定的时代局限性，不适应现有情况；且研究对部分实体的观察更关注政治、经济制度而非文化影响，有重新进行审视的必要性。

Nathalie Martin（2003）Common-Law Bankruptcy Systems：Similarities and Differences[①] 对英国、加拿大、澳大利亚的破产法律制度和差异进行分析，加拿大、澳大利亚和美国的法律制度都源自于英国，但破产法律在各国表现却存在差异，研究认为破产制度的差异是破产法律文化、经济的不同造成的。在英国破产需要由政府官员参与，澳大利亚破产法具有一定的刑法色彩，加拿大破产法却非常宽松，研究对英、加、澳三国在文化和历史、经济上的差异进行了分析，认为这些原因共同造就了各国制度的差异。在对英系三国与美国破产法比较分析后，该研究认为美国的宽容主义、视破产制度为社会安全网的规则设计造就了英美破产法的区别，对各国文化的区别没有持明显的支持或批判态度，客观描述较多，但对如何发挥破产法律文化对破产法律制度的正面作用未提出有效建议。

在对常见法律实体进行研究之外，也有学者意图通过将宗教、社会、历史有独特性的国家作为研究对象，确定破产法律文化对破产法立法与实践的重要作用。Rafi Efrat（2004）Legal Culture and Bankruptcy：A Comparative Perspective[②] 对以色列进行了研究，认为破产法律文化对立法改革产生了巨

---

① Nathalie Martin：*Common-Law Bankruptcy Systems*：*Similarities and Differences*，Am. Bankr. Inst. L. Rev367，2003，Vol.11，pp.367-409.

② Rafi Efrat：*Legal Culture and Bankruptcy*：*A Comparative Perspective*，Emory Bankr. Dev. J.，2004，Vol.9，pp.351-398.

大影响，立法者的价值观、态度、信仰在个人破产立法中发挥了作用。研究认为以色列的情况可以供其他国家参考。以美国为例，美国对各州在破产法实施效果上存在的差异以及差异原因一直存在争议，而以色列的例子表明这些差异很可能是法律文化差异的重要体现。文化通过影响法官、律师、政府官员从而影响破产法的实施效果，这一结论为破产法律文化的进一步研究提供了充分论据。对以色列破产法律制度的研究成果较为少见，该研究具有一定的参考价值。

在对英系国家的破产法进行研究并与美国破产法文化进行比较的基础上，Nathalie Martin（2005）The Role of History and Culture in Developing Bankruptcy and Insolvency Systems：The Perils of Legal Transplantation① 对美国破产法律制度的移植与当地文化关系进行了研究，该研究将与美国对比的实体进行了扩大，包括欧洲、日本、中国等实体。研究认为在上述相应法律实体中，对美国破产制度的移植都存在未被接受的情况，这种未接受正是受到了不同国家、地区法律文化的重大影响。随着经济全球化及消费市场的形成，各国都需要建立更加具有效率的破产制度，但不能直接从美国移植破产制度，单纯的法律移植很可能是无效的。美国的债务文化与大多数国家存在差别，各国不应照搬美国制度，而应当谨慎对待信贷，教育公众合理使用信贷，并注重降低负债、消除贫困。该研究对美国破产法在各国的运行情况进行考察，分析了运行效果与各地文化的关系，但研究视角仍然是以美国破产法为中心，对各国文化尤其是中国文化理解上存在一定主观性。

杜军《中、英企业破产拯救制度的比较研究》② 从破产拯救制度入手，介绍了英国的自愿整理程序、管理程序和整理计划程序，其企业拯救制度并不迷恋于拯救企业的壳，而是要真正实现对企业核心经营价值的保留和延续，相应的角色定位清晰，且制度运行成本较低，允许相关主体通过谈判方

---

① Nathalie Martin：*The Role of History and Culture in Developing Bankruptcy and Insolvency Systems*：*The Perils of Legal Transplantation*，B.C. Int'l & Comp. L. Rev. 2005，Vol.28，pp.1-72.

② 杜军：《中、英企业破产拯救制度的比较研究》，《法律适用》2017 年第 21 期。

式解决问题，法院仅进行事后救济，而并非程序的一线参与者。可见英国的制度设计对破产挽救文化进行了相应调整，破产挽救作为程序的目标日益被立法者、实务工作者所重视。与英国相比，中国在破产拯救方面处于不断进步之中，但破产挽救制度仍有较大的提升与完善空间，破产拯救文化对制度的指导程度有限，破产挽救制度对文化的促进作用不足，这是中国破产拯救制度与英国相比存在的缺陷，也是后续中国破产法律文化的发展方向，但英国在破产法律文化上也并非尽善尽美，每个国家都有本国国情，需要立法者、研究者从本国实际出发进行制度设计，实现破产法律文化的本土化。

齐砺杰《破产重整制度的比较研究》① 以英美两国的破产重整制度为主要研究对象，在国家选取和制度选择上更具有针对性。美国作为当今世界最大经济体，在破产法律制度的创新方面影响极大，同样是破产拯救文化的发源地，但在重整制度上，两者却有较多不同，除了经济因素、历史因素之外，破产法律文化上的区别也是这种差异的重要塑造者。英国的公司拯救程序与美国《破产法》第十一章的重整程序既存在共通之处，也存在诸多差异。从共性上分析，英国的破产管理程序、自愿安排程序以及美国的重整程序均以破产拯救为目的，体现了两国的社会特点，而两国在管理模式、重整融资和预重整等制度上的差异则与破产拯救文化的普及程度、破产耻辱的社会风气具有一致性。在破产耻辱文化的影响下，英国实务界倾向于通过在预装式重整和“伦敦方式”上的创新实现债务重组的目的，无论是债务人还是债权人都不希望企业进入破产程序从而引起一连串的不良反应。该书对英美两国重整制度的观察最终导向了对中国破产重整制度的改进建议，尽管涉及到对英美及中国各自的破产法律文化对比，但建议仍然以制度优化为主，并未在推进中国破产法律文化的转变上提出系统而有力的看法。

杰伊·劳伦斯·韦斯特布鲁克、查尔斯·布斯、克里斯托弗·保勒斯、

① 齐砺杰：《破产重整制度的比较研究》，中国社会科学出版社 2016 年版，第 164—213 页。

哈里·拉贾克《商事破产：全球视野下的比较分析》[①]对全世界的主要商事破产法律制度进行了系统梳理与展示，试图以客观的方式对每个国家的商事破产制度进行比较，这一研究范式重视不同制度的效率和影响，具有较高学术价值。但该书所采用的研究视角和评价方式代表了一种纯理性、重视制度实践效果的破产法律文化，比较重视经济效果而未对历史、社会因素予以充分考量。

许德风《破产法论——解释与功能比较的视角》[②]对美国、德国、英国等代表性国家的破产法发展历史及典型制度进行了介绍，并对各类破产制度背后的法律文化基础进行了阐述，从而对企业拯救文化的理念和发展脉络进行了探析。通过比较法研究发现，现有的各类主流破产法律制度的建立均以拯救文化为基底，制度的设计以实现更好的企业挽救效果为指导，这一观察视角对世界各国破产挽救文化和法律制度发展的研究提供了一种可行的研究范式，并为我国破产法的改进提供了思路和指导。该研究具有综合性视角，对破产法律文化与破产制度的关系进行了探索，但仍以制度层面的研究和借鉴为主要任务，以具体制度为脉络，仅将破产法律文化作为背景因素之一，而未深入探究破产法律文化的发展模式，对于破产法律文化与破产制度之间的关系研究依然有限，无法完成对破产法律文化的全方位剖析。

综上所述，国内外学者都能够认识到破产法律文化对破产法律制度的巨大影响，也能够发现破产法律制度对破产法律文化的重塑功能，各国在破产法律文化上的明显区别可以揭示许多问题的答案，但现有研究中诸多结论具有时代局限性，文化的变革虽然非一朝一夕之功，许多国家尤其是新兴经济体社会变革速度较快，相关研究做出已有多年，现在需要对各国最新的立法、司法动向进行考察，更新既有的研究结果；此外，此类研究对域外破产

---

① ［美］杰伊·劳伦斯·韦斯特布鲁克、查尔斯·布斯、［德］克里斯托弗·保勒斯、［英］哈里·拉贾克：《商事破产：全球视野下的比较分析》，王之洲译，中国政法大学出版社2018年版，第42—147页。

② 许德风：《破产法论——解释与功能比较的视角》，北京大学出版社2015年版，第34—67页。

法律文化与破产法律制度的观察还不够深入，尤其是国外研究对中国破产法律文化的观察在深度上存在显著不足，浮于表面，需要从中国视角出发，对中国破产法律文化与各国破产法律文化重新进行客观比较。

2. 对特定国家的破产法律文化研究

何骧《文化语境下的我国个人破产制度建构之路——以美国相关立法为研究视角》[①] 从个人破产的角度诠释了美国独特的文化背景，受信贷消费的影响，美国形成了超前消费文化，这一背景也直接塑造了具有宽恕特色的个人破产法律文化。研究着重体现了美国两党制政治制度对破产法律文化的影响，共和党代表债权人的利益，而民主党代表债务人的利益，美国个人破产法律是两党政治斗争的妥协产物，而破产法律文化更是利益集团间争斗的产物，理解这一点则可以对美国的个人破产制度、个人破产法律文化有更深刻的理解。虽然研究对美国的破产拯救文化、宽恕文化较为推崇，但也强调不同国家应当根据本国的法律文化背景选择渐进的立法模式，这要求研究者在释明他国破产法律文化的基础上，与本国国情相结合，择其善者而用之。

费奥娜·托米《英国公司和个人破产法》[②]、乌尔里希·福尔斯特《德国破产法》[③]、山本和彦《日本倒产处理法入门》[④] 和谷口安平《日本倒产法概述》[⑤] 分别展现了英国、德国、日本等国家的破产法律制度现状及所蕴含的社会、文化基因。英国早期在破产法发展上较为领先，但其立法目的更多是保障债权人利益，如今的英国破产法兼具保守和开放性质，这种双面性正是英国传统文化与拯救文化冲突的体现；而英国破产制度，尤其是个人破产制

---

① 何骧：《文化语境下的我国个人破产制度建构之路——以美国相关立法为研究视角》，《贵州社会科学》2013 年第 1 期。

② ［英］费奥娜·托米：《英国公司和个人破产法》（第 2 版），汤维建、刘静译，北京大学出版社 2010 年版，第 3—416 页。

③ ［德］乌尔里希·福尔斯特：《德国破产法》（第 7 版），张宇晖译，中国法制出版社 2020 年版，第 3—348 页。

④ ［日］山本和彦：《日本倒产处理法入门》，金春等译，法律出版社 2016 年版，第 1—232 页。

⑤ ［日］谷口安平主编：《日本倒产法概述》，佐藤孝弘等译，中国政法大学出版社 2017 年版，第 1—362 页。

度，仍然是破产法律文化冲突的重要表现。作为欧洲大陆国家代表的德国，破产制度的建立与本国的政治、经济发展较为一致，对于破产挽救文化，德国采取了一种较为保守的态度，近些年才接受重整制度，而制度上的精密性也并未给德国的破产重整带来更多活力。日本则相继受到大陆法系国家与英美法系国家的影响，同时受到亚洲的传统文化影响，日本被认为是东方传统文化与破产法律文化冲突的重要试验场，日本破产制度的独特发展路径与本国的耻辱文化相叠加，最终塑造了日本独特的破产制度。日本《民事更生法》和《公司更生法》的修改历史，则从侧面展现出了日本近年的破产耻辱文化破冰进程。

国外对各国法律制度及破产法律文化的研究取得了较多成果，这类研究以本国制度为主要切入点，同时对相应的破产法律文化进行论述。如查尔斯·J. 泰布《美国破产法新论》①、道格拉斯·G. 贝尔德《美国破产法精要》②对美国现行破产制度及最新的破产法律文化发展动向进行了展示，第十一章重整制度将美国的破产挽救文化体现得淋漓尽致，而美国法在个人破产、董事责任等方面的调整也证明了破产拯救文化同样要限制在合理的限度内，对企业和个人的拯救不能以全社会的利益为代价，作为破产拯救文化最为盛行的国家，美国在破产立法上的最新动向也给各国敲响了警钟。

徐阳光、武诗敏《企业拯救文化与破产法律制度的发展——基于英国破产制度最新变革的分析》③则对英国破产制度的最新变革进行了分析，研究以破产拯救文化在英国的发展为主线，将英国历次立法改革进行了介绍，着重研究了《2020 年公司破产和治理方案》的关注对象及制度机制，相关修改均以维持企业运行、维护公司运营价值为目的，通过确立新的中止规定、引入新的重组模式、保障进入程序后货物和服务的供应来完成。此次改

---

① ［美］查尔斯·J. 泰布：《美国破产法新论》（第 3 版），韩长印、何欢、王之洲译，中国政法大学出版社 2017 年版，第 1130—1411 页。

② ［美］道格拉斯·G. 贝尔德：《美国破产法精要》，徐阳光、武诗敏译，法律出版社 2020 年版，第 4—76 页。

③ 徐阳光、武诗敏：《企业拯救文化与破产法律制度的发展——基于英国破产制度最新变革的分析》，《山西大学学报》（哲学社会科学版）2021 年第 1 期。

革系针对1986年破产法的缺陷进行的，是破产拯救文化在英国兴起的重要体现。英国的制度变革固然可以为我国的制度完善提供参考，但更重要的是法律制度变革背后的破产法律文化动向。一方面，英国的立法修改体现了破产拯救文化在英国日渐得到认可，展现了世界破产法律文化发展趋势；另一方面，制度完善程度相对较高的英国仍在通过不断修改法律实现破产拯救文化，这对我国同样是不可忽视的启示。在新的经济形势之下，破产拯救文化注定是我国破产法律文化未来的发展方向。

上述成果对具有代表性的英美法系国家、欧洲大陆国家以及东亚国家的破产法律文化与法律关系进行了研究，相较于对各国破产法律文化的比较而言具有一定的深度，在研究范式上也有借鉴价值。但不得不承认，此类研究也存在一定问题，如主流研究成果主要注重对制度差异的研究，对文化内因的关注深度、广度有限，远未形成体系化、系统化的研究范式；又如现有研究对不同国家文化与法律制度的研究主要以静态为主，在纵向维度着力不足，较为关注研究某段历史时期内破产法律文化与破产法律制度的关系，但无法深度解析破产法律文化与破产法律制度变革之间的因果机制。

3. 关于破产法律文化与破产法全球化变革的研究成果

在经济全球化背景下，有价值的破产法律制度设计随着跨国贸易和投资的增加迅速在全球范围内传播，在区域甚至全球建立统一破产规范的尝试也在不断发生。无论是联合国国际贸易法委员会《破产法立法指南》，还是世界银行《营商环境报告》中“办理破产”评价指标，都促使破产法的全球化变革悄然发生，但这一过程注定艰难而漫长。不可否认的是，破产制度与破产法律文化的变革模式已经因为全球化背景而发生根本性改变，破产法与破产法律文化的未来发展均需要适应这一趋势，针对这一变化，国内外学者对其产生了浓厚的研究兴趣。

跨国、跨区域破产问题处于破产法全球化的最前沿，学者取得的相关研究成果也不少，如石静霞《跨国破产的法律问题研究》① 以比较研究和案

---

① 石静霞：《跨国破产的法律问题研究》，武汉大学出版社1999年版，第26—64页。

例研究的方法对跨国破产中的常见问题进行了归纳与总结，选取若干有代表性的国家对其处理跨国破产的法律进行了介绍，并对跨国破产中的管辖问题、法律适用问题等具体制度进行了展示，也提到了跨国破产法律与实践统一化的努力。可以说跨国破产与破产法的全球性变革是同一个问题的一体两面，处理不同国家破产法律的冲突即是建立可以兼容各国的全球性破产法律制度，这一过程中不仅需要考虑各国的主权问题，还需要在不同发展程度的社会之间寻求破产法律文化上的共同点，对破产法律与实践的统一，也需要充分考虑法律文化的未来发展方向，从这一视角对法律文化展开研究要求研究者具有更广阔的视野和前瞻性的眼光。王晓琼《跨境破产中的法律冲突问题研究》① 则对跨境破产的区域性法律协调和国际性法律协调的成果进行了梳理与研究，可以看出在这一领域，共识正在逐步形成，能够被所有国家和社会所接受的破产法律文化虽然尚未出现，但破产挽救文化对各国的影响正在加强，这不仅有助于在全球范围内优化营商环境，加快经济全球化的进程，更有助于维护个人和企业的合法权益。综上，虽然关于跨境破产的研究成果并不鲜见，但以破产法律文化为视角审视跨境破产问题可以从制度层面之外提供新的理解，不仅有助于重新审视跨境破产问题，还能将破产法律文化的研究提升至全球范围内的变革发展之层面，从而以更宏观的视角诠释破产法律文化。目前以此种视角出发的研究比较匮乏，故破产法律文化研究中的这一空白亟待填补。

杰伊·劳伦斯·韦斯特布鲁克、查尔斯·布斯、克里斯托弗·保勒斯、哈里·拉贾克《商事破产：全球视野下的比较分析》② 明确提出破产法律制度处于全球性的变革之中，并对《欧盟破产程序条例》和联合国国际贸易法委员会《破产法立法指南》关于构建区域性破产规范的努力进行了肯定，虽然现有成果存在种种问题，仅属于阶段性的成果，但在规制跨境破产问题上仍

① 王晓琼：《跨境破产中的法律冲突问题研究》，北京大学出版社 2008 年版，第 1—243 页。

② ［美］杰伊·劳伦斯·韦斯特布鲁克、查尔斯·布斯、［德］克里斯托弗·保勒斯、［英］哈里·拉贾克：《商事破产：全球视野下的比较分析》，王之洲译，中国政法大学出版社 2018 年版，第 182—213 页。

然为世界各国提供了样板，《破产法立法指南》还在具体的破产制度设计上客观地对现有规则进行了评价，允许各国立法者根据本国情况进行选择性借鉴。在相关成果的影响之下，破产法的全球性变革顺利推进，乌尔里希·福尔斯特《德国破产法》① 即为德国国内法律如何内化《欧盟破产程序条例》规则提供了现实的样本，证明了区域性、全球性的法律变革如何影响各国国内法的立法。受《欧盟破产程序条例》的影响，德国通过修订法律将企业集团破产、跨境破产的规则推广到了欧盟之外的第三方，并考虑各国立法存在种种区别的现实情况，作了相应调整与修改，既发扬了欧盟规则的精神，又保留了本国的诸多特点。

世界银行近年来发布的《营商环境报告》是破产法全球变革的最新成果，也是破产法新一轮全球变革的重要推动力量，可以看到各国政府都对这一报告十分重视，最高人民法院关于适用《中华人民共和国企业破产法》若干问题的规定（三）（文中简称“《企业破产法》司法解释三”）即可被看作是提高办理破产指标、优化营商环境的重要举措。这一报告的地位毋庸置疑，其对破产法律文化产生的重大影响也毫无疑问，但在普遍的赞誉之中，批评的声音更应该被听到。杰拉德·麦考马克《为何世界银行〈营商环境报告〉可能弄巧成拙》② 认为《营商环境报告》在方法论和数据的选取上存在固有缺陷，在实施的过程中存在流于形式主义的危险。这一担忧实际上非常具有现实性，在实践中，追求形式上满足《营商环境报告》评价标准而非关注制度实际运行效果的情况屡见不鲜，这意味着《营商环境报告》虽然承载着优化破产法律文化的良好愿望，试图在全球范围内树立重视挽救的破产法律文化，但对破产法律文化单一化而非多元化的评价标准存在着极大的副作用，在破产法律文化全球化变革背景下，标准化的破产法律文化注定无法真正在各国生根，但如何在全球化的变革之中推动破产法律文化的优化，仍需

① ［德］乌尔里希·福尔斯特：《德国破产法》（第 7 版），张宇晖译，中国法制出版社 2020 年版，第 349—365 页。

② ［英］杰拉德·麦考马克：《为何世界银行〈营商环境报告〉可能弄巧成拙》，朱天宇译，载李曙光、刘延岭主编《破产法评论》（第 2 卷），法律出版社 2021 年版，第 193—220 页。

不断进行求索。

（三）影响破产法律文化变革的因素研究

除了以纵向、横向两种视角为主的研究之外，还有部分研究深入破产法律文化内部，对何种因素会影响破产法律文化进行了深入分析。这类研究具有较强的理论性，利用政治学、经济学、社会学、心理学等视角，对各类因素如何影响破产法律文化、如何通过破产法律文化塑造破产制度进行了探索。这种研究多利用特定学科研究方法，试图探讨法律文化特别是破产法律文化被何种因素影响和塑造，从而进一步促使破产法发生变革。这类研究对于理解破产法律文化的形成和变化以及其与破产法之间的因果机制具有重要意义，相关成果如下：

弗里德曼《法律制度——从社会科学角度观察》[①] 在对法律制度的论述中对法律文化进行了深入研究，明确提出了“法律文化”的概念，运用外部视角观察、分析整个法律制度体系，认可了法律文化的独特性并强调重视法律文化对制度的独特影响。弗里德曼以美国、英国为主要研究对象，美国作为多元化、多社群国家，在法律文化上具有丰富的样本。通过观察，弗里德曼认为法律文化是多元化的，这意味着单一政治体中可以存在不同的法律文化，而根据不同群体的特征，法律文化又可以区分为内部法律文化和外部法律文化。弗里德曼对法律文化的深入分析开启了法律文化研究的先河，并综合运用社会科学的角度，对法律文化受到的影响因素进行了分析，政治传统、族群认同、是否专业学习法律知识等都影响了不同人对法律的态度，从而形成了法律文化。虽然这一研究以法律文化为研究对象，但其结论完全可以推广到破产法律文化之中。

罗杰·科特雷尔《法律、文化与社会——社会理论镜像中的法律观念》[②]

---

① ［美］L.M. 弗里德曼：《法律制度——从社会科学角度观察》，李琼英、林欣译，中国政法大学出版社 1994 版，第 226—313 页。

② ［英］罗杰·科特雷尔：《法律、文化与社会——社会理论镜像中的法律观念》，郭晓明译，北京大学出版社 2020 年版，第 1—271 页。

通过社会学的视角对法律进行了解读，从理论上说明了法律与文化之间的关系。科特雷尔提出法律与社会存在双向互动，对社会如何影响法律文化进行了研究，尤其对比较法与社会学之间的理论进行了整合，对于法律移植过程中外来法律如何适应、融入当地社会这一问题进行了重点关注，与破产法的传播模式十分符合，也能够为破产法移植过程中产生的问题提供详细的注解和阐述。与其他法律类似，破产法同样无法脱离社会而存在，破产法的特殊性甚至使其更加依赖社会才能产生效力，破产法移植过程中的种种变化和遭遇，正是对于社会适应或不适应的表现，对于破产法的研究更需要从社会学的角度出发，探究各种因素对其产生的影响。

除了社会学视角之外，以经济学视角分析破产法律文化变迁同样是学者常用的研究方式，经济对于破产法律文化的影响不容忽视。伦德尔·卡尔德《融资美国梦——消费信贷文化史》① 以美国为样本，分析了消费信贷如何塑造美国的信贷文化。不同于对消费信贷单纯的批评态度，卡尔德对消费信贷对社会风气的积极作用进行了强调，并详尽描绘了整个信贷系统对社会的影响及对文化的塑造。信贷文化的繁荣使得社会面临的风险大增，最终导向了破产挽救文化在美国的繁荣。信贷消费的经济模式虽然对各国产生了巨大的影响，但时至今日还没有任何一个国家能够完全复制美国在信贷消费上的狂热，理解这一点将有助于我们认识到破产挽救文化的推广在各国面临的困难。同样值得注意的是，破产带来的耻辱无法被信贷文化全部抵消，即使是美国也存在破产后个人难以完全回归社会的情况，如何将破产法律文化真正向重生、复苏的方向塑造，而非仅将其作为解决信贷危机的工具，则是我国确立新的破产法律文化时应当注重的。

齐砺杰《债务危机、信用体系和中国的个人破产问题》② 着眼于全球债务危机背景下，中国的个人负债问题严重性日益凸显，若无法为债务危机建

---

① ［美］伦德尔·卡尔德：《融资美国梦——消费信贷文化史》，严忠志译，上海人民出版社 2007 年版，第 6—34 页。

② 齐砺杰：《债务危机、信用体系和中国的个人破产问题》，中国政法大学出版社 2017 年版，第 11—69 页。

立良好的处理体系，信用体系将可能面临巨大危机。该研究寄希望于进行个人破产制度的构建，以解决经济体系中现存的问题，降低不良资产的处置压力，提高个人破产的可操作性，使得个人能够尽快回归社会。这一研究既能充分利用经济学视角，又具有现实性，与中国当下的经济发展、社会变迁相适应，从破产法律文化的角度来看，是经济因素对破产法律文化产生影响的例证。但该研究主要着眼于信用体系，对于整个经济制度的观察仍未能采用全面的视角，对于各类经济因素包括所有制、市场化程度如何影响破产法律文化的研究仍需要进一步拓展。

李曙光（2017）《市场经济、供给侧改革与破产法》① 对最新的经济形势如何影响破产制度与破产法律文化进行了深入论述，市场经济对于破产制度的强烈需求已经被实践所肯定，证明了破产制度不是某一个国家的特殊产物，而是市场经济秩序的组成部分，对破产制度的接纳是市场经济发展到一定阶段的必然需求，中国市场经济的完善使得破产制度在中国逐渐深入人心。而在新的经济形势之下，为推进供给侧结构性改革，无论是处置僵尸企业还是降低企业杠杆率，新的经济需求都在帮助社会公众认识破产制度的正面影响，从而逐步消解原有的破产耻辱风气，将破产挽救文化向全社会普及。研究由市场经济的一般性为切入点，详尽阐述了经济发展对破产法律文化的影响，最终回归到中国国情，证明了破产法律制度对中国经济发展的重要性。

除上述传统因素之外，近年来对破产共同体如何影响破产法律文化的研究颇为常见，如卡伦 · M. 杰比亚《法典守护者：破产共同体的演化》② 对破产共同体的概念及共同体成员的定位和角色进行了研究，法官、管理人以及投资人、债务人企业之间都不是纯粹的对抗关系，从本质上说，这些主体正在共同开拓破产市场、推广破产法律文化，破产共同体对破产法的实施具

① 李曙光：《市场经济、供给侧改革与破产法》，载李曙光、刘延岭主编《破产法评论》（第1卷），法律出版社 2018 年版，第 3—26 页。

② ［美］卡伦 · M. 杰比亚：《法典守护者：破产共同体的演化》，扈芳琼译，载李曙光、刘延岭主编《破产法评论》（第 1 卷），法律出版社 2018 年版，第 83—110 页。

有不可忽视的影响，更深一步来讲，破产共同体成员如何理解、适用破产法能够直接塑造社会公众对破产法的认识。在对破产共同体的研究中，成果主要集中于管理人自治组织，葛平亮《德国管理人行业自治探析》[①]、申军《法国破产管理人制度的基本框架》[②]和张子弦《日本破产管理人的监管和自治》[③]分别对德国、法国、日本管理人行业自治和监管制度进行了介绍，在形形色色的管理人自治制度之下，现有各国自治组织的广泛性、自治性、主动性均有提升空间，德国自治组织仅能覆盖一部分管理人，法国自治组织行政管理色彩相当浓厚，日本的管理人自治组织则依附于律师协会和网站等，独立性较差。在自治组织存在的问题中蕴含着进一步整合现有管理人自治组织、发挥自治组织活力的可能性，更意味着构建破产共同体的道路任重而道远，但这一发展趋势是不应当被否认的，破产共同体的紧密结合势必将对破产法律文化的转型、破产法律制度的持续优化起到很大的作用。

对破产法律文化的分析离不开对个人决策模式的研究，如理查德·A.波斯纳《法律的经济分析》[④]创造性地尝试运用经济学的理论和方法对法律相关争议问题进行评价，是法律经济学领域的重要成果，为法律人提供了新的研究视角和研究方法。从微观层面分析，法经济学对个人的决策提供了参考，可以解释个人在决策时选择以何种策略应对法律规定；而从宏观层面分析，法经济学则为立法者进行法律制度设计提供了新的思路。将法经济学的理论应用到破产法中，可以为法律文化背景下个人的行为和反应做出合理的解释。在破产制度承载的任务被确定的前提下，通过法经济学的方式进行制度设计可以提高社会对破产体系的接受程度，实质上这一过程就是在进行破

① 葛平亮：《德国管理人行业自治探析》，载陈夏红、闻芳谊主编《破产执业者及行业自治》，法律出版社 2018 年版，第 150—164 页。

② 申军：《法国破产管理人制度的基本框架》，载陈夏红、闻芳谊主编《破产执业者及行业自治》，法律出版社 2018 年版，第 165—173 页。

③ 张子弦：《日本破产管理人的监管和自治》，载陈夏红、闻芳谊主编《破产执业者及行业自治》，法律出版社 2018 年版，第 212—221 页。

④ [美] 理查德·A. 波斯纳：《法律的经济分析》，蒋兆康译，中国大百科全书出版社 1997 年版，第 3—38 页。

产制度设计时考虑对当地破产法律文化的融入，因此法经济学的视角可以为破产法律文化的成因乃至如何进行制度建构提供崭新的思路，而目前国内外研究中尚无系统性进行此种建构的成果。

顾培东、张卫平、赵万一《浅析破产法实施的文化—心理环境》[①] 从心理学角度出发研究心理因素如何影响破产法律文化。从微观上讲，权利意识、利益意识、竞争意识、效率意识共同构成了破产法律文化的心理因素基础，即使经济社会得以发展，心理因素的影响仍然是存在的，研究认为国民面对破产的心理是矛盾的：一方面，社会公众认为破产免责与传统文化氛围存在较大差异，无法完全接受；另一方面，对于效率、竞争的追求和社会现实也督促着个人接受这一可以提高社会经济效率的法律制度。在破产制度变革中公平保障利益主体的权利、利益，将可以大幅提高社会公众对破产法律制度的接受程度，而对效率和公平竞争的追求，同样可以展现破产法律制度的价值。该研究对于四种意识的分析有一定道理，但不同破产法律文化之下，不同主体的心理感受注定是不一样的，有必要进行类型化分析。

运用心理学研究方法研究破产法律文化的典范当属 Michael D. Sousa（2013）Bankruptcy Stigma：A Socio-Legal Study[②] 一文，该文重点对破产污名化的现象进行了分析，从心理学的角度对破产污名化产生的原因进行了探索。在破产法实施过程中，有的学者认为破产污名化更加严重，也有学者认为破产污名化情况正在好转，而该研究则认为破产污名化并非“全有或全无”的问题，关于破产污名化是否好转、破产耻辱增加还是减少的辩论没有意义。破产耻辱贯穿申请人的一系列活动，很难对其进行量化，破产耻辱是永远不会完全消失的，唯一可以确定的是当债务人申请破产的经济救济需求超过破产耻辱的阻碍时，他们仍然会申请破产。该研究能够运用心理学研究方式对破产污名化、破产耻辱进行研究，展示了破产耻辱的不可消除性，虽

① 顾培东、张卫平、赵万一：《浅析破产法实施的文化——心理环境》，《学习与探索》1998年第6期。

② Michael D. Sousa：*Bankruptcy Stigma*：*A Socio-Legal Study*，87 Am. Bankr. L.J. 2013，Vol.6，pp.435-481.

然提到了经济需求和破产耻辱成本的对比，但对如何降低破产污名化的影响未提出有效建议。

对于影响破产法律文化因素的研究角度多元化，除社会学、心理学、法经济学之外，政治学、历史学的研究也不罕见，相关研究成果证明了破产法律文化影响因素的多样性，也意味着仅从某一视角进行观察都难以获得最合理的结论。采用综合性、多维度的研究范式对影响破产法律文化的驱动因素展开研究，才能避免“管中窥豹”的弊端出现，真正认识、了解、利用好破产法律文化，进而对破产法律文化的发展做出更为准确、合理的预测，并帮助立法者、研究者设计更符合破产法律文化特点的破产制度。从成因入手研究影响破产法律文化的各种基本要素，是目前学界的研究空白。

国内外学者对破产法律文化与破产法变革的研究已经取得了一定成果，纵向维度的研究能够理清破产法律文化的变迁脉络，从历史学的角度展示破产法律文化与破产法律制度变革的关系，对中国破产法律文化变迁的研究可以帮助立法者、研究者深入理解我国破产法律文化现状；横向维度的研究初步勾画出了破产法律文化的世界谱系图，并为研究各国破产法律文化如何影响本国破产法律制度提供了宝贵的资料，有代表性的国家与我国的横向比较有助于发现我国破产法律文化方面存在的问题；对影响破产法律文化因素的研究展示了破产法律文化的复杂成因，更揭示了推动破产法律文化变革的复杂路径，为认识、理解破产法律文化以至改变破产法律文化提供了具体的范式；而对全球性破产法变革的研究提供了更宏观的破产法文化研究视角，并对破产法律文化未来的变革指明方向。

但也应当注意到现有研究存在不足之处，无论是纵向维度抑或横向维度，相关研究都缺乏统一的标准和视角，不同领域、不同国家学者的研究尺度大不相同，而要研究破产法律文化与破产法变革之间的关系，仅从某一角度出发，运用单一研究范式都存在固有缺陷。破产法律文化的历史复杂性、各国制度文化的多样性都要求研究者能够将多维度研究成果进行整合，这一整合不是简单机械地对现有成果进行汇总，而是在现有研究成果的基础上重新进行系统性审视，从而形成更加客观、深刻的认识。现有研究成果缺乏能够综合运用纵向、横向两种研究维度的研究，这一空白亟待补足。立足于本国现状的研究也需要结合比较法经验和历史经验，不能仅将破产法律文化视为背景板，而应当将宏观与微观视角结合，在宏观视角研究的基础上确定破产法律文化的改革方向，并以此为指导进行深入分析并提出制度完善建议。我们要从破产法律文化与破产法变革的角度为破产法的发展变革脉络进行全方位梳理，探究在新形势下破产法律文化对我国破产法转型的影响，以便从立法、司法、行政角度分别进行制度设计，提出切实有效的计划，对现有制度予以完善，革新破产法律文化。目前已有成果缺少能够完成这一任务的研究，缺少从理论分析到可行性建议的过程，这一短板需要本书予以补足。

鉴此，我们不能否认现有研究成果具有的重要价值，同时，我们也应正视已有研究成果的不足。为完善企业破产法律制度并为我国社会主义市场经济法律制度提供破产法律文化角度的学术支持，本书需要在现有研究成果涉及较少的领域对破产法律文化发展趋势进行深入研究，探索符合我国国情的破产法律文化发展样态。

三、研究内容与拟解决的关键问题

（一）研究内容

本书研究内容包括诠释破产法律文化的基础理论、破产法律文化的类型化研究、破产法律文化的全球变革与各国破产法的转型发展、破产法律文化全球变革背景下我国破产法的改革宏图、破产法律文化变革与跨境破产法发展五个部分，具体如下：

第一，通过诠释破产法律文化的基础理论为全书奠定研究基础。对破产法律文化的概念进行界定，归纳梳理破产法律文化的类型，意图打开破产法律文化的“黑匣子”。通过历史变迁的纵向维度与对各国之间比较的横向维度展开分析，揭示破产法律文化与破产法因果机制运行的基本原理。

第二，从利益集团、社会心理学和共同体理论三个维度对破产法律文化的类型化展开研究。深度剖析政治利益集团和经济利益集团对破产法律文化分类的影响、社会心理学理论对破产法律文化的分类以及基于共同体理论的破产法律文化分类，从而对破产法律文化与破产法的变革展开全面的理论探讨。

第三，探讨破产法律文化的全球变革与各国破产法的转型发展，分析《欧盟破产程序条例》、联合国国际贸易法委员会《破产法立法指南》、世界银行《营商环境报告》中“办理破产”评价指标所彰显的破产法律文化内涵，研究各国国内破产立法所受到的影响，通过不同时期成果所展示的破产法律文化差异厘清未来破产法律文化的发展脉络，探索破产法律文化的全球发展趋势，并对其普及与实践路径进行描绘，进而对在这种全新破产法律文化指导下破产法律制度的变革与发展蓝图进行擘画。

第四，从破产法律文化的发展探讨我国破产立法、司法、行政以及破产共同体构建等方面的改革框架与具体内容。对立法规则进行重构，如在企业多元化破产程序构建、破产程序中权力的重新配置、个人破产法律构建等方面进行制度改革；对破产法官、破产执业者的角色与职责进行定位，同时积极探索我国破产行政管理机构的设立，并在此基础上重点研究破产职业共同体对破产法律文化与破产法变革的影响。

第五，考察破产法律文化变革与跨境破产法的发展。对《欧盟破产程序条例》《跨境破产示范法》涉及的跨境破产规定进行研究，深入分析区域性、全球性立法或示范法所彰显的破产法律文化内涵，研究各国国内跨境破产立法所受到的影响及变革，为完善我国跨境破产制度提供智库支持。

（二）拟解决的关键性问题

研究拟解决的关键性问题如下：

第一，本书拟从跨学科的视角对破产法律文化与破产法的变革进行全方位理论探讨，分析何种因素塑造了破产法律文化。由于破产法律文化的复杂性、多元性，每种破产法律文化都受到政治经济因素、社会心理因素等影响，必须综合考察各种因素，通过对不同国家、不同历史时期破产法律文化进行考察，从而判断出哪些因素、通过何种方式影响了破产法律文化，确定破产法律文化的内部运行机制。

第二，本书拟重点研究破产法律文化如何与破产法律制度互相影响。为解决这一问题，从比较法角度出发，分析世界各国破产法律文化对破产制度的影响方式及程度，从破产法发展的角度探究破产法律文化的变迁。通过梳理总结已有研究成果，勾勒出破产法律文化的世界谱系图，对有代表性的破产法律文化进行深入研究，探讨不同国家破产法律文化与法律制度之间的关系。既要确定破产法律制度如何塑造破产法律文化，又要分析破产法律文化如何影响破产法律制度，真正解析破产法律文化与破产法律制度之间复杂的关系。

第三，破产法律文化未来的全球发展趋势亦是本书拟解决的关键问题。对这一问题的研究需要通过比较法视角的研究与跨学科视角研究，既要考察各国破产法律文化的最新动向，还要对全球性、区域性破产法变革成果进行追踪，分析破产法未来转型路径，透视破产法变革动向背后的各种要素变革对破产法律文化产生的影响，在确定破产法律文化未来的变革方向后，为我国破产法改革、破产法律文化变革提供明确指引。

四、研究思路与研究方法

（一）研究思路

本书系对破产法律文化与破产法变革之间的关系进行研究，因此不应拘泥于对特定破产制度进行完善的传统研究思路与研究方法，要对破产法律文化进行研究，应当创新研究方法和研究思路，从更高的层面、利用多维度视角审视破产法的发展，这是对破产法律文化进行研究相较于传统研究最大的不同之处。

传统上对破产法律文化的研究过于依赖单纯的法学研究方法，较少有深入且全面的见解，仅将破产法律文化视为具体制度研究的背景板，单纯利用某一种研究方法进行研究，展现的只是破产法律文化与破产法变革关系的一个侧面而非全貌，使得破产法律文化与破产法变革的关系从未清晰地呈现在立法者与研究者面前。无法捋清破产法律文化与破产法变革的关系就导致在具体的立法、实践中对破产法律文化与破产法律制度的关系把握不准，无论是忽视还是夸大破产法律文化的作用，哪一种倾向都不利于我国破产事业的健康发展。若仅从纵向维度进行研究，则难以跳出中国文化语境进行客观观察，更难以把握破产法律文化的发展潮流、无法学习域外优秀的制度创新；若仅从横向维度进行研究，则难以准确理解破产法律文化与破产制度在中国的变迁，更无法因地制宜对中国破产法的改革提出切实可行的建议；若仅将研究目标聚焦于具体破产制度，可能使研究者陷入只见树木不见森林的误区，无法将结论合理地推广到整个破产制度，对破产法学研究也有弊无利；若仅从宏观视角进行研究，则可能难以就具体的立法、司法、行政制度提出可行性修改建议，对于实践缺少指导作用。多年来的立法、司法实践经验告诉我们，既要学习国外优秀制度，做好制度移植，又要充分考虑本国情况，对外来制度进行本土化改造。随着我国的改革逐渐进入深水区，破产法学研究者也应在重视具体制度研究的同时尝试从宏观角度进行研究，探寻破产法现存问题背后更深层次的原因，从根本上清除破产法发展的障碍，而非停留于制度层面的小修小补。探究破产法律文化与破产法变革之间的关系足以成为此类研究方式转变的切入点，同时运用微观视角与宏观视角，有助于推动我国形成有利于破产事业发展的文化土壤。

因此，在研究思路选取上需要克服传统研究存在的局限，综合从纵向研究方向、横向研究方向入手，既保持宏观视野，又能见微知著、聚焦具体制度建设。首先要对破产法律文化与破产法关系的基础理论进行研究，再综合我国实践经验、各国破产法律文化变迁历程，对我国及世界其他国家破产法律制度的变迁进行横向比较与分析，并从历史发展的角度对破产法律文化与破产法变革进行纵向分析。横向维度与纵向维度结合的研究方式使得本书的研究范围更加全面，所得出的结论更具有说服力，有利于克服单一维度研究存在的视野狭窄问题。而历史学、社会学、心理学、经济学、政治学视角也提供了相较于纯法学视角更全面的研究方法，有利于走出法学思维固有的盲区，吸收其他学科有启发性的研究成果，对于文化的把握也更加客观。通过这部分研究，对破产法律文化与破产法律制度的现状就能有一个基本认识，同时也要与时俱进，对经济全球化视角下的破产法律文化发展方向和破产法的全球变革进行研究，把握、预测破产法律文化与破产法律制度的未来，以便于根据这一发展趋势提出切实、中肯的建议。本书并未止步于对破产法律文化与破产法变革关系现状和未来发展的探究，还关注实务需求，致力于利用研究结果反哺立法、司法、行政等方面的改革，赋予具体制度以改善破产法律文化的使命，并根据我国社会现状制定具有可行性的具体条文，保证在现有破产法律文化之下制度能够有效运转，推动社会文化转型。在对国内破产法改革提出建议后，还要基于现有研究成果进一步关注跨境破产制度，研究破产法律文化在跨境破产中的表现，通过研究国际性、区域性跨境破产规定，对如何完善我国跨境破产法律制度提出建议，促进我国破产法国际化进一步提升。

破产法律文化并非单纯的法律问题，本书对传统研究思路进行了创新，从多维度出发，在保持研究深度的同时提高研究成果的客观性、准确性。对现有研究思路的选择不仅关注破产法律文化与破产法律变革在理论层面的意义，在总结规律的基础上也关注研究的现实意义。本书通过对破产法律文化及破产法变革的研究，把握世界破产法发展的方向，预测破产法变革的方向，将有助于我国破产法摆脱现有发展方式的局限性，进入新的历史发展阶段，走出一条符合我国国情与经济发展的有中国特色的破产法发展道路。

（二）研究方法

本书将综合利用历史研究方法、比较研究方法与跨学科研究方法进行研究。

第一，历史研究方法可以对国内外破产法律文化与破产法律制度的变迁进行考察，在整个破产法的发展过程中，破产法律文化呈现出了较为明显的纵向差别，通过对不同历史时期经济社会特点进行考察，可以对破产法律文化变革的原因、破产法律文化变革对社会的推动作用进行研究。历史研究方法同样可以对我国破产制度的发展历程进行分析，对当前破产法改革中存在的问题提供指导。自清末以来，我国已经进行了多次破产立法尝试，其中清末、民国的立法尝试均由于种种原因而失败，破产法律文化在这一过程中起到了重要的作用，破产理念与中国传统文化的碰撞极大影响了破产制度的建设，时至今日，这一因素仍然存在。历史研究方法向我们展示当时的立法者如何处理破产法律制度与破产法律文化之间的冲突，从而为今天的立法者提供重要参考。破产法律从来不是存在真空之中，必须与社会生活紧密结合，历史经验将为实现这一目的提供重要帮助。

第二，比较研究方法对有代表性国家的破产法律文化与破产法律制度进行研究，破产法律文化在不同国家的表现截然不同，各国破产法律文化在发展路径和发展现状的区别使得研究者可以通过比较研究的方法对不同类型的破产法律文化进行直接观察。比较研究除了可以获取多种破产法律文化样态之外，还能够帮助研究者研究各国破产法律制度与破产法律文化之间的关系，即破产法律制度如何影响破产法律文化变革，破产法律文化的变化又如何反作用于破产法律制度，通过立法、司法层面的行动进一步优化破产法律制度。对同一法律制度的比较研究可以提供横向的研究视角，通过整体的横向对比，不同国家在破产法律文化上的差异完全体现在研究者面前，从而为解析破产法律文化、分析破产法律文化与破产法律制度间的复杂关系提供有力工具。

第三，跨学科研究方法综合运用政治学、心理学、法律经济学、社会学等学科视角，对文化传统的表现形式、源流、内因等进行分析。在法学研究中，研究者不仅要使用法律思维进行研究，还应当使用跨学科研究方法，借助相关学科进行分析，在对破产法律文化这一具有很强综合性、较多影响因素的问题进行研究时，政治学的视角有助于理解党派政治、不同利益集团间冲突如何影响破产法律文化的变革，从而了解不同利益主体的追求及实现目标的方式；心理学研究方式有助于从微观层面解析个人在破产中的反应，在作为法官、管理人、债权人、债务人、职工、社会公众时，不同主体在心理上可能会做出截然不同的反应，即使是同样的角色，许多人的表现也大相径庭，对心理因素的分析将有助于预测不同主体对法律制度的反应，从而更好地完成制度的设计；法律经济学分析方法近年来起到愈加重要的作用，能够提供不同于法学研究者的思维范式和研究范式，通过衡量经济上的成本和收益，帮助立法者进行制度设计，这一思维将脱离简单的道德评价，从实际效果的角度出发，帮助立法者更好地实现制度目的；社会学的研究有利于对破产程序的不同参与者进行分析，在破产法律共同体的构建过程中，社会学所扮演的角色是不容忽视的，有助于我们对破产法律文化的运作机理深刻理解。在对破产法律文化的研究中，跨学科研究方法是不可缺少的，只有综合运用各学科的力量，才能客观、完整地实现对破产法律文化的分析。

鉴此，上述研究最终导向本书的最终目的，即如何通过具体的制度设计培育健康的破产法律文化，使我国破产法律制度发展进入良性状态。为实现这一目的，需要首先回答如何在我国立法、司法、行政方面进行改革，实现破产法律制度的优化，为后续破产制度的发展提供良好的司法、行政环境；还需要对我国跨境破产相关制度的现状进行研究，并对我国跨境破产法律制度完善提出建议。通过本书研究，促进我国破产法律文化与破产法律制度的变革与完善，更为重要的是，建立两者良性互动的良好局面，引导我国破产制度走在时代前沿。

第一章　破产法律文化的基础理论诠释

何谓破产法律文化？此概念侧重强调破产法律中的文化抑或破产文化中的法律？对此，需要打开破产法律文化的“黑匣子”予以解码。按照不同分类标准，破产法律文化呈现多种样态，最富有研究意义的类型即破产惩戒文化、破产耻辱文化、破产拯救文化与破产宽容文化。无论从纵向历史维度抑或横向比较维度分析，破产法律文化与破产法变革之间的因果机制关系都分外重要，成为揭示二者良性互动的钥匙。

第一节　打开破产法律文化的“黑匣子”

一、破产法律文化的概念界定

文化和法律的关系并非可以简单表述清楚的，无论是“法律中的文化”还是“文化中的法律”的说法，都体现了法律与文化的交织融合，法律文化的复杂性使得对其概念的界定与探讨成为了法学家的艰巨历史使命，对法律文化给出准确的定义往往是困难的。法律文化之父弗里德曼在超过四分之一世纪的时间里始终致力于对法律文化概念的阐述和应用，建立了一个明晰的法律文化概念，并在理论上捍卫和阐释了它的价值。他提出了大量界定法律文化的方式，具有代表性的一种即法律文化意指人们对法律制度的公共知识、态度和行为模式。从法律文化与整体文化的关系进行辨析，法律文化还可以被看作与作为整体的文化有机联系在一起的一系列习惯。法律文化通常是文化的一部分，即社会力量经由那些一般意义上的文化——习惯、意见以及做事和思考的方式——以特定的方式理解或是曲解着法律。于是乎，界定法律文化的关键在于将密切联系的观念和行为模式集聚在一起。① 他认为我们应当将法律文化本身视为法律发展的因果要素，从法律文化与法律发展的视角去理解法律文化，至少从某种终极意义上讲，法律文化导致了法律的形成。与此同时，他认为法律文化是在理论上解释法律社会学的一个必备要素。②

弗里德曼提出的法律文化概念是实证主义的、需求导向的，即更加注重社会大众对法律制度的期待、态度甚至是压力。关于其概念优势，弗里德曼认为有四点：其一，作为中介变量，有效解释法律制度和社会变化之间的作用机理；其二，作为一般范畴，能够把其他较为明确和较易测量的现象和信息收集在一起；其三，作为分析工具，能够考察较小的文化样板，以引发更具普遍意义的社会—法律思考；其四，相较于“法律观念形态”，法律文化概念更关注外部社会因素的影响。③ 荷兰学者艾哈德 · 布兰肯伯格提出了另一种实证主义的法律文化概念。这一供给导向的法律文化概念包括三个分析层次：其一，实体法与程序法之间的关系；其二，法院与法律职业等法律机构之间的关系；其三，法律行为和法律态度之间的关系。④ 上述两位学者所提出的法律文化概念分别侧重于制度需求和制度供给两个维度，但均遵循实证主义的分析路径。与此相对照，英国学者科特雷尔的法律观念形态概念沿着解释主义的分析路径，剖析的是法律教义的观念意义和文化逻辑。它更

① ［美］L.M. 弗里德曼：《法律制度——从社会科学角度观察》，李琼英、林欣译，中国政法大学出版社 1994 版，第 165—166 页。

② ［美］L.M. 弗里德曼：《法律制度——从社会科学角度观察》，李琼英、林欣译，中国政法大学出版社 1994 版，第 166 页。

③ ［英］罗杰 · 科特雷尔：《法律、文化与社会——社会理论镜像中的法律观念》，郭晓明译，北京大学出版社 2020 年版，第 38—39 页。

④ ［英］罗杰 · 科特雷尔：《法律、文化与社会——社会理论镜像中的法律观念》，郭晓明译，北京大学出版社 2020 年版，第 39 页。

多考察的是国家法律体系对普通公民之间的社会理解、态度和价值结构的影响力，而较少关注各种理解、态度和价值对国家法律体系运作的形塑。基于上述各种分析路径，英国学者奈尔肯准确指出了法律文化概念内部存在着实证主义与解释主义的方法论之争。为了打开法律文化的“黑匣子”，突破性的分析应当尝试将制度结构和文化模式结合起来考察，因为两者总是互为因果、相互作用的。应该说，各种不同的分析路径没有绝对的优势或是对错，不同解释性概念具有交叉、互补甚至是重叠的适用范围和解释空间。① 从这一角度看，实证主义和解释主义都有存在的意义，也各有局限性，囿于某一种研究范式可能无法完整地对法律文化进行观察和判断，只有突破原有的研究范式，将文化模式与制度结构看作有机整体，考察其内部的互相作用与运作机制，才是合理的研究方法。

法律文化概念的复杂性和解释方式的多样性绝不意味着放弃对法律文化的研究，将法律文化视作“黑匣子”的观点是研究者、立法者的阻碍，无助于法学研究的系统化，虽然法律文化较为复杂，涉及因素较多，但法学研究是与社会紧密联系的，法律文化正是法学理论、法律制度与社会的重要连接点，对现象进行抽丝剥茧将帮助研究者真正打开法律文化的“黑匣子”，研究法律文化的成因及法律文化与法律制度的互相作用机制，从而为现有法律的实施情况进行解释，打通法律与社会的联系，为法律的实施和运行提供支持。法律文化是简单的概念，仅需要我们在法学理论、法律制度与社会现实之间来回流转我们的目光；法律文化是复杂的概念，对现实社会的描述难以仅用几个因素就实现，但这正是法律文化的魅力所在，破产法律文化将成为对法律文化研究的重要切入点，诠释法律文化与法律制度之间的有机关系。

---

① ［英］罗杰·科特雷尔：《法律、文化与社会——社会理论镜像中的法律观念》，郭晓明译，北京大学出版社 2020 年版，第 39 页。

二、破产法律文化的类型归纳

每个国家、民族都有它的法律文化，每个国家、民族的法律文化都能够描述一整套法律制度的深层特征——它的主导观念、气质和风格，因此很难对法律文化做出统一的定义，对其进行分类也是同样困难的。但是为便于研究的进行，仍然可以尝试对法律文化进行分类，并对不同种类的法律文化进行分析和观察。由于各国的社会文化、立法历史、经济发展现状存在不同，每个经济体都形成了自己的法律文化，若从横向角度进行观察，即使是历史上存在深厚渊源的国家之间也不存在完全相同的法律文化；若从纵向角度进行观察，同一国家在不同历史时期的法律文化往往也呈现出截然不同的特点。

因此对法律文化的分类可以采取多种模式，研究者尝试基于不同视角与方法对法律文化进行划分，常见的分类包括从国别、文化背景出发，将法律文化区分为西方的法律文化与新兴世界的法律文化；从历史发展的纵向维度出发，则可以将各国甚至全世界的法律文化区分为古代、近代与现代法律文化；从社会科学的视角出发，有的法律文化覆盖了多种文化层次，不仅仅是一元论可以解释的，因此，可以将法律文化区分为一元与多元法律文化；从这一角度继续深入，可根据思维方式主体的区别将法律文化区分为内部法律文化与外部法律文化，前者主要是法律职业者的文化，而法律职业者之外的主体则分享其他普通大众的文化。

在对法律文化的分类汇总中，弗里德曼特别强调法律文化在某一国家或是民族的多元性理念，在现代国家，复杂的社会由复杂的法律文化支撑。美国是典型的多元化国家，在种族、文化上具有多元性，因此美国的法律文化就不是一种而是多种，即这里有法律保守派、法律自由派以及各种法律文化的变种或亚种，富人和穷人、不同职业的人均形成了各自的法律文化，从种族的角度出发，黑人、白人、亚裔也具有不同的法律文化。在特定的群体内部，法律文化是由特定的态度构成的，然而，这些特定的态度总是倾向于保持连贯一致，并形成一组组相互联系的态度。① 因此，在对多元化的法律文化进行研究时，对法律文化进行分类不仅是可行的而且是必要的，透过法律文化的表象探寻群体内部的互相联系、统一态度产生的原因方能对法律文化的发展进行解析，真正打开法律文化的“黑匣子”，认识法律文化、理解法律文化、从而最终得以影响法律文化。

法律文化的多元化映射到破产领域中，使得破产法律文化的类型化研究也呈现出了多样性。首先，从历史维度分析，按照古罗马、中世纪、近代、现代的划分方式对破产法律文化进行观察，典型的文化从破产惩戒—耻辱文化向破产宽容—拯救文化不断发展，对这一类型文化的研究可以决定破产法律制度的选择与适用。其次，按照地域予以划分，可以分为美国破产法律文化、欧洲破产法律文化、东亚破产法律文化等，不同地域的破产法律文化对各国的企业与个人破产制度的规则设计具有重要意义。上述划分方法相对较为简单，虽然可以对破产法律文化的发展源流和国别差异进行区分，但并未在理论上进行深入。若根据破产法律对不同利益主体的态度，还可以分为亲债权人的破产法律文化与亲债务人的破产法律文化等，在这类区分之下，研究者还需要对每种类型法律文化的成因、发展模式进行研究，从而成为探究破产法律文化与破产法律制度间复杂关系的基石。这就要求研究者透过表面现象，对每种破产法律文化背后的政治经济、社会心理等因素进行研究，以多视角的方式对破产法律文化进行观察。

三、如何打开破产法律文化的“黑匣子”

作为相对新兴的法律制度，破产制度的研究已经取得了丰硕的成果，但研究者对于破产法律文化的关注还未重视。所有的法律制度都会涉及到多种因素，但破产制度能够深刻地反映着一个国家的历史、经济、政治以及文化背景，具有很强的综合性，受到该国经济社会变迁的重大影响，可以说破

① ［美］L.M. 弗里德曼：《法律制度——从社会科学角度观察》，李琼英、林欣译，中国政法大学出版社 1994 版，第 167 页。

产法律制度能够在很大程度上体现出法律制度的国家底色，但这种复杂性也意味着仅对法律制度进行研究的做法可能将破产法律制度的运行也变为一个“黑匣子”，使得立法者和研究者忽视破产法律文化对法律制度的深刻影响。

事实上，即使有着类似法律传统的不同国家，比如美国、英国、加拿大以及澳大利亚等英美法系国家，尽管在诸多法律制度上具有很大的共性，但在如何规范商业破产与自然人破产等具体制度设计上，还是会有明显的不同。而法律传统本就有很大差异的国家，比如日本和欧洲大陆的国家，在破产制度的区别上则更加明显，虽然很多国家或地区的现有破产制度都已经在学习先进的破产制度，如重整制度，但各地区破产制度在实践上的巨大差异仍然是客观存在的。造成这种差异的原因很多，主要原因是世界不同地区文化上有着巨大差异，以及每个国家的经济史以及对待金钱与债务的观念都有很大不同。这一客观事实意味着，并不存在一个普遍的企业或自然人破产的制度能够适用每个国家的特殊情况。各国的破产法律制度会在不同维度体现本国的特点，既要反映该国本身的市场经济经历过怎样的发展，还要反映该国公民怎样看待债务。因此可以说，破产制度是一种社会工具，其产生有深刻的社会原因，运行则要遵循复杂的社会逻辑，制度的目的是实现一定的社会价值，且需要实现的价值是多元化的，因此破产法律制度在发展中都反映出了一国文化中的独特价值。

若想打开破产法律文化的“黑匣子”，就必须探究破产法律文化与破产法的因果机制运行，理清复杂破产法律文化的复杂因素，在历史的视角下审视破产法律文化的发展历程，用比较的方法分析不同国家破产法律文化的差异，展望破产法律文化未来的发展方向。在持续对破产法律制度研究的同时，重视破产法律文化、了解破产法律文化、运用破产法律文化是破产法学未来发展的必然方向，与破产法律文化相结合，也是破产法律制度能够在实践中焕发生机的必要条件。

第二节 破产法律文化与破产法的因果机制运行

破产法律文化与破产法律制度并非二元割裂的概念，相反，两者之间存在着有机的联系，却因较少被研究者注意而被忽视，破产法律文化往往被错误地认为仅具有附属地位、不具有重要性。实际上，破产法律文化与破产法律制度间的因果机制不仅在理论上具有逻辑性，而且也早已被历史的经验所证明。

一、破产法律文化与破产法因果机制的基本原理

法律文化这一概念是一个必不可少的要素，它能够决定法律制度运作的社会环境。法律文化决定了人们在何时何地以及为何诉诸法律、法律制度或是法律程序；以及何时诉诸其他法律制度或是不采取任何行动；法律文化让一切运转起来，它是解释法律运作的关键变量；把法律文化纳入法律的图景之中就像是给表上发条或是给机器插电源。弗里德曼在其《法律系统》一书中，相对具体地解释了法律文化是如何影响法律制度的运作的。社会力量产生了一种变动力，但并不直接作用于法律制度之上。利益需要被转化为需求，而需求应当成功地作用于法律制度之上，进而导致法律行为（如新法）的出现。法律文化通过其自身所表达的态度影响着需求，进而实现或是允许利益转化为需求；法律文化还决定着法律制度回应这些需求的方式。然而，在后一项能力中，法律文化——应该包括内部和外部——塑造了结构。这些结构包括法律制度自身的结构（如规则体系），以及作用和围绕于法律制度之上的权力和影响。① 法律文化的功能从因果机制角度分析，更为重要。为了专门通过法律来解决问题或是保护利益，人们向法律制度提出需求，而法律文化控制着需求产生的速度。而且，法律文化看起来还能够以更

① ［美］L.M. 弗里德曼：《法律制度——从社会科学角度观察》，李琼英、林欣译，中国政法大学出版社 1994 版，第 170 页。

加费解和复杂的方式决定着法律制度的回应。其中，内部法律文化影响着法律结构，同样，外部压力（反映了权力和影响的社会配置）也影响着制度的回应。①

文化塑造法律抑或法律塑造文化？答案或许是两者皆是。历史上，文化起着导向作用，文化会告诉社会需要什么样的法律，文化的影响透过政治、经济、心理等因素而体现到法律的创设上，适应法律文化的法律制度也就应运而生。以破产法律文化为例，在传统的交易中，破产法律文化多具有严苛性、惩罚性，破产法律制度也体现了这一特点，破产法律文化的样态决定了破产法律制度的宏观与微观构建，包括立法、司法和守法层面。但破产法律文化的决定性并不会导致法律制度一成不变，实际上，随着商业信贷与消费信贷市场的发展，各国之间的交往日益密切，许多国家理解并逐渐认同宽容的法律制度，先进的法律制度通过法律移植进入各国，此种从其他地方移植而来的法律制度对破产法律文化产生了长远影响，促使当地破产法律文化产生变革。

从上述分析来看，破产法律文化与破产法律制度间的因果机制意味着，破产法律制度的选择与修改无疑会影响与重塑破产法律文化，而破产法律文化又会透过种种因素决定破产法律制度的样态，两者之间双向发挥作用。值得注意的是，破产法律文化与破产法律制度间的因果机制不是静态的，而是长期的、持续变化的，破产法律文化更多由一国的政治、经济、社会发展历史所决定，根植于民族之血脉，破产法律制度对其的重塑并非立竿见影，需要历经漫长的演变过程。同时，破产法律文化对法律制度改变的推动，也注定是复杂而漫长的过程，在这里，两者的因果机制受到制约。

---

① ［美］L.M. 弗里德曼：《法律制度——从社会科学角度观察》，李琼英、林欣译，中国政法大学出版社 1994 版，第 171 页。

二、纵向维度下破产法律文化与破产法律制度的因果机制

(一) 古罗马时期的破产法律文化与破产法

以纵向维度为观察视角对破产法律文化与破产法律制度的因果机制进行梳理，起点的选择必然是古罗马。作为西方文明的摇篮之一，古罗马的商品经济和社会发展都较为成熟，在此基础上诞生了对现今法律制度影响极大的罗马法，而罗马法较为完备的法律制度亦成为破产法诞生的摇篮。仅从对罗马法的观察就可以看出，在不同的时期罗马法对无法偿债的债务人态度是不一致的，从法律规定上来看呈现逐渐缓和的趋势，大体上的脉络是《十二铜表法》对人的执行，再到帕特利亚法对物的执行，最终到特拉雅努斯帝时期允许对努力清偿债务的债务人免受“丧廉耻”处罚。

在共和时期颁布的《十二铜表法》中，第三表规定了关于执行和求偿的内容，具体如债务人不偿还债务的，债权人可以将其拘捕，押到长官面前申请执行，虽然这种执行需要向长官进行申请，但实际上后续的处理仍然由债权人完成。当债务人不能清偿债务，又无人为之担保时，债权人得将其押至家中拘留，系以皮带或脚镣，此时债务人的人身自由便丧失了。若债务人无法提供伙食，则债权人仅需给予其最低一定数量的谷物粉即可。债权人对债务人的拘禁期限可以达到 60 日，在此期间债务人可以进行和解，如果不能获得和解的，债权人可以将其牵至广场并高声宣布所判定的金额，如果在 3 天中均没有人为债务人提供担保或清偿，则债权人可以将债务人卖到台伯河外的外国地区或将其杀死。更为残忍的是，在债权人为复数时，债权人可以将债务人的肢体进行分割。① 从这些规定可以看出，《十二铜表法》对如何处置无法偿债的债务人已经有了细致的规定，债权人不仅可以限制债务人的自由，对其进行拘禁，甚至还可以在最终无法受偿时将其作为奴隶卖出，以至于剥夺其生命。此时法律的另一个特点是，以债权人的自力救济为主，虽然需要向长官申请，但对人身自由的剥夺和生命权的剥夺都不需要国家机

① 晏立农：《图说古罗马文明》，吉林大学出版社 2009 年版，第 86 页。

关的介入，显然这一时期公权力机关还无法承担这一职能，自力救济才是社会的主流，古罗马时期的破产法律文化是典型的破产惩戒文化，其造成的后果是债务人逃亡现象十分普遍，造成了平民阶层与贵族阶层的尖锐对立，极大影响了社会稳定。

到了公元前326年，因发生多次平民暴乱，罗马参议院颁布了帕特利亚法，该项法律禁止杀死、出卖或拘锁无清偿能力的债务人，在无法偿债时也保证债务人人身权利，而仅允许对其财产进行执行。从《十二铜表法》的规定即可看出平民不满的原因，债务人在无法清偿债务时显然处于劣势，无法偿付金钱债务却要丧失自由、尊严乃至生命，这引起了债权人和债务人的激烈冲突。法律的发展反映了这一新的趋势，在其后的发展中，罗马法律创设了法定财产委付制度，规定若无过失的债务人自愿交出全部财产，债权人不能对其进行拘押，并且债务人还享有“能力利益”，将全部财产对债权人进行清偿之时，还可以保留一部分财产维持其基本生活。① 这一新的立法动向显示出了法律和社会的进步，金钱债务仅需以财产进行偿还，只要债务人保证诚实，交出自身的所有财产，就不应当失去人身自由。对物的执行分为财产趸卖制度和财产零售制度，前者指将债务人的财产作为整体进行出卖，由于个人的财产数量较多，且所在地较为分散，往往难以找到合适的买家，因此在特拉雅努斯帝时期，法律新创财产零售制度，允许将财产分别进行出售，并将出售所得按照一定的清偿顺序进行分配，并规定价款不够支付所有债务时，债务人仍需负清偿之责，但已不受“丧廉耻”的处分了。②

从古罗马法的发展来看，立法者对破产的债务人的态度是逐渐缓和的，虽然在整个法律制度当中，仍然是以全面清偿债权人财产权益为主，但是破产法律文化对破产法律制度的影响仍然清晰可见，从拘禁、处死、将债务人卖掉再到对物的执行再到诚信清偿债务的债务人可以免受“丧廉耻”的处罚，都是在一点一滴改善债务人的地位，古罗马的社会发展和法律不断完善

① 周枏：《罗马法原论》，商务印书馆2001年版，第978页。

② 周枏：《罗马法原论》，商务印书馆2001年版，第981页。

发展的历程是一致的，这也是罗马平民阶层与贵族阶层斗争的结果。罗马能够从一个城市发展为地跨三大洲的帝国，并为西方文明提供了大量的知识、制度财富，罗马法能够对近代的法学研究发展产生重大影响，必然是由于其制度发展能够适应社会的变化，因此古罗马时期在破产法律上的变化是值得考察的。

（二）中世纪时期的破产法律文化与破产法

在西罗马灭亡之后，中世纪的欧洲走上了另一条发展道路，原有的社会秩序崩溃，日耳曼人开始掌握话语权。一方面日耳曼人的法律对当时的欧洲影响较大，但另一方面罗马制度的遗存仍然在一定程度上发挥着作用，而教会力量的兴起同样对破产法律文化的发展产生了较大影响。由于欧洲在地域上有一定广度，各国在经济发展上、受教会影响程度上也存在一定差异，因此在中世纪欧洲，破产法的发展分别表现出两种不同的形式，第一种模式下破产法仍然延续日耳曼传统和早期罗马法的影响，对债务人进行人身处罚，并为这一制度在教会法中寻求到了支持；第二种模式则在商品经济较为发达的国家产生，以意大利各城邦为代表的国家接受了罗马法后期中对债务人较为宽松的法律规定，并在此基础上进一步发展，使破产法律制度能够保持对债务人较为缓和的态度，以适应经济社会的发展。无论是采取哪一种发展模式，在中世纪的欧洲，社会大体上仍然认为破产是耻辱的，在破产耻辱文化之下，各国立法均会对破产债务人施以恶名处罚。

在这一历史时期内，受到抑制的债务监禁和对债务人的处罚因得到教会的赞美而得到复苏，教会将负债不能清偿看作是罪恶深重的行为，对破产者处以被称为破门（开除）的处罚，在债务人死时的财产不足以清偿债务时，教会甚至不允许给予死者基督教徒式的埋葬。教会原本认为高利贷是罪恶的，会对一般债务人进行庇护，但基督教在欧洲传播及与地方融合过程中，宗教教义逐渐受到早期罗马法及各地习惯的影响，逐渐认可并拥护对债务人进行监禁和处罚的方式。中世纪的英国就是一个深刻贯彻监禁债务人的国家。在英国，债务监禁制度早已存在，在现代破产法之前英国的破产法完全是惩罚性的，由于地理位置上的特点，古罗马财产委付制度的原则从来都没有跨过英吉利海峡在当时的英国生根发芽，盎格鲁撒克逊人和基督教却征服了这片土地，这使得中世纪的英国成为了前文第一种破产法发展模式的典型代表。最初在 1267 年的马尔巴勒法、1283 年的阿克顿·巴耐儿法、1285 年的商人法中，都允许债权人对不清偿债务的债务人进行监禁，自力救济逐渐发展为得到法院支持的公力救济。在 13 世纪到 15 世纪便逐渐形成了一套切实可行的债务人的监禁诉讼程序，由法院对债务人的人身监禁作出判决。① 英国破产法对债务人的严格态度和关于债务人监禁的法律规定持续了很长时间，对社会发展产生了深远的影响。

而在欧洲的另一端，临近地中海的商品经济发展较为迅速，即现在意大利所在的区域，整体上延续了罗马法中对债务人逐渐宽松的发展趋势。意大利地区濒临地中海，在经济上是当时连接欧洲与东方的贸易枢纽，商品经济十分发达，许多商业、法律方面的创造都是在这一地区萌芽的。在政治上，西罗马帝国灭亡之后意大利地区并没有成为今天的统一国家，各个城市以城市国家的形式存在，这些城市国家在一定程度上继承了罗马帝国的制度和传统。经济上的发达和政治上控制相对松散使得在 13 世纪的意大利，破产程序得到了复兴。但即使是在这一时期，破产的债务人仍会因破产得到恶名，有些情况下法律会听任债权人自力救济随意处置。相较于意大利的其他城市，威尼斯的商品经济最为发达，破产法律文化最为宽容，其对债务人的态度也是较为缓和的。威尼斯人认为，破产委员会是以保障公民在陷入破产困境时不至于被迫离开他们的家庭像乞丐一样生存为原则而设立的。从中我们可以看出，威尼斯的破产法已经具有了对债务人进行宽容救济的观念，相较于同一时期欧洲其他地区来说已经非常先进。但是在司法实践和社会生活中破产的债务人仍然不可避免地被打上负面评价的烙印，即当债务人不能清偿全部债务时，会被排除在城市的公共和经济生活债务之外。如果债务人将其财产全部交出，债务人将不会受到其他惩罚，但是仍不能避免污点的产

---

① ［英］费奥娜·托米：《英国公司和个人破产法》（第 2 版），汤维建、刘静译，北京大学出版社 2010 年版，第 8 页。

生。[①] 从制度的设计可以看出中世纪意大利城市国家效仿罗马法上的财产管理令制度，建立了处理商人破产的规则。具体来说，意大利城市国家确立了两个法律框架处理破产问题：第一，债务人和债权人可以通过协商解决债务问题；第二，通过财产委付制度，债务人将其全部财产偿付给债权人，可以获得自身的免责。而在其他城邦，1347 年佛罗伦萨就已经出现了自愿破产和免责；在 1473 年的米兰法令中，破产不再一定被视为一项犯罪，破产的债务人可以通过举证说明其破产是意外的，或至少不欺骗债权人从而避免被惩罚。[②]

除了意大利外，中世纪的西班牙破产法律制度对破产法的发展也有重要的影响。在 13 世纪下半叶，西班牙卡斯蒂尔和莱昂王·智者圣·阿方索十世颁布了《七章律》，该部法律主要有两项核心内容：第一，规定了强制和解制度，诚信的债务人有权同多数债权人达成协议，要求延缓偿还债务或减少债务，不同意的债权人同样受该协议的约束；第二，相较于意大利的商人破产制度，《七章律》将破产适用的主体扩至非商人群体。[③] 中世纪西班牙对破产法的贡献在于提出了和解制度，并允许适用多数决原则，让未同意协议的债权人也受到约束。而将破产法适用的主体扩张到非商人群体也是不可忽视的贡献，非商人群体对于破产程序的需求在西班牙得到了法律的认可，为后世个人破产法律制度的发展开了先河。这两项制度与现代破产法的设计有相似之处，对当时不同的主权国家在破产法的立法以及改革产生了很大的影响。从中世纪的意大利和西班牙的破产法发展来看，欧洲商人的贸易活动频繁，对他们的贸易发展产生的债务关系的处理促使了中世纪意大利破产法的发展。意大利破产法首创商人破产主义，以停止支付作为破产原因，并且对债务人逐渐采取一种较为宽容的态度，对于因经营而导致的破产债务

---

① 刘静：《个人破产制度研究——以中国的制度构建为中心》，中国检察出版社 2010 年版，第 47 页。

② 刘静：《个人破产制度研究——以中国的制度构建为中心》，中国检察出版社 2010 年版，第 48 页。

③ 谢邦宇：《破产法通论》，湖南大学出版社 1987 年版，第 19 页。

人有救济之观念，但是仍然避免不了污名化的惩罚。而西班牙首创一般破产主义，允许商人以外的自然人进行破产，并将强制和解制度用于解决不能清偿到期债务的问题。可见，在中世纪，破产法及破产法文化的发展也不是完全停滞的，立法技术和实践仍然在进步。

综上，中世纪欧洲破产法以及破产法律文化的发展逐渐出现了分化。一方面，在一部分国家，破产法吸取了罗马法中的经验，允许商人甚至非商人适用破产制度，破产法律文化中复兴而非惩罚的观念逐渐萌芽，并发展出自愿破产、免责以及和解等一系列制度。但即使在这些国家，破产耻辱文化仍占据主导地位，在立法以及司法实践中仍然有对债务人进行污名化的处罚。另一方面，大多数国家仍然没有摆脱破产有罪的观念，吸收了古罗马法对债务人监禁的规定，对破产债务人仍然采用野蛮的监禁方式。所以说，中世纪的破产法在罗马法的基础上有所突破，但是破产耻辱的烙印仍然没有去除，部分国家的破产法律文化相较于罗马法甚至有倒退的趋势。

（三）近代破产法律文化与破产法

随着文艺复兴和地理大发现时代的到来，西方文明发展进入了新时期，在时代的极速发展之中资本主义在欧洲各国快速发展，深刻地改变了世界的政治、经济格局，大航海时代的开启使得欧洲经济重心开始转移，在中世纪扮演主要角色的意大利城邦开始没落。社会的快速发展让欧洲人在各类文化上表现得更加进取，乐观、开创的情绪感染着许多领域的专家。自罗马时代之后，破产法终于又迎来了快速发展的时期，破产法立法技术在中世纪的基础上取得了长足的进步，开始从商人破产主义向一般破产主义转变，现代破产法律的许多制度雏形开始出现，新的破产法律文化逐渐形成。而在世界其他地区，原有的发展节奏尚未被打乱，只有少数国家如东亚的日本注意到世界发展的趋势并有能力开始转向，从而汇入时代的洪流，加入到破产立法的行列中。

在英国，1543 年亨利八世颁布的《破产行为人惩治法令》是英国第一部破产法，在世界近现代破产法立法上具有举足轻重的地位。该法采用了一般破产主义，由债权人启动破产程序并且赋予了债权人额外的救济，但是从该法的设计中依然可以看出破产惩戒文化的影响，法律仍然允许将债务人视为罪犯，在债务人犯有欺诈性破产行为时将面临监禁。① 但是在 1571 年时，伊丽莎白颁布的破产法又改为商人破产主义，并给予破产管理专员更大的权力以获得更多的债务人财产，提高对债权人的清偿率，该法也加强了对债务人惩罚力度，深化了破产惩戒文化的影响。这种只适用于商人并用刑罚手段惩罚破产债务人的立法，在英国实施长达 200 年之久，直到 1861 年破产法改革，一般破产主义才得以重新恢复。② 可见，英国破产法的发展极为不彻底，仍然存在对债务人实施监禁的措施并体现着十分浓厚的破产惩戒主义色彩。在 18 世纪、19 世纪，这一古老的法律引起了当时民众的不满，认为这一立法不再适应经济社会的发展。但值得称道的是，英国 1705 年的《安妮法》确认了破产免责制度③，虽然这一制度出台不是以对债务人的人身权利保障为目标，而是旨在鼓励债务人积极还债，进而保护债权人的财产权益，但破产免责制度在英国的落地具有积极意义。1705 年的破产法虽然允许债务人获得免责，但是债务人获得免责的条件极为严苛：首先债务人是不能够自愿申请免责，只能由债权人提出申请；其次，免除剩余债务必须获得 4/5 的债权人、破产委员会以及大法官的同意，而此种同意直到 1842 年才被废止。值得注意的是，1883 年英国将和解制度引入到破产程序中，规定债务人在破产程序中通过债权人会议达成和解后，可以免受破产宣告。④ 英国采和解前置主义，对包括美国在内的英美法系国家产生了很大的影响。从英国破产法发展过程中可以看出，这一时期的破产法律制度虽然有所创新，但对免责、监禁、自愿破产的规定贯彻得很不彻底，过于注重对债权人利益的保护。

---

① ［美］查尔斯 · J. 泰布：《美国破产法新论》（第 3 版），韩长印、何欢、王之洲译，中国政法大学出版社 2017 年版，第 41 页。

② 赵万一主编：《商法》（第 5 版），中国人民大学出版社 2017 年版，第 279 页。

③ 齐砺杰：《债务危机、信用体系和中国的个人破产问题》，中国政法大学出版社 2017 年版，第 142 页。

④ 邹海林：《破产程序和破产法实体制度比较研究》，法律出版社 1995 年版，第 164—165 页。

美国早期的破产立法基本是按照英国模式进行的，但随着美国的扩张和发展，逐步形成了具有本国特色的破产立法。1800年美国国会颁布了第一部联邦破产法，并于1803年废止。该法仅适用于商人，主要以英国1732年《乔治二世法》为范本制定，在破产法中对合作债务人免责，而对实施欺诈的债务人判处死刑的“胡萝卜加大棒”的策略仍然得到了延续。① 此后，美国数次进行破产法立法都是为了应对经济危机而进行的，并将立法工作与本国发展特点相结合。1841年美国破产法确立了自愿免责的原则，并于1867年破产法中引入了和解制度。作为重整制度的前身，减免协议允许债务人提议在留存自己财产的同时，只清偿特定比例的债务并免除剩余债务，该提议得到人数过半并占债权总额的3/4以上债权人的同意，则对所有债权人产生约束力。1898年破产法建立了不附带严格条件的破产免责法律制度，废除了债务人免责须经一定比例的债权人同意的要件以及最低清偿比例的要求，限缩了不免责的事由，免责制度得以贯彻，对债务人进行免责救济的破产法律文化观念开始形成。② 美国是多民族、多种文化的大熔炉，在破产法立法方面更讲求实际需要，历史包袱较少，且最初的移民中有相当一部分是逃避监禁的债务人，对破产惩戒的立法缺陷认识较为明确。因此美国近代破产法的发展较为迅速，破产法律文化的转变也更为明显。

普鲁士在俾斯麦的筹划之下成功统一了除奥地利外的德意志各邦，建立了德意志联邦。1855年普鲁士联邦制定的《普鲁士破产法》以当时较为先进的法国《商法典》为蓝本，既继承了罗马法的立法传统，又吸收了新兴资产阶级的意见。1877年，德国颁布《帝国破产法》，该法突破了法国商人破产主义的传统，转而适用一般破产主义。③ 由于该法实体法部分逻辑清楚、表述明确，各方面考虑都较为成熟，匈牙利、荷兰、奥地利、阿根廷和日本

① ［美］查尔斯·J.泰布：《美国破产法新论》（第3版），韩长印、何欢、王之洲译，中国政法大学出版社2017年版，第42页。

② ［美］查尔斯·J.泰布：《美国破产法新论》（第3版），韩长印、何欢、王之洲译，中国政法大学出版社2017年版，第43—45页。

③ 赵万一主编：《商法》（第5版），中国人民大学出版社2017年版，第278页。

在制定破产法时均将其作为蓝本加以借鉴，这部法律更被视为“最杰出的德国司法制度法律”，被誉为德国司法制度法律中的“明珠”。① 这部法律在德国适用了一百余年，在相当长的时间内指导着德国的破产实践。

法国在 1538 年和 1629 年都曾对欺诈破产施以刑罚做了规定，但是没有颁行正式的破产法。1667 年的《里昂破产法》是法国最早的成文破产法，该法主要继受了罗马法和意大利破产法的制度设计。1673 年，法国国王路易十四颁布的《商事条例》第十一章规定了破产制度，此条例的颁布标志着法国统一成文破产法的产生，并奠定了法国近现代商人破产主义的立法基础。作为大革命和启蒙运动的策源地，法国贡献了天赋人权、三权分立等思想，在法律制定上也充分考虑资产阶级的利益，在经过资产阶级大革命之后，法国于 1807 年颁布的《拿破仑商法典》第三卷就对破产作出了专门的规定，形成了破产篇。该法实行商人破产主义，对债务人不实行免责主义。② 而非商人的破产也取得了一定的突破，民事诉讼法对此进行专门规定，破产的范围开始走向普遍主义。

除美国、欧洲国家之外，破产法律制度在亚洲也得到了一定的发展，日本在江户时代即存在身代限制度和分散制度。身代限制度由债权人申请开始，通过这一宣告法院可以变卖债务人全部财产清算债务。分散制度则由债务人申请开始，由债权人和债务人达成协议，对债务人资产进行分配，对未偿还的余债，债务人可获得免责。③ 这两种制度与现代破产法已有一定相似之处，但日本各地在习惯的具体处理上都存在区别，法律适用上存在一定的混乱性。明治维新后，各项制度、生活习惯上逐渐西化，在立法上开始向西方学习，在破产法领域，政府在学习了部分西方法律规定后对原有的法律制度进行了整理规范，为以后破产法的制定奠定了基础。明治二十三年日本参照法国商法典制定了破产法，并作为商法典第三编公布，这是日本法全面继受西洋法制中倒产法的第一步，由于被编制在《商法》中，这一立法采纳了

---

① 李飞主编：《当代外国破产法》，中国法律出版社 2006 年版，第 1 页。

② 赵万一主编：《商法》（第 5 版），中国人民大学出版社 2017 年版，第 278 页。

③ ［日］山本和彦：《日本倒产处理法入门》，金春等译，法律出版社 2016 年版，第 7 页。

商人破产主义，而对于非商人破产，日本另行制定了家资分散法。[①] 但这些法律的制定引起了较大的争议，宽容的破产法律文化并未在日本生根。日本在立法上借鉴不同西方国家的经验，导致不同部门法之间存在冲突，日本的《民事诉讼法》以德国法为范本，与向法国法律学习的破产法相关法律之间存在冲突，大大影响了破产法立法的适用，最终导致《商法》中关于破产的部分和家资分散法的废止。

在近代，破产法的立法技术相较于中世纪有所突破，在立法上出现了单行立法的模式，随着商品经济的发展，破产法在不同的国家也得到了普及。而在具体内容上，近代破产法的发展也呈现出了若干新特点。首先，破产法适用的范围从商人破产主义向一般破产主义转变，在一些国家，非商人也可以进行破产。其次，破产免责主义开始进一步发展，社会逐渐认为接受免责是对债务人的一种救济，破产不只是为了满足债权人的财产权利而设的制度，免责主义在英国、美国先后得到确认。最后，“破产有罪”的观念在部分国家被摒弃，但是由于世界范围内各国经济和社会发展非常不平衡，在许多国家，对破产债务人进行惩戒甚至是监禁的规定仍然存在，破产法律制度的发展主要集中在欧洲、美国和受西方影响较大的国家，远没有在世界范围内得到普遍认可。由此可见，破产法在近代取得了长足的发展，破产惩戒文化也呈现出衰败的趋势，将破产视为犯罪并要对债务人施以刑罚的观点逐渐失去主流地位，破产耻辱文化的绝对统治也开始弱化，在以英美为代表的国家，破产救济的理念开始萌芽，逐步确立了保护“诚实但不幸的”债务人理念。

（四）现代破产法律文化与破产法

时间进入现代，世界格局继续发生着深刻的变化，若以经济发展为视角，可以将 20 世纪初视为现代的开端，对破产法律和破产法律文化的观察也可以选取这一时间点作为开端。在这一时期，世界经济一体化逐渐成形，跨国商业活动日趋频繁，对各国破产立法提出了更高的要求，破产法的各种

① ［日］山本和彦：《日本倒产处理法入门》，金春等译，法律出版社 2016 年版，第 8 页。

制度逐渐向更多国家推广，重整制度慢慢在各国生根。商业活动的普及也对社会文化产生着潜移默化的影响，破产法律文化在更深层次发生变革，传统的破产法律文化发生转变，新接受破产制度的国家中，破产法律文化与传统文化间的冲突也一直在持续。

作为最早进行现代破产法立法的国家之一，英国在20世纪以来进一步推进了破产法的立法工作；同时，作为普通法系国家的英国也开始在破产法领域进行成文法制定的探索。在1914年，英国将亨利八世以来的破产法规整理成一部破产法，但该法仅适用于自然人破产。在公司法领域，英国于1844年制定了《股份公司法》，承认公司的法人资格，并于同年制定了适用公司清算的法律，为解决破产法与公司法分离的问题，英国1985年制定的《公司法》吸收了关于公司破产法的规定。1986年，英国又颁布了《无力偿债法》，将破产法中的自然人破产和1985年公司法中的法人破产合为一体，并建立了重整制度。①

美国在两次世界大战后确立了自己世界霸主的地位，作为世界第一大经济体，美国在世界经济体系中扮演着重要的角色，其破产法律制度也由于合理性、精密性成为世界各国学习的对象。1938年通过的钱德勒法案对破产法进行了全面的修改，形成了由第十章“公司重整”和第十一章“偿债安排”组成的一般企业重整制度。1978年，卡特总统签署并颁布了《破产改革法》即现行的美国破产法。1978年破产法制定后还经过多次重大修改，在这一期间制定的《破产修正和联邦破产法》规定破产案件的管辖以及破产法官的地位，《破产法官、联邦托管人和家庭农场主破产法》则创设了美国现行破产法中专门针对家庭农场主破产问题的第十二章。② 美国破产法的另一个重要的转变就是开始将防止债务人滥用破产制度作为破产法修改的重要方面。如前所述，美国1898年破产法对免责的条件予以放宽，并且在美国1934年的Local Loan案中将对债务人进行救济的理念进行了进一步的阐释，

① 参见赵万一主编《商法》（第5版），中国人民大学出版社2017年版，第279页。

② ［美］查尔斯·J. 泰布：《美国破产法新论》（第3版），韩长印、何欢、王之洲译，中国政法大学出版社2017年版，第53页。

使得对破产债务人进行拯救的观念深入人心。但是免责条件的放宽反而导致了大量的债务人尤其是消费者债务人对免责的滥用，所以之后的立法就对此进行修正。1984 年的法律规定了“实质滥用”标准，在 2005 年通过的《破产滥用防止及消费者保护法》采用了“收入测试”标准，对债务人滥用破产的行为进行规制。美国独特的消费文化及宽松的破产法救济文化造成了大量的债务人滥用破产制度获得免责，进而损害了债权人的利益，这一现象在其他国家是非常少见的，所以在其他国家逐渐制定宽松的破产法时，美国则反其道而行之，对债务人的滥用进行一定的限制。

在大陆法系国家，不同国家的立法进程则产生了较大差别。由于意大利已经失去了威尼斯等城邦在中世纪的经济、制度优势，破产立法领域进展迟缓，1903 年才制定了《破产预防法》和《小破产法》，增设预防破产为目的的和解制度和适用于小商人的建议清算程序。1942 年，意大利将破产法作为单行法予以公布，即《破产、预防性协议、控制性管理和强制性管理清算条例》，这一条例共分为五章，整体上侧重于对债权人利益的保护，将破产视为对债务人的惩罚，此前新增设的破产和解程序在破产法中得到运用的机会较少。2005 年以来，意大利的破产法也发生了改革，改革的内容主要在于引入国外先进立法经验，增加了庭外和解程序，丰富了原有破产和解程序的内容，并引入了债务重组程序，允许占一定比例以上的债权人与债务人达成重组协议，以更加高效的方式完成企业脱困。

德国在第一次世界大战之后颁布了《破产和解法》，为债务人提供清算之外的选择，破产和解程序不同于破产清算程序，只能由债务人提出申请，债权人没有提出申请的权利。申请和解只能在破产程序开始以前提出，并且适用和解程序的清偿率需要达到 35% 或者 40%，这种高要求使得在经济下行时和解程序几乎没有企业可以适用。① 在二战结束后的一段时间内，德国分裂成了民主德国与联邦德国，两国有独立的立法、司法程序，而随着两德的统一，在破产立法方面进行统一也势在必行。1994 年，德国制定了新破

① 李飞主编：《当代外国破产法》，中国法律出版社 2006 年版，第 3 页。

产法，统一了传统《破产法》和《破产和解法》，结束了民主德国和联邦德国破产法立法并行的局面。在适用主体上，该部法律引入了个人破产程序，使得自然人和法人适用同样的破产规则，建立了较为完整的破产立法。①

自1807年《法国商法典》开始至1967年，法国破产法的适用局限于商人范围内，即法国一直奉行商人破产主义，这一现象一直持续到1967年才被打破。1967年立法扩大了破产法的适用范围，同时适用于法人和自然人。对于自然人，新破产法设计了清算和康复两种集体程序；而对法人，则需要根据企业是否有康复可能性进行区分，对处于停止清偿的企业适用司法清算程序，如果企业没有康复的可能则适用财产清算程序，对于尚未停止清偿的企业适用暂时中止的诉讼程序。1967年破产法为法人制定了三种程序，即财产清算程序、司法清算程序和中止诉讼程序。② 但是多种程序并不能很好地解决困难企业拯救问题，在程序上过于僵化。为解决这一问题，1984年第84—148号法律制定了内部警报程序和新的友好清算程序等，旨在通过债务人与债权人达成协议延长清偿期和免除债务。1985年第85—98号法律取代了过去由三个不同法律分别规定司法清算、财产清算和暂时中止诉讼程序的现状，将三个程序进行了统一，创设了单一的司法康复程序。从1984年和1985年立法可以看出，法国现行法重视预防的作用，并且将重点放在了救活企业上。③

日本1922年以德国、奥地利法律为母法制定了破产法、和议法，但二战失败后日本被美国驻军占领，立法学习的对象转变为英美法系，并在1952年引进了英美破产法中的免责主义、复权制度，在破产适用范围上也采用一般破产主义，破产法开始适用于非商人。同时日本还采用了和议分

① [德] 莱茵哈德·波克：《德国破产法导论》（第6版），王艳柯译，北京大学出版社2014年版，第8页。

② 沈达明、郑淑君：《比较破产法初论》，对外经济贸易大学出版社2015年版，第185—186页。

③ 沈达明、郑淑君：《比较破产法初论》，对外经济贸易大学出版社2015年版，第188—191页。

离主义，即不以和议为破产之前置程序，而是将其作为与破产相比类的程序。① 日本在二战后经历了经济的高速发展，一度成为世界第二大经济体，但随着经济泡沫破碎，日本陷入了长期的经济不景气之中，金融体系面临严重冲击，在这一背景下，破产法律开始承载维持金融体系稳定、推动经济复苏的重要任务。2000 年日本《民事再生法》的实施开启了倒产法改革进程，这一法律除肩负中小企业重整制度目的之外，还被确定为重整型倒产处理法的基本模型。② 倒产法改革的第二阶段旨在创设消费者倒产程序并完善国际倒产法制，前者以《民事再生法》为载体得以创设，后者则以《外国倒产程序承认协助法》的出台得以完善。在改革的第三阶段，日本对《公司更生法》进行了修订，以保障破产企业获得经济重建的机会，而收官之作是 2004 年对破产法的修订。通过一系列的改革，日本倒产法得以承载帮助经营失败主体退出市场，并帮助有重整可能企业完成重整的任务。

目光转回到中国，20 世纪的到来并没有改善中国多舛的命运，在内忧外患下，中国当时的政府开始追求立法的现代化，但政局的动荡和中西文化的激烈冲突成为了立法工作不可忽视的背景。《大清破产律》由清政府的商部编纂，并于 1906 年颁行，开中国破产法立法风气之先，但《大清破产律》与中国传统文化、社会发展存在诸多不适应之处，很快就被废止，在中国进行破产立法的第一次尝试破产。在 1935 年，南京国民政府制定了《破产法》，后又对其进行多次修订，这一法律目前仍然在我国台湾地区适用。受 2008 年金融危机影响，大量的消费者债务问题产生，我国台湾地区为应急处理颁布了《消费者债务清理条例》，对消费者免责问题进行了详细的规定。在中国大陆地区，1988 年的《企业破产法（试行）》开启了国有企业破产的进程，2007 年的《企业破产法》则将适用主体扩大到所有企业法人，并创造性地在中国引入了重整程序，形成了清算、和解与重整并行的制度设计，初步搭建了市场主体退出机制和重生机制，为我国的经济高速发展保驾护

① ［日］石传明：《日本破产法》，何勤华、周桂秋译，上海社会科学院出版社 1995 年版，第 13 页。

② ［日］山本和彦：《日本倒产处理法入门》，金春等译，法律出版社 2016 年版，第 10 页。

航。随着近年来个人债务问题日益严重，一些地方法院开始探索制定债务清理规定，而深圳市人大常委会通过的《深圳经济特区个人破产条例》是地方立法层面的第一次尝试。随着实践与理论的不断完善，个人破产法终将在全国立法层面制订与出台，中国半部破产法的历史在不久的将来必会终结。

现代破产法的发展体现在许多方面，其中破产程序的多元化最能体现这一时期破产法发展的趋势，和解程序、重整程序丰富了破产法律制度对债务人的救济程序，尤其是重整程序在各国的普及，帮助许多市场主体摆脱债务危机、恢复运营而获得重生，世界各国都涌现出了典型的企业重整案例，避免企业乃至本国经济走向崩溃。另一显著变化是许多国家由商人破产主义转向了一般破产主义，英国、美国、日本等国家都在个人破产方面进行了有益探索，在许多国家，商人不再是唯一可以进入破产程序的主体，随着信贷消费的普及，消费者破产也得到了越来越多国家的承认。上述两种发展趋势都体现出破产法律文化变得更加宽容、更加开放，以企业、个人的重生为追求，旨在通过对企业经营价值的保护实现利益相关者的利益最大化。在现代破产法发展中，免责制度得到了大部分国家的认可，法律设计的关注点也从保护债权人利益转向兼顾包括债务人在内各方当事人的利益，种种变化都体现出了破产法律文化的变迁，破产耻辱文化的影响在不断消解，破产拯救文化逐渐被各国接纳，在破产法和破产法律文化未来的发展之中，“破产”将进一步洗去其负面含义，承担起重整挽救的任务。

三、横向维度下破产法律文化与破产法律制度的因果机制

纵向维度视角可以追踪破产法律文化与破产法律制度之间因果机制的发展历程，横向维度的视角则能直观展现出因果机制在不同国家间的复杂区别，虽然各国的破产法律文化及破产法律制度都存在不同，但是通过横向对比，还是可以发现两者之间的因果机制，探寻破产法律文化对破产法律制度的决定作用，并研究破产法律制度如何对破产法律文化产生正面或负面的影响。

（一）美国破产法律文化与破产法律制度

美国在地理上、历史上都有独特优势，作为面积广阔、资源丰富、区位优势独特的国家，美国拥有强大的生产能力和巨大的市场。随着世界局势的变动，美国在全球经济中逐步占有了举足轻重的地位，尤其是二战后，经济繁荣和婴儿潮到来，很大程度上改变了美国人的观念，独特的优势使得美国积累了巨大的财富，市场经济极为活跃。在长期经济发展中，美国民众也习惯于通过借贷的方式进行消费，美国被认为是典型的支持消费主义的国家，民众采取借贷的方式购买房子、汽车、家用电器，美国人相信消费、热爱消费，政府也认为消费可以带来繁荣，并积极采取手段促进消费，这与其他任何一个国家都不同。

美国经济的上述特点使美国公民和市场主体容易受到不断变化的金融危机的影响，商家、金融机构甚至政府都鼓励民众进行借贷、购买尽可能多的消费品，民众也习惯于进行超出自身负担能力的消费，依靠以后的收入再予以偿还。在经济向好的阶段，这种生活可以维持下去，但遭遇经济危机时，收入不再稳定，继续维持此种生活、偿还借款变得不再现实。虽然美国民众对自己的国家普遍具有较强的信心，但资本主义国家周期性的经济危机却仍然会持续发生，这导致美国陷入破产困境的个人与企业并不鲜见，尤其是个人的抗风险能力较弱，常见的意外便有可能导致破产。因此，消费主义文化使美国形成了一种独特的破产宽容法律文化，破产的常见使得困境债务人积极选择适用破产程序，破产宽容法律文化的存在并不意味着破产耻辱文化的完全消失，这体现了美国破产法律文化的复杂性。

美国的个人破产法律文化具有两面性：一方面，消费主义文化盛行使得破产原因似乎更加正当；另一方面，对消费的狂热使因破产而无法负担相应消费品的民众内心可能面临更多的羞愧，对消费的追求和破产的严苛现状造成了个人在面对财务失败时的复杂矛盾心理。由于美国的社会安全网并不十分完善，民众也没有储蓄的习惯，无论是低收入群体还是中产阶级都有可能因为疾病、经济危机等原因而陷入破产境地，即使个人可以通过破产程序了结面临的债务，但在破产程序终结后，回归社会却面临着诸多困难，经历过破产的人不可避免地被打上了失败者的印记。总而言之，消费主义对破产法律文化的影响显示出了两面性：一方面，更多人由于过度消费而陷入破产，破产并不少见，因此更容易得到社会的宽容；另一方面，个人破产者难以回归社会，因此民众同样会对破产感到耻辱。尽管破产的常见使得陷入困境的个人更愿意选择破产程序解决债务问题，但是选择往往是痛苦的，这些人会受到失败感的强烈刺激。

上述复杂的法律文化使美国建立了较为完善的个人破产法律制度，并贯彻了破产免责主义。1984 年，美国在破产法中明确了消费者破产制度可适用第七章的清算程序和第十一章重整程序，并于 1986 年新增了第十二章，规制农场主破产。破产耻辱文化同样对个人破产法律制度的完善起到了正面作用，即个人破产可适用重整程序，但第十一章的重整程序对于个人来说难度较高。1994 年美国国会为增加个人在破产中重生的可能性，放宽了适用第十三章的债务上限，激励个人选择适用第十三章进行债务整理，美国国会此种做法旨在为债权人提供更高清偿，同时允许债务人保留更多财产，并获得更好的信用评级，更容易在破产程序终结后重新开始。①1994 年的法律修改是破产法律文化决定破产法律制度的典型例子，立法者抓住了个人对破产程序的厌恶和羞耻心理，希望消费者通过债务整理重新回归社会，通过破产法律制度的优化实现破产法律文化，并借此对破产法律文化产生良性影响。破产法律制度与破产法律文化间因果机制的复杂性在这个例子中体现得淋漓尽致，多数债务人更倾向于选择第七章以求尽快免责，破产法律文化的宽容导致债务人拒绝了更为体面、更有利于今后事业的债务整理，这可能是立法者始料未及的。为改变这种不正常的法律文化，美国国会 2005 年再次进行改革，采用“胡萝卜加大棒”的方式，在第十三章程序下允许债务人保留财产、获得“超级免责”，并通过提高“滥用”标准，阻止部分债务人适用第七章程序。②

---

① ［美］查尔斯·J. 泰布：《美国破产法新论》（第 3 版），韩长印、何欢、王之洲译，中国政法大学出版社 2017 年版，第 1131 页。

② ［美］查尔斯·J. 泰布：《美国破产法新论》（第 3 版），韩长印、何欢、王之洲译，中国政法大学出版社 2017 年版，第 1325 页。

此次修改旨在通过制度规范防止个人滥用第七章程序，提高第十三章债务整理程序的吸引力，但这种制度上的修正是否能够被反应在破产法律文化上，还有待继续观察。

在企业破产领域，破产法律文化与个人破产领域存在较大区别，虽然人们同样不喜欢企业的失败，但大部分美国人仍然能够将企业经营失败视作正常的市场规律，失败者在道德上并没有什么可以被指责的，其所经营的行业若属于高科技行业，人们甚至可能将破产企业的经营者视为推动社会进步道路上不幸的失败勇士，社会公众也乐于见到这些人东山再起，书写一个崭新的美国故事。可以说在企业破产领域，美国破产法律文化更多地展现了其积极作用，美国破产法第十一章的商事重整制度的诞生正是由这种破产法律文化决定的，而在完善的重整制度之下，破产拯救文化也得以强化。美国企业破产法律文化与企业破产制度的良性互动，使得世界各国认识到了破产重整制度及破产拯救文化的优点，并积极向美国学习，寄希望于通过法律移植引入破产拯救文化。

如果说企业破产中，破产法律文化与破产法律制度展示了因果机制上的正向反馈，美国在个人破产领域曲折的经历则展现了破产法律文化与破产法律制度间复杂的关系，破产法律文化与破产法律制度之间的因果机制得到了充分体现。值得思考的是，即使是宽容的破产法律文化也会产生一定的副作用，经过制度与文化之间的反复博弈，美国破产法律文化更加注重鼓励债务人重生，帮助债务人通过劳动重新创造财富，而非单纯地使债务人从困境中解脱，更具有“授人以鱼不如授人以渔”的色彩，在一定程度上，这也昭示了破产法律文化及法律制度未来的发展方向。

（二）欧洲破产法律文化与破产法律制度

虽然欧洲各国在诸多方面存在差异，但其中的典型国家如英国、德国、法国作为发达经济体，在诸多方面存在相似之处，尤其是作为现代破产法律文化与制度的移植国，欧洲各国与美国形成鲜明对比。

英国商业发展历史悠久，早在16世纪就制定了破产法，但破产制度的过早成型对于破产法律文化的后续发展不一定是好事，英国严苛的破产制度反而成为了阻碍破产法律文化向宽容、拯救发展的桎梏。早期破产法的目的是防止债务人逃债，通过自由刑、肉刑的方式惩罚债务人，这种长期实施的破产法律制度对近代英国破产法律文化产生了影响，狄更斯笔下的债务人监狱就是英国当时破产法律文化的具象化，以惩罚为主，为债务人带来耻辱，却很少考虑如何帮助债务人重生。即使英国贸易发达，成为了“日不落帝国”，存在大量的对外投资和经营失败情况，现代的破产拯救文化也未从英国发端，消解破产惩戒文化在英国的影响十分困难，更遑论发展破产宽容文化、破产拯救文化了。而由清教徒、逃避债务者建立的美国，在文化上与英国有颇多渊源，人们怀着对英国严苛制度的恐惧建立起更为宽松的法律制度，破产宽容文化与破产拯救文化得以孕育产生，破产法律制度对破产法律文化的影响之深可见一斑。

即使时过境迁，如今的英国人已经比当时更加宽容，但受到传统、宗教等因素影响，英国的民众在骨子里仍然秉持了与美国人不同的观念。英国人不会像美国人一样热衷信贷，破产也不如美国常见，因此，英国人对破产十分敏感，对破产者的评价也十分严苛。无论是个人还是企业，在遭遇破产后都可能被身边的人、潜在的交易伙伴认为道德上存在瑕疵，企业破产后，破产企业的原有高管甚至很难找到新的工作。除了工作、商业交易，有破产经历的人甚至可能在个人交往中都受到歧视。即使美国的破产拯救文化及配套的破产重整法律制度传入英国，但重整制度在英国的运行并未如美国一样有效。重整制度的引入并未彻底重塑英国破产法律文化、消解破产带来的耻辱，英国在制度设计上仍然对来自美国的 DIP（debtor-in-possession）债务人自行管理制度较为抵触。债权人与法院仍旧抱着不信任的态度参与债务人的破产程序，这种破产法律文化催生了各类庭外债务重组制度的繁荣，避免企业真正破产的各类尝试频频出现。虽然表现形式与美国存在不同，但破产法律文化与破产法律制度间的因果机制在英国显然同样奏效。严苛的破产法律制度阻碍了破产拯救文化的萌芽，破产耻辱法律文化却催生了庭外和解制度的发展，并间接实现了对债务人的拯救。

欧洲大陆其他各国多为大陆法系国家，与美国在文化上的差异更大，发展路径也截然不同，消费文化、信贷文化在欧洲从来没有获得如在美国一般的地位，欧洲大陆两个具有代表性的国家——德国和法国，在传统上都对宽松的破产制度怀有深深的不满和不信任，破产惩戒文化与破产耻辱文化同样也残留在两国的破产法律文化之中，但德国和法国的破产法律文化之间仍然存在较大差异。

德国破产法律文化相对保守，在早期的实践中，德国的破产以清算为主，对于维持企业运营、帮助企业复苏，社会并无过多的兴趣。因此，虽然德国受到美国影响，早在 1999 年移植了破产重整制度，但这一制度并未建立在相应的破产法律文化土壤之上，在实际运行中也未完全实现制度设计的目的。例如，虽然《德国破产法》第 270 条 a 借鉴了美国的 DIP 模式，设计了简易的临时自行管理制度，便于债务人长期运营，但实践中，债权人乃至法院对于在破产案件中应用这一模式的热情并不高，债务人的自行管理被认为仅仅是个例，实践中法院倾向于对适用自行管理的条件做严格解释。① 有重整希望的企业，可以选择申请《德国破产法》第 270 条 b 规定的保护伞程序，适用这一程序同样需要较为严格的条件，并需要得到有破产经验人士的证明。这一例子显著体现了制度的设计与实践运行是完全不同的概念，如果没有相应的文化支持，法律制度将难以实际运转，而破产法律文化在决定如何处理案件时起到的作用可能比立法制度如何设计更为重要。如果德国法律继续保持对债务人的严格限制，其破产法律文化将很难向破产拯救文化转变，德国在破产立法上的严谨态度正是其保守的破产法律文化所决定的，严密的法律制度确实在一定程度上限制了债务人的不当行为，但也抑制了债务人的主观能动性，弱化了破产法的拯救功能，对破产拯救文化在德国的传播起到了负面影响。

法国在政府干预公司事务方面有着悠久的历史，这一文化也延续到现代破产法中。民众相信，政府有义务也有权力帮助企业维持经营，以降低就

① ［德］莱茵哈德·波克：《德国破产法导论》（第 6 版），王艳柯译，北京大学出版社 2014 年版，第 207 页。

业率、维持经济繁荣，这与破产拯救文化不谋而合，因此法国对于破产拯救文化的接受程度较高。破产法律文化在破产制度上的投影就是法国建立了有极强救助导向的破产重整法律，1985 年的《困境企业司法重整和清算法》对于救助企业的动力甚至可能强于美国破产法第十一章。法国破产重整法的另一特点是通过早期的干预对重组鼓励，在具体规则设计方面，鼓励企业尽早寻求重组，维持企业运营，以免危机发生。这一特点其有相应的破产法律文化基础，即法国文化同样认为破产是耻辱的，企业破产往往与技术过时、经营不当相关联，经营者和职工都将被另眼看待。如果企业是国有企业，其运营能力更会被抨击，政府和债权人还可能认为债务人的破产可能构成犯罪行为，因此法国的立法者试图通过制度设计帮助企业避免进入破产清算，挽救企业。1994 年的《企业困境防治法》对原有的破产和解制度进行了完善，进一步回应了破产拯救文化。破产拯救文化与破产耻辱文化竟然在不同的国家都导向了完善的破产重整制度，这展现了破产法律文化与破产法律制度之间复杂的因果机制，但法国和美国在重整制度上的殊途同归同样意味着因果机制的有效性。破产拯救文化与破产耻辱文化在法国的并存一定程度上阻碍了破产制度的进一步优化，破产耻辱观不破除，立法者就只能探索其他方式化解困境。对破产拯救的过度追求可能对正常市场退出机制的建立形成了阻碍，即使法国的重整制度再精密，实践再成功，这一制度的运行可能还是无法减弱破产耻辱文化，只有实施有针对性的制度设计，才能真正对破产法律文化产生正面影响。

总体而言，英国、德国与法国在破产法律文化上均与美国存在较大差异，欧洲各国的破产法律文化相较美国更加保守，但已经基本破除了破产惩戒文化。对欧洲国家来说，破产拯救文化是舶来品，重整制度亦然，但英国与德国因为对破产的厌恶并未完全接纳重整制度，法国却由于对破产的厌恶拥抱了重整制度，这与每个国家独特的历史因素、文化因素息息相关，其背后展现的因果价值下的逻辑却是一致的，即破产法律文化决定破产法律制度，破产法律制度又塑造了法律文化。不同的破产法律文化会产生不同的效果，制度的移植相对容易，但文化的改变十分困难。在不同国家，破产法律文化对破产法律制度的影响方式各异，破产法律制度的未来发展方向也存在区别。美国的例子不是破产法律文化与破产法律制度的唯一模板，破产法律文化与破产法律制度间的因果机制是复杂多变的，法律制度必然要与破产法律文化相适应，因地制宜才能发挥出良好的效果。

（三）东亚破产法律文化与破产法律制度

东亚各国与欧美在文化上的差异十分巨大，各国之间的社会发展也存在较大差异。在破产法领域，日本和中国都是研究东亚破产法律文化时无法忽略的国家，对其进行研究，有助于深刻理解破产法律文化与破产法律制度间的因果机制。一方面，日本积极向西方学习各类制度设计，如破产法律制度复杂程度较高，借鉴美国的具体破产规则较多；另一方面，由于日本未经过彻底的社会革命，受传统文化影响较大。日本属于传统农业社会，受儒家文化影响较深，破产耻辱文化盛行，社会对破产较为反感。对于破产宽容文化和破产拯救文化来说，日本绝不是最适合的土壤，日本的破产实践也证明了这一点，但日本仍然通过对破产法律制度的改造，探索出了与传统破产制度存在明显区别、具有破产拯救作用的法律制度。

二战后，日本曾有一段快速发展期，在这一阶段，经济发展迅速，信贷消费逐步进入人们的生活，但仍未普及。在经济泡沫破灭后，日本进入了经济低潮，为了拯救深陷泥潭的日本经济，立法者采取了激进的措施来促进商业复兴，通过制度手段鼓励企业和个人借贷，鼓励个人消费，然而制度规则并不会立刻改变日本人避免借贷的文化，大多数日本人仍然会出于文化原因避免进行借款。日本文化是一种典型的耻辱文化，被认为存在污点的人将遭受社会的敌视，在耻辱中生活，难以被社会重新原谅和接纳，直至死亡方能解脱。在此文化影响下，破产当然也被认为是失败的表现，是个人甚至家庭的不幸和悲剧，不仅债务人本人，其家人都会因为破产而遭受巨大的社会压力，而且由于人们并不习惯于将司法程序作为解决问题的首选措施，在债务人陷入困境时，大多也不会主动选择适用破产程序，因此实践中“和解程序”适用较多。和解程序更适合日本文化，但只是通过各方妥协将问题掩藏了起来，难以实现资源优化配置，更难以发挥破产制度的市场退出与挽救功能。为改善经济、引入破产拯救文化，日本在20世纪末开始进行一系列的改革，试图通过借鉴美国破产法第十一章的规定，建立更加完备的倒产制度，弱化破产耻辱文化，推广破产拯救文化。在此背景下，《民事再生法》和《公司更生法》应运而生。《民事再生法》一方面以企业、个人的再生为目的，推广破产拯救文化；另一方面，采取了债务人自行管理模式及较为快速的程序设计，减弱破产的耻辱性及对债务人的负面影响。《公司更生法》作为《民事再生法》的特别法，针对大型企业的更生进行了进一步规定，鼓励大型企业通过该程序得到挽救，起到提振经济的作用。

日本的立法改革展现了破产拯救文化对破产法律制度的影响，也展现了破产法律文化对法律制度的决定性作用。深厚的耻辱文化不会因为法律制度的建立而直接消散，立法者为达成提振经济、帮助债务人重生的目的，必然要进行本土化设计。具有日本本土特色的倒产制度显然没有忽视根深蒂固的破产耻辱文化，但在制度设计时立法者并未与破产耻辱文化正面对抗，而是通过具有和解性质的制度设计，避免了债务人、债权人对司法强制的抵触。债务人自行管理的模式也弱化了破产带来的耻辱，快速的程序设计力图将对债务人的负面影响控制在合理范围内，提供了与传统模式不同的新道路。新制度的建立也确实为日本的个人和企业提供了更为体面解决债务危机的方式，客观上促进了对债务人的拯救，因此这一系列立法虽然受到破产耻辱文化的影响，但也助推了破产拯救文化在日本的发展。

以横向视角进行观察，作为东亚主要经济体之一，中国与前文提到的所有国家都有区别。作为发展中国家，中国在破产法上的探索远远慢于其他国家。破产法不仅是法律移植的产物，而且在最近几十年才进入民众的视野。中国有着独特的文化传统，与西方文明存在较大差别，与同为东亚国家的日本也不尽相同，但传统文化在社会变革后出现过松动；在经济制度方面，中国从计划经济向市场经济转变，对待破产的态度与各国均不一致。因此从横向维度研究破产法律文化与破产法律制度，中国的独特样本是不可忽视的。

中国具有悠久的历史，传统文化较为深厚，今天的中国仍然被两千余年前孔子及弟子的学说所深深影响，经过历代改造的儒家学说并不鼓励借贷和商业活动，但儒家伦理思想所倡导的价值观一直受到中国人的高度尊重，且在中国的商业实践和法律适用中随处可见，儒家所提倡的仁义礼智信中的“信”即是“诚实守信”。在儒家思想的指导之下，商人和借贷者都被认为应当讲求诚信，欠债还钱，商人作为逐利的群体，本来就具有较低的社会地位，若拒绝偿还债务，则会被认为道德上的失格，因此债务重组和破产免责与传统的中国文化格格不入。同时，儒家提倡和谐，除非别无选择，人们都应当与他人保持友善，尽量避免通过司法途径解决问题，法律仅仅是社会规范的一部分，在法庭干预之外，和解往往是人们的第一选择。综合来说，在传统文化之下，通过司法程序实现破产免责难以被社会所接受，破产拯救文化不是社会的主流，但中国传统文化并不缺少宽容与拯救的土壤，儒家的道德规范“忠恕”即与破产拯救文化有着异曲同工之妙，为破产法律文化的中国化提供了土壤。

即使不考察数千年的历史和社会变化，近年来中国在经济、文化上的转变仍然巨大。近代，中国发生了巨大的变革，西方文化冲击了中国的传统文化，传统社会发生了瓦解，传统文化影响力大幅下降，当时的中国曾经进行过数次破产立法的尝试，但并未在中国培育成功破产宽容文化，破产免责制度仍然不为大众所接受。在长期的探索之中，中国人民选择了社会主义道路，社会主义道路也塑造了中国特色的破产法律制度和破产法律文化。改革开放前的几十年里，中国一直采取计划经济的模式，借贷与破产远离企业与民众。人们把破产视为资本主义社会才会发生的负面问题，认为在计划经济之下，企业不会面临市场经济中的诸多问题，破产也不会出现。但计划经济存在效率低下、成本较高的问题，自改革开放后，私营经济和外资投资逐渐增多，市场经济开始被社会接纳，一部分低效的国有企业在激烈的市场竞争中衰落，破产开始重新回归中国。

中国的破产法律文化经历了从无到有，破产制度也从最初的破产清算为主发展到现在破产清算、破产重整、破产和解三项程序并重，适用范围上从仅限于国有企业，扩展到所有企业法人，近年来又开始了个人破产的探索。虽然中国的破产法律制度发展极快，但破产法律文化仍然是复杂的。一方面，破产耻辱文化盛行，破产仍然意味着失败，可能面临恶意逃废债的指摘，破产免责并未得到社会公众的认可；但另一方面，社会也不反感诚实而不幸的债务人通过破产程序退出市场或东山再起。社会对于企业的重整已经逐渐持支持态度，至少在企业破产领域，破产拯救文化已经孕育产生，人们对于公司这种传统中国不存在的市场主体抱有更多的宽容，毕竟从计划经济向市场经济的转换过程中，中国人见证了太多公司的兴起和衰落，能够依靠破产程序渡过难关重现辉煌的企业和企业家往往可以得到大家的尊重。中国最初的破产清算制度与破产耻辱文化冲突较多，无法真正实现制度目的，于是在 2007 年《企业破产法》中，立法者借鉴美国制度设计了破产重整制度，重整制度意味着对企业的挽救，在很大程度上减弱了破产带来的耻辱。在实践中，破产重整制度的运行为中国提供了若干成功案例，许多有影响力的企业通过破产重整重获新生，职工、债权人的利益得以保障，因此，破产拯救文化也得到越来越多债务人与债权人的认同。但在中国也出现了追求重整而忽视清算的倾向，不具备重整价值却进入重整程序的案例并非个例，在发挥破产法律制度的拯救作用同时破除破产耻辱、让市场主体有序退出市场仍然是中国破产法律制度和破产法律文化面临的挑战。在个人破产领域，中国仅在深圳开展了立法层面的尝试，司法层面的尝试早已在江苏、浙江等地推行，个人破产是破产宽容法律文化和拯救文化的体现，但这一制度的推行面临着更强的阻力。从破产法律文化的角度看，中国尚未形成成熟的个人破产法律文化，现有制度建设需要与其他法律、传统文化、社会认知相衔接，构建符合中国国情的个人破产制度，降低大众对个人破产制度的不信任，让个人敢破产、能破产，通过破产制度实现脱困和再起航。

鉴此，通过对美国、英国、德国、法国、日本和中国破产法律文化与破产法律制度间因果机制运行的比较，可以发现各国虽然在文化传统上存在较大区别，但各国的破产法律文化已滋长出与本国相适应的破产制度，无论是破产重整制度、庭外和解制度，均有其特点，并不存在适合所有国家的破产法律制度。法律制度的设计以适应本国破产法律文化，能够在本国实际运行、发挥效果为目的，法律制度是否与本国破产法律文化相适应往往是评价制度设计是否成功的重要指标，如果仅仅进行制度移植，忽视了本国文化的特殊性，再精密的制度也难以发挥作用。与此同时，全球化的进程也加快了破产法律文化与破产法律制度在各国之间的传播，移植的破产法律制度对破产法律文化的影响也逐步显现，法律制度的设计对于实践具有重大指导作用。通过长期的司法实践，切实有效的制度将减弱人们对于破产程序的成见，让社会公众相信破产法律制度的意义，并逐步认同其作用，从而影响破产法律文化，最终实现破产法律文化与破产法律制度的共同发展。这一过程注定是动态而困难的，但横向维度的观察已经证明了这一因果机制是有效运行的，足以成为立法设计及司法实践的指南，设计符合本国破产法律文化、促进破产法律文化变革的法律制度，将成为立法设计的重要指导原则。

第二章　破产法律文化的类型化研究

法律、文化与社会、历史从未被切割过，在破产法律文化领域内，激发了历史学家、政治学家、经济学家以及法学家对破产法律文化的基础以及影响其演化发展变革因素深入研究的浓厚兴趣。破产法律文化受社会、政治经济发展的影响特别重大，历经了各种喧嚣与静默之后，呈现出现代破产法律文化的图景。因此，从利益集团理论、社会心理学理论和共同体理论分析破产法律文化类型，具有重要的理论价值与实践意义。

第一节　基于利益集团理论的破产法律文化分类

利益集团理论认为，利益集团是“一个由拥有某些共同目标并试图影响公共政策的个体构成的组织实体”。利益集团通过政治过程追求集团目标的实现，在这一过程中，集团采用多种多样的决策方式进行决策，且采用的决策标准具有一定难解性。[①] 在破产领域，同样存在不同的利益集团，债权人、债务人分别构成了破产中最为明显的两个利益集团，二者之间的对立催生出了破产法律文化的区分，而破产政策在导向上的区分也可被认为是利益集团斗争的结果。

---

① 参见［美］乔·B. 史蒂文斯《集体选择经济学》，杨晓维等译，上海人民出版社 2014 年版，第 2—4 页。

破产政策被认为是破产法律文化的另外一个表达，受利益集团影响，破产政策可以被大体划分为债权人对债权人政策、债权人对债务人政策以及债务人导向的新起点政策。以债权人为导向的政策倡导者早已将破产视为一种用于实现以下目的之工具：当债务人破产时，促进分配效率和债权人之间的公平；防止债务人以隐瞒、转移或其他方式干扰债权人获得债务人的资产。可见，破产法的主要目标是最大化资产价值及促进其在债权人中的公平分配。此观点突出了破产政策的前两个方面，即债权人对债权人政策和债权人对债务人政策。债权人对债权人政策旨在实现债权人之间的公平和平衡，体现在优先权规则中。债权人对债务人政策旨在为债权人提供最大的价值，并削弱债务人隐瞒、转移或干扰债权人获取债务人资产的能力，这些政策体现在诸如管控欺诈性转移和促进集体执行的规定中。一些学者认为，破产法的双重支柱在于：第一，最大化和公平地进行价值分配，体现了债权人导向的视角；第二，破产制度不仅是最大化债权人利益的手段，还通过促进企业与消费者债务人的复兴，使整个社会从中受益。此观念的实质在于免除债务人的债务并为个人债务人的生计保留必要的财产，为诚实但不幸的债务人提供一个新的开始。新起点政策带来的平衡体现在允许债务人免除债务及对其范围和限制界定的规则设计方面。债务人导向的新起点政策与债权人对债务人政策之间的相互作用是允许自愿破产救济规则的基础，允许更改某些非破产权利，为企业和消费者债务人提供恢复权利的选择，确定由谁来制定重整计划的条款，确定批准重整计划的最低标准，并允许在重整计划中少数服从多数。破产政策的变革并非仅仅来源于思辨与理论的发展，更与政治、经济因素息息相关，时代发展的脉络正是通过破产政策的变革因素而体现在破产法律之中，形成了隐秘而又不可忽视的破产法律文化。

一、政治利益集团发展对破产法律文化的影响

在分析不同因素对破产法律文化的影响中，政治学者试图通过研究政治决策机构与那些对法律文化所体现的政策感兴趣或易受其影响的个人或团体的交互方式来理解法律文化的演变。学者们常常运用特定的理论来支撑他

们对这些动态过程的分析，包括法律和经济工具、社会选择理论、公共选择理论和利益集团理论。[①] 以美国为例，许多独特的因素造就了美国的破产法律文化。这些因素包括社会对建立商业经济的强烈要求、信贷的广泛使用，还包括在法律发展过程中，债权人与债务人利益平衡的需要，以及独特的促进债权人与债务人利益平衡的政治上的两党制，还有私人律师在破产过程中的普遍而重要的作用。对影响因素过于宽泛的研究很可能造成研究的“失焦”，而这些独特的因素均通过政治而得以展现，政治为不同的利益提供了博弈的舞台，以政治发展史为观察视角将有利于研究者构建初步的理论脉络。从政治史维度分析，破产法律文化实际上就是在政党、利益集团的不断冲突与妥协中演进形成的，不同时期破产法律、破产法律文化的变革背后都可以看到政治冲突的影子。有学者指出，破产问题是美国联邦党人和杰斐逊派共和党人早期斗争的核心，除了政党之间的争斗之外，在差不多一个多世纪的时间里，民粹主义者和进步主义者的意识形态对破产法的影响同样很大，有时甚至是决定性的。[②] 美国破产法政治史的核心既新鲜又相当简单，以利益集团理论进行观察，债权人、债务人和破产专业人士是影响破产法律文化的三大利益集团，他们在以民粹主义势力兴衰为标志的国会思想控制范围内发挥作用，其中债权人通常在共和党政府中占上风，而债务人通常在民主党政府中占上风，利益集团之间的冲突通过政党而展现在日常政治舞台上。破产法律文化与破产政策的内容反映了有组织的债权人集团与势均力敌的民粹主义力量以及亲债务人运动的妥协。可以说，美国各党派的政治家在破产法律文化历史上发挥了重要作用，共和党人多受债权人影响，民主党人则多是债务人的支持者，各方力量此消彼长。从 20 世纪美国破产法的发展与变革即可一窥周期性的价格震荡对破产法律文化的影响，最戏剧化的例子是大萧条时期，这一时期华尔街和曾控制大型公司重整的律师的影响力急剧

---

① ［美］卡伦·M. 杰比亚：《法典守护者：破产共同体的演化》，扈芳琼译，载李曙光、刘延岭主编《破产法评论》（第 1 卷），法律出版社 2018 年版，第 84 页。

② ［美］小戴维·A. 斯基尔：《债务的世界　美国破产法史》，赵炳昊译，中国法制出版社 2010 年版，第 17 页。

下降，民粹主义则势力大涨，民主党政府的长期执政使得破产法律文化向亲债务人方向发展。除了价格震动之外，信贷市场的变化也对破产法律文化有重要的影响，信贷市场的发达直接改变了债权人利益集团的构成。早在 20 世纪初的争论中，债权人利益集团还主要由供货商和其他商人构成；而第二次世界大战之后，由于消费信贷业的崛起，消费信贷也逐渐成了债权人集团的主角，而供货商和其他商人的重要性则有所削弱，债权人利益集团的结构改变也影响了这一集团对具体破产法律制度的诉求。[①] 这种多维度的政治冲突造就了美国破产法独特的发展样貌，三方利益集团的存在和力量的此消彼长也给美国破产法律制度带来了微妙的平衡，塑造了在世界范围内独树一帜的美国破产法律文化。

而在欧洲，政治发展在各国也有不同的表现形式，政治力量的多元化同样不容忽视。以英国为例，代表债权人的利益集团长期在政治上把持着话语权，在一定的历史时期内塑造了英国破产法的特点。在英国，商人和银行家历来对政治有较大的影响力，由于债务人破产会导致债权人利益的受损，代表债权人利益的团体开始推动英国向其他地区学习，进行破产立法。这一进程推动了图德时代的立法行动，立法者试图以法律的变革来解决债务人隐藏起来或隐匿财产逃避债权人的问题。[②] 英国早期的破产法律充分体现了债权人利益诉求，严格的立法最初被债权人认为是保护自身权益的有力工具，而当过于严格的法律起到反作用时，债权人又做出适当的让步以谋求更高的清偿额。而在后续的破产法实施中，为取得对于破产程序的控制，各方利益集团间一直存在激烈的冲突。普遍代表债权人利益的商会与债务人和法院争夺对破产程序的控制权，旨在最大程度保障商人和银行家的利益，减少这些主体因破产程序而受到的损失。在 19 世纪初期，债权人通过委派债权人代表作为财产受托人而完全控制了破产财产的管理，这一现象引起了债务人利

① ［美］小戴维·A. 斯基尔：《债务的世界　美国破产法史》，赵炳昊译，中国法制出版社 2010 年版，第 18 页。

② ［英］费奥娜·托米：《英国公司和个人破产法》（第 2 版），汤维建、刘静译，北京大学出版社 2010 年版，第 8 页。

益集团和法院的不满和抗议。为解决这一问题，官方通过伦敦破产法院的建立和官方受托人的规定短暂地使法院在破产程序中掌握了更大的控制权，但这一措施很快在商界引起了反弹，商会通过自身的政治影响力对这一立法进行抗议，最终伦敦破产法院被撤销，破产财产的管理权重新转移到债权人手中。商会与法院和债务人的斗争最终在 1883 年的破产法中暂时告一段落，各方妥协的结果是引入了商会领导下的官方接管人，达成了各方初步的力量平衡，这一体制持续了一百余年，长期影响着英国破产法的实践。[①] 利益集团的冲突在英国现代政治中仍然存在，虽然不易直接被观察到，利益集团往往通过对政党的影响而间接影响立法，英国政党政治的特点使得执政党的更替同样对英国破产法产生深远的影响。保守党和工党在代表的利益主体上有很大区别，施政理念也存在差异，保守党很大程度上贯彻对债权人的保护，工党则在信贷交易普遍、个人破产增加的大前提下代表债务人的利益。在工党执政时期，2000 年《破产法》对于撤销公司董事的法律修改、2002 年《企业法》对行政接管制度的废除都体现了工党执政的鲜明政治特点，债务人利益集团再次试图争取对破产企业和破产程序的控制权，但长久的制度设计在短时间内难以改变，债务人利益集团的诉求随着工党失去执政权而难以完全实现。近些年来英国国内政治逐步趋向于保守，工党自 2010 年选举失败后再未执政，保守党重新获得执政地位，这对于英国国内破产法的变革、对英国与欧盟的关系都有深刻影响，也对破产法未来的改革方向产生了明显作用，债权人与债务人利益集团之间的冲突仍将长期存在。

德国破产法的修订是利益集团影响破产法律文化的又一有力例证。德国 1877 年《破产清算法》与 1935 年《和解法》因实践中破产财团的极度贫乏不再有能力完成它们所担负的使命，"破产法的破产"这一说法恰如其分地展示了修法前德国破产法的尴尬地位。为解决这一问题，德国联邦司法部长任命了一个由学者、破产法实务工作者以及来自工会和协会的鉴定专家组

---

① ［英］费奥娜·托米：《英国公司和个人破产法》（第 2 版），汤维建、刘静译，北京大学出版社 2010 年版，第 11 页。

成的破产法委员会，委托其对改革破产法提供建议。破产委员会的主要工作在第 54 届德国法律人大会上启动，委员会在 1985 年提交了第一次报告，随后又在 1986 年提交了第二次报告。这两份报告以及此后的联邦司法部草案都在学术界和实务界中引起了激烈讨论。① 然而这份研究报告遭到了不同利益集团的批评：第一，作为传统的债权人集团，银行等金融机构批评研究报告中限制担保权（尤其是动产担保）的措施，认为这一措施会损害贷款人的信心，最终损害债务人（企业）的利益。第二，站在普通债权人，尤其是劳动者一边的利益集团（工会、强调劳动者保护的党派如社民党）则认为新破产法对担保债权人的限制还不够，某些社民党的议员甚至在联邦众议院提案建议政府成立专门的企业重整机构对企业重整进行管理。第三，关于破产法的价值选择，很多学者持保守的自由主义态度，倾向于维护债权人的利益。如多恩朵夫提出，对担保权进行限制是必要的，但应当允许超额担保（尤其是让与担保中的超额担保），以便债权人在放贷时通过要求超额担保来维护其利益。杜卡契克等研究公司金融和企业破产的经济学家指出，限制担保债权可能会使有关利益在担保债权人和普通债权人之间被重新分配，从而不符合市场经济的基本原则。第四，破产管理人集团则认为报告中几乎每个建议都有重大缺失，尤其批评草案剥夺了债权人自治权和限制了破产管理人的职权，而赋予法院过大的权力。②1988 年考虑到当时出现的批评意见，德国联邦司法部又公布了破产法改革法的讨论草案，并于 1989 年再次进行补充，同年以此为基础形成部级草案。在该法的立法阶段，联邦德国和民主德国发生合并，影响了原有的立法进程，新的政治需要要求订立一部适用新加入联邦州情况的破产法。因此，1992 年 4 月统一后的德国再次启动了破产法政府草案的正式立法程序，该政府草案同样遭到了主要来自破产管理人方面的强烈批评，后在法律委员会的咨议下不得不再次大幅度地压缩与简化。《破产法》改革旨在从程序目标上优化乏力的《破产清算法》，并追求如下重要

① ［德］莱茵哈德·波克：《德国破产法导论》（第 6 版），王艳柯译，北京大学出版社 2014 年版，第 5—6 页。

② 许德风：《破产法论——解释与功能比较的视角》，北京大学出版社 2015 年版，第 44 页。

目标：一是采取措施解决财团贫乏的问题，以使程序启动与进行，这样就能使尽可能多的破产案件得以有序处理；二是更好地协调清算和重整。上述目标构成《破产法》的基础，不仅具有立法史上的意义，而且在进行法律解释时，始终被重点考虑。《破产法》不仅包含各种针对财团贫乏的措施，还实现了程序的统一，这体现在原有《破产清算法》与《破产和解法》的分立被取消，而且民主德国法律和联邦德国法律的并行也被摒弃。经过修改后，现在德国只存在一个统一的《破产法》，它的目标是通过一个纯粹以财产为导向的程序来贯彻实体法上的责任规则。德国现行破产法致力于促进重整，强化债权人自治机制，促进破产财团的公正分配，引入个人破产程序和余债免除制度。① 回顾德国破产立法修改史可以发现，不同利益集团在政治上的主张大大影响了破产立法的进程，利益集团不仅受到债权人、债务人的身份影响，还可能受到地区、政党等其他政治因素的影响，立法者在不同利益集团之间的妥协塑造了破产立法的价值取向并通过相关制度的创设与修改，最终影响破产法律文化的发展方向。

第二次世界大战结束后，法国整合左右翼力量建立了第四共和国，但左右翼政党斗争不断，政府更迭极快，在破产法领域，法国并未取得突破性进展。但第四共和国时期，法国重建了被战争摧毁的国家，社会取得了诸多发展，为第五共和国打下了坚实的基础。为解决法国在内部、殖民地面临的挑战，戴高乐于 1959 年正式就任总统，第五共和国正式建立，社会结构也逐渐发生变化，包括小工厂主、小商贩、手工业者和农民在内的传统中产阶级人数锐减，资本和财富向垄断巨头集中②，这意味着传统上代表债务人利益的中小企业主阶层力量减弱，代表债权人利益的大企业力量增强。破产法扮演的角色以维护债权人利益为主，经营失败的中小企业主仅能通过破产清算离开市场，这与中小企业主的政治影响力有限是有紧密关系的。1973 年以后，法国经济长期处于滞涨状态，大批中小企业倒闭，代表大企

① ［德］莱茵哈德·波克：《德国破产法导论》（第 6 版），王艳柯译，北京大学出版社 2014 年版，第 7—9 页。

② 吕一民：《法国通史》，上海社会科学院出版社 2019 年版，第 368 页。

业利益的右翼政党长期把持政权，无法有力改善现状，因此，在 1981 年的大选中，左翼社会党通过促进就业、对经济进行结构改革的主张得到了民众的支持，赢得了大选。① 无论是传统中产阶级还是新兴的以管理人员、科技人员为主的中产阶级，诉求均是维持企业活力，避免出现大范围的失业问题，代表职工、债务人的利益集团政治影响力愈发强大，而破产清算制度在当时的状态下也无法充分维护债权人集团的利益。大型垄断企业、国有企业也对维持企业经营、改善经营环境提出了较高要求，债务人利益集团与债权人利益集团在大方向上达成了一致。前政党更迭的影响逐步减弱，这一政治诉求持续影响着法国政坛，此后的执政者无论何党派无不以改善经济与就业为主要目标，在此背景下，法国对于破产重整制度的探索与支持就不足为奇了，政府希冀于通过建立完善的重整制度挽救企业，避免企业主、职工对政府的不满，而复杂的经济环境则督促着执政者持续优化重整制度，探索在企业重整中对债权人、债务人企业及职工的利益造成不当损害。

日本在法律制度和法律文化的发展上有其特殊性。近现代日本政治史是一部走向政治民主化和现代化的发展史，其法律文化的发展同样遵循了这一基调。在明治维新过程中，政治体制开始发生变革，在脱亚入欧的指导理念之下，日本立法开始向西方国家学习，对原有的破产法律进行修改和革新，学习德国、奥地利等国家的破产法律，进行破产立法，对江户时代已经初具雏形的相关法律进行整合。② 第二次世界大战日本战败后，日本的政治制度发生了巨大改变，对外的经济、外交均受到美国的影响，与美国联系更加紧密；对内，日本在美国的单独占领下实行了一系列全方位的政治民主化改革，这些改革促使日本旧体制迅速解体。③ 日本于 1952 年制定了《公司更生法》，在破产法的修订中新增了免责制度，从而促使基于债务人重生主

---

① 吕一民：《法国通史》，上海社会科学院出版社 2019 年版，第 390 页。

② ［日］谷口安平主编：《日本倒产法概述》，佐藤孝弘、田言等译，中国政法大学出版社 2017 年版，第 10 页。

③ 王振锁：《日本近现代政治史论》，江苏人民出版社 2019 年版，第 123 页。

义这一新理念构建的重整程序在企业倒产、自然人倒产中得以确立。[①]可以看出，这两种法律制度均深受占领国美国的影响。日本破产法的立法进程与其政治体制的变革进程相统一，保守势力由于战争失败而逐步失去了政治上的话语权，外来者美国通过向日本施加政治影响力而向日本输入具有美国特色的破产制度，新的掌权者在日本传统和美国影响之间寻求平衡，对输入制度进行了部分接受和改造，最终塑造了现有的破产制度样态。即使日本的政治生态、历史文化因素与西方国家有较大差异，其受到政治变革的影响方式与其他国家也是一致的。日本的经验说明政治体制的变革往往引起破产法律制度的变革，传统因素可以对这一变革过程产生阻碍等影响，却无法独立于政治变革而存在。

我国破产立法的制定同样受到不同利益主体的影响，在相当长的历史时期内，我国经济中最大的债权人是国有银行，最大的债务人是国有企业[②]，国有银行和国有企业在相当长的一段时间内并没有进行市场化经营，自然也没有做好接受破产制度的准备，缺少了债权人和债务人的有力推动，我国破产法立法进程自然缓慢。同时，各级党委和政府在处理企业尤其是国有企业破产问题时都较为谨慎，往往担心破产会对地方发展造成负面影响，出于政治安全、社会稳定的考虑而采取其他手段解决问题，但随着经济结构发生改变，许多国有企业在经营上面临困难，以国有银行为代表的债权人面临巨大的不良资产压力，地方政府也背负着巨大的财政压力、维稳压力，以国有银行、国有企业为代表的经济参与者对破产立法的呼声才慢慢产生。国有企业、国有银行与国家权力机构有较高的关联程度，能够通过对立法过程提出意见等形式影响立法，而其他利益主体，如非国有企业、职工等需要通过对社会稳定、经济发展的间接作用最终影响立法。政府为解决国有企业资金问题往往也承担了巨大的成本，企业职工下岗对社会稳定产生了极大的政治压力，这些因素共同发挥作用，使得 1988 年的《中华人民共和国企业破

① ［日］山本和彦：《日本倒产处理法入门》，金春等译，法律出版社 2016 年版，第 9 页。
② 许德风：《破产法论——解释与功能比较的视角》，北京大学出版社 2015 年版，第 64 页。

产法（试行）》（文中简称《企业破产法（试行）》）突破了政治上的种种争论最终得以出台。由于仅针对国有企业，且没有规定破产重整等程序，《企业破产法（试行）》无法完全满足我国现实需要，以银行为代表的债权人利用各地面临的金融风险压力影响政府和立法决策，债务人则以地方经济发展需要、职工安置问题等对地方政府产生影响，最终推动了 2007 年 6 月 1 日起施行的《中华人民共和国企业破产法》（文中简称《企业破产法》）落地，将非国有企业纳入破产程序之中，使得债权人和债务人利益都能在更大程度上得到法律的保障。而随着民营经济的发展、国有企业的混改进程和市场化程度进一步加深，《企业破产法》也不能完全适应社会发展的需要，进一步修改《企业破产法》的呼声日益高涨，其背后的政治因素也是不可忽视的。

从政治史的角度进行研究，对各国破产法律文化在债权人或债务人中心主义之间反复变革的现象做出了很好的描述，并提供了可行的分析模式与理解方式。各国虽然在政治模式、破产法律文化之间存在很大差异，但利益集团对政治产生影响的方式均有类似之处，也通过这一方式间接对破产法律文化进行了塑造。破产制度的复杂性意味着不同的利益主体必然会争取对自身有利的制度设计，这一点在理论与历史实践中都得到了证实，因此对于未来破产法律的变革和修订也不应当忽视这一因素，认识政治影响、运用政治影响，从而更好地完成破产法律变革的任务。

二、经济利益集团发展对破产法律文化的影响

如果说政治发展史对破产法律文化的影响隐藏在立法进程的背后，不易被社会公众所察觉，一个国家的经济发展史与破产法律文化则是直接联系且息息相关的，市场经济体制的变革、经济运行周期、信贷市场消费文化的发展等都切实影响到了破产法律文化的动向。

美国经济史体现了资本主义制度与破产法律文化的共生关系，尤其是美国的创业和冒险精神、信贷市场与消费文化交错发展促成了美国富有特色的破产法律文化。早期的美国致力于自由市场经济法发展，将经济繁荣、技

术提升、教育发展以及文化机会扩大，视为社会成果的关键。① 18 世纪初，资本家的利益势力逐渐增强。市场资本家认为，以信贷为基础的经济发展是绝对必要的。于是美国市场经济的发展严重依赖于信贷制度——有许多义务复杂交织，这些义务贯穿国家的融资、生产、分配以及消费。美国将其自身看作一块潜力巨大的土地，因此非常乐观，昭昭天命的信念深入美国人心中，基于这一信念他们非常愿意建造并且消费，甚至远远超过其真实拥有的财富。因此，美国内战前在建造河流、道路以及管道的时候，多以贷款和赊购为主，一份关于法庭记录的研究显示，美国的信贷使用在 19 世纪中期之前就已经非常普遍了。信贷的使用被视为资本主义诸多实现经济潜力的核心因素。实际上，有学者认为，系统化的信贷是资本主义经济区别于其他经济制度的一个特征。企业家的创业、冒险精神得到社会的认同与肯定，商业领域内信贷市场的发展，使得违约成为常态，法律文化对待未付款的行为非常宽容。用破产来解决违约问题成为必由之路。一个系统化分配债务人可用资产，以及免除剩余债务的制度，最终被视为经济现代化的一个特征、现代社会的综合发展成果。②

二战后，美国历经了一段时期的通货膨胀，战争的胜利和“婴儿潮”的到来塑造了这一时期的经济特点，消费者对各种日常用品和服务的消费需求大幅增长。刺激需求增长的三个因素是战争中被禁锢的物欲、大量的存款和生育高峰。而美国政府在经济上采取的政策也是促进最大限度的消费，而非抑制其发展势头，在经济政策的指导下，美国的房地产业和汽车业开始了快速扩张之路，而与之相伴的是消费信贷几十年来一直保持稳定增长。作为一种文化，美国人喜欢消费，甚至在经济衰退期也鼓励消费，不论家庭信贷创下怎样的高额纪录，也不管存款率创下怎样的低纪录。罗斯福总统新政立

① ［美］娜塔莉·马丁：《历史与文化在破产和破产制度发展中的作用：法律移植的危险》，谢琳译，载陈夏红主编《中国破产法的现代化，从〈大清破产律〉到〈企业破产法〉（1906—2006）》，中国大百科全书出版社 2018 年版，第 350 页。

② ［美］娜塔莉·马丁：《历史与文化在破产和破产制度发展中的作用：法律移植的危险》，谢琳译，载陈夏红主编《中国破产法的现代化，从〈大清破产律〉到〈企业破产法〉（1906—2006）》，中国大百科全书出版社 2018 年版，第 352—354 页。

法中，引入了居者有其屋计划，低首付贷款成为现实，彻底改变了美国消费主义和消费信贷的面貌，也改变了住房金融业。此后，随着 20 世纪 60 年代签账卡的引进，信用卡在 20 世纪 70 年代与 20 世纪 80 年代也被引进了，信贷消费的便利性进一步刺激这一消费形态的发展，使得消费信贷之路越走越远，最终塑造了美国特色的消费文化，消费者信贷甚至被认为是美国经济健康最重要的指示之一。尽管信贷行业宣称，存在消费者滥用信贷的情况，但显然没有足够的有力措施来阻止这种势头，相反，信贷行业的广告还是鼓励人们尽可能多地利用他们可以获得的信贷。消费与享乐之风盛行，不停消费导致美国公民比世界上其他地区的公民拥有更多的各种类型的债务。消费信贷、第二抵押权、取消抵押品赎回权以及个人破产都处于历史最高点。① 信贷消费对经济的影响无疑塑造了美国世界上最宽容自然人破产法律文化，这一文化特别鼓励破产人为回到经济生活中再次努力尝试，但是即使如此，破产还是会尖锐地刺痛公开宣称自己破产的人，这一事实也是不能忽视的。

英国是工业革命发端的国家，其经济发展史也为破产法律文化与经济社会发展的关系提供了样例。在工业革命时期，技术的高速发展催生了大量商业主体的产生，也激发了技术进步与商业发展之间的良性互动，殖民活动的持续为英国带来了大量优质的原料产地和潜力巨大的市场。在 18 世纪到 19 世纪之间，英国成为了名副其实的世界工厂，创造了大量的财富，日不落帝国的繁荣和伟大似乎永远不会终结。经济上的快速发展导致原有处理破产事务的法律无法适应现实的需求，催生了英国现代破产法的进步。但是直到 19 世纪中叶，英国破产法的适用范围仍然有限，仅适用于商人，虽然商人的概念得到了一定的扩展，但排除了农民和建筑商等大量从事商业活动的人群。② 在这一时期，频繁的商业活动使得商业上的成功与失败对大众都很

① ［美］娜塔莉·马丁：《历史与文化在破产和破产制度发展中的作用：法律移植的危险》，谢琳译，载陈夏红主编《中国破产法的现代化，从〈大清破产律〉到〈企业破产法〉（1906—2006）》，中国大百科全书出版社 2018 年版，第 366 页。

② ［英］费奥娜·托米：《英国公司和个人破产法》（第 2 版），汤维建、刘静译，北京大学出版社 2010 年版，第 9 页。

常见，遍及全世界的投资机会在创造财富的同时造成了投资失败的普遍性，商业上的失败和无法偿债不再意味着债务人会被社会完全抛弃，当然，陷入破产的商人仍然会被认为在个人能力、经营策略上存在问题，面临着巨大的社会压力。真正推动破产适用范围快速扩大的，是消费信用在英国的发展。在中世纪，教会认为高利贷是一种罪恶，托马斯·阿奎那即认为“贷出金钱以收取高利，就其本身来说就是不公正的，因为这是一种把并不存在的东西出卖的行为，由此，那种违背公正原则的不均等就明显地产生出来了。”① 这种观念长期影响了包括英国在内的欧洲国家对于借贷的观念，但随着经济发展和观念的改变，信用消费仍然在英国得到了普及。在 20 世纪，英国的信用消费发生巨大变化，使用信用消费的人数也大大增加，信用消费也从最初的购买生活必需品发展为购买汽车、家具等耐用消费品。② 信用消费的普及使得消费债务人的数量开始增加，消费型债务人的破产也逐渐被大众所熟知，大众对破产的敌意也在减弱，但是英国的消费文化不如美国盛行，因消费而破产的人仍然会被其他人认为是未进行理性消费的，破产羞耻没有完全从生活中消失。直至如今，英国人仍然将破产视为人格的失败，并且会极端否定经济破产的个人，甚至破产的企业。③

德国经济的发展更加波折，且受到战争影响极大。第一次世界大战以德国失败告终，德国为此付出了惨痛的代价，经济陷入萧条，在魏玛共和国存续期间通货膨胀加剧，民生凋敝使得德国在 1927 年和 1935 年制定了《破产和解法》，对原有的破产法律体系进行完善。而在二战期间，德国的经济转型为战争服务，破产法失去了进一步变革的土壤，一直持续到二战结束后德国经济恢复正常。德国破产法真正受到挑战是在二战之后，二战后德国的经济快速恢复，并在加入欧共体后得到了长足发展，但在 20 世纪 70 年代发生石

① ［美］A.E. 门罗：《早期经济思想》，蔡受百译，商务印书馆 1985 年版，第 58 页。

② ［英］费奥娜·托米：《英国公司和个人破产法》（第 2 版），汤维建、刘静译，北京大学出版社 2010 年版，第 16—17 页。

③ ［美］娜塔莉·马丁：《历史与文化在破产和破产制度发展中的作用：法律移植的危险》，谢琳译，载陈夏红主编《中国破产法的现代化，从〈大清破产律〉到〈企业破产法〉（1906—2006）》，中国大百科全书出版社 2018 年版，第 388 页。

油危机之后，德国经济发展出现危机，有大量企业破产，而早在数十年前制定的破产法律已经难以适应现实需求，无法解决现实中大量企业破产法的问题。根据对 1985 年至 1990 年这段时间的统计，大约有 75% 的企业因破产财产不足以支付破产费用而根本不能开始破产程序，另有近 10% 企业在开始后因破产不足而提前中止破产程序，可见此时德国的破产法律制度已经无法起到服务经济的效果，当时平均的破产偿债比例是 3% 到 5%，和解和重组率只有 1%。总之，破产法保护债权人、债务人企业及职工等功能几乎完全不能发挥作用，不仅没有起到挽救企业、恢复经济的作用，反而造成了经济危机的加剧，所产生的连锁反应造成了德国经济的长期阵痛。于是 1979 年，德国司法部组织成立了破产改革委员会，该委员会受命对未来的立法，尤其是针对经历了 1973 年石油危机之后德国破产法所面临的危机提出合适的建议，最终促成了 1999 年破产法的生效并实施至今。① 德国的历次破产法律修订均与经济的不景气和危机相关，德国是经济危机促进破产法转型的明显例子。

法国的经济发展与破产法的发展历程一致，若以第二次世界大战结束为观察起点，法国在二战结束后迈入了高速发展的时期，自第五共和国初期到第一次石油危机，法国国内生产总值增速加快，成绩斐然。② 在此期间，法国经济的重要特点是统制经济和国有企业，国有经济部门在经济领域的大幅度扩张对于日后破产法律的特点产生了深厚影响。在黄金 30 年中，法国经济高速增长，居民和国家对于经济的继续增长保持高度信心，此时破产法律的重要性并不突出，破产法律制度的任务在于对陷入困境的企业进行出清，即以破产清算为主。而与德国类似，第一次石油危机的到来中断了法国经济的高速发展，法国陷入通货膨胀、失业率提高、对外贸易衰退，经济结构发生重大变化。③ 经济发展的暂停和企业主体面临的困境，使得法国破产

① 许德风：《破产法论——解释与功能比较的视角》，北京大学出版社 2015 年版，第 44 页。

② ［法］让－弗朗索瓦·艾克：《战后法国经济简史》，杨成玉译，中国社会科学出版社 2020 年版，第 29 页。

③ ［法］让－弗朗索瓦·艾克：《战后法国经济简史》，杨成玉译，中国社会科学出版社 2020 年版，第 49—50 页。

法迎来了前所未有的发展机遇，社会急需破产法律帮助企业退出市场或脱困。而国有企业和统制经济的特点使得法国立法者和政府无法对经济危机持放任态度，这不仅使法国破产法律制度得到发展，还让法国在破产重整方面走在了欧洲的前列，立法者格外重视重整制度，希望借助这一制度帮助企业脱离困境，保障经济的正常发展。法国独特的经济特点催生了具有法国特色的重整制度，但与此同时，法国社会大众依然对破产怀有恐惧心理，对于重整成功的追求意味着破产耻辱文化加重而非破产挽救文化占据主流，未能重整成功的破产企业或个人往往要承受较大的社会压力，其重新回归市场面临较大社会障碍，这一独特之处也是现有许多继受破产重整制度国家的通病。

日本是世界上最大的储蓄者国家之一，东亚国家的文化特点和独特的经济发展路径也使得日本具有独特的破产法律文化。在第二次世界大战中，日本损失惨重，但随之到来的冷战使得美国等西方国家对日本的态度发生转变，日本经济迎来了腾飞，并一度成为世界上第二大经济体。但在20世纪90年代初期，日本经济开始走下坡路，在泡沫破碎后广泛发生的商业破产又反过来威胁到整个银行体系。在很大程度上，这是由于日本传统上喜欢储蓄胜过消费，并且拒绝购买与日本正在成长的经济相当的商品而导致的。虽然日本政府呼吁公民消费，以刺激他们不景气的经济，并希求以此度过经济危机，但日本人消费意愿有限，在以商业破产以及失业为特征的经济困难的年代尤其如此，这也塑造了日本经济的自身特点。在经济结构方面，第二次世界大战后日本在标准化的大规模生产中，迅速重建了本国工业和经济体系，并取得了非常大的成功，“日本制造”得以在世界上拥有一席之地，日本产品一度得到了世界各国消费者的追捧，因此日本对拥有世界上最大规模消费者市场的美国保持了很大的贸易顺差，外汇的流入加速了财富的创造，由此导致日本经济结构的进一步改变，从而诞生了许多中产阶级。日本在制造业等经济领域取得的成功，反而导致其金融行业没有得到正常、健康的发展，日本很迟才真正进入股票或者“价值”市场，大量财富的积累使得日本进入这个领域的速度超过其承受能力，在公众并未对金融业的真正理解或支持的情况下，日本金融业即发生了畸形发展。金融业是价值市场的基础，金融业的不健康发展最终导致了日本的泡沫经济，在20世纪90年代泡沫爆炸，其影响一直延续至今，借贷文化和消费文化在今天的日本远远没有取得支配地位。然而，泡沫经济的影响不可能是永恒的，这一趋势可能会发生变化，尤其是在使用信用卡的领域。最近，日本在信用卡领域创造性地推出一个新产品，允许顾客在到期时再决定他或她是否想要清偿某一项目，或者可以选择将债务保留为欠款。① 对于发行者来说，此产品设计取得了令人难以置信的成功，消费者用这种卡购买的90%的商品，都没有选择在一个账单周期内还清欠款，欠款转而成为了循环贷款。有学者预言，随着此产品的普及，循环贷款在日本的使用可能会极大提高，这一经济新发展对于个人破产法律文化改变的推动也是可以预期的。在商事领域方面，不管过去个人多么不愿意消费，企业参与借贷仍然是不可避免的，日本企业参与消费和借贷非常广泛，但是在泡沫破灭后，由于经济不景气，许多企业无法取得足够的利润，甚至纷纷陷入破产，极度宽松的银行监管和借贷标准也放大了企业破产为经济带来的不良后果，使得商业领域的破产法影响蔓延至整个经济体系。在许多企业陷入破产、金融业也遭遇危机之后，日本政府于1996年彻底接受拯救文化，开始快速修改企业重整法，以期改变现状，将国家经济拖出泡沫破碎留下的泥潭，但彻底接受破产拯救文化和脱离经济发展低谷这两项目标，至今都未能完全实现。

我国现代破产法律制度的发展与破产法文化的变迁与经济社会发展的关系更加明显。自改革开放以来，我国在经济发展保持高速增长，经济结构发生了巨大变化，在公有制经济之外保持主体地位的同时，国家鼓励、支持和引导非公有制经济的发展，从事商业活动的市场主体数量大幅增长，新的市场主体对经济增长的贡献也不容忽视。经济的高速发展意味着市场竞争的加剧，许多市场主体无法在竞争中取得优势而走向破产，若干行业也随着产业结构快速变革而面临着淘汰。在经济形势向好的情况下，这些危险隐藏在

---

① Mann，Ronald，"J. Credit Cards and Debit Cards in the United States and Japan"，*Vanderbilt Law Review*，2002，Vol.1，p.1057.

高速发展之后，但一旦经济增长出现放缓就会暴露出来，引起一系列社会问题。亚洲金融危机、2008年国际金融危机等都突显出了经济发展中供给侧与需求侧存在结构性不合理、企业抗风险能力差的问题，市场主体面临的困境推动了破产法律制度的发展，更推动了我国破产法律文化的变动。我国破产法律文化一直在随经济社会发展而变迁，破产这一舶来品也逐渐为人们所了解，创造财富的神话与创业失败的故事一直为中国的大众所熟知，许多名噪一时的企业在短时间内陷入危机而破产，这样的故事对大众来说越来越常见，企业家东山再起重新创业的事例也屡见不鲜，破产不再是不可接受的洪水猛兽，而作为市场经济的一部分慢慢被民众所接受。在此背景下，大众对于破产的态度开始复杂化，一方面，部分债权人、企业职工通过企业重整成功合法权益得到了保障，在经济增速放缓的背景下，民众对于破产企业家也抱有一定的同情和理解；但另一方面，清偿率较低的破产案件也使得部分债权人对破产程序心存芥蒂。在信用消费领域，传统信贷消费的推广乃至新兴互联网金融产品的普及使得信用消费成为了常见的消费形式，但信用消费的普及并不意味着美国式消费文化已被全盘引入我国，信用消费依然面临着较多的成见，也引起了许多负面舆情，大众仍然认为，由于超前消费而陷入困境个人的债务不应免除，对于个人的要求仍然是欠债还钱。市场经济和信用消费已经引起了我国破产法律文化的变革，但这一过程远未结束。

第二节　基于社会心理学理论的破产法律文化分类

在对法律文化的研究中，忽视个人的情感和心理因素将使研究结果发生与现实的巨大偏离，现实生活中的个体都不是经济学假设中的理性人，忽视这一点将难以对个人的判断做出合理预测，将错误估计破产制度的运行机制与运行效果。因此，对破产法律文化与破产法间因果机制剖析不应该脱离个人心理因素的影响和作用，每种破产法律文化的背后都蕴藏着复杂的心理因素，而每种破产法律文化的转型也是负面心理因素被克服、正面心理因素得到彰显的结果，只有对心理因素进行分析，再有针对性地完成制度设计，破产制度才能真正发挥应有的效果。

一、破产耻辱文化表现：恐惧、成见与社会控制

破产耻辱文化在很长的历史时期内都是一种占据统治地位的破产法律文化，直至现在也对世界各国的破产立法产生巨大的影响，刨除破产惩戒文化对债务人处以刑罚的部分，也仍是建立在债务人的耻辱之上的。这一文化能够产生如此巨大的影响，其背后一定存在深刻的心理因素，与人的本能、社会性相吻合。要克服这一文化也需要找准破产耻辱文化在心理层面的作用机制，以便对症下药，因势利导，弱化破产耻辱文化的负面影响。而对影响破产耻辱文化的心理因素进行细分，可以认为恐惧、成见与社会控制是破产耻辱文化在心理层面的表现，也是造成破产耻辱文化的心理成因。

（一）破产耻辱文化中的恐惧

恐惧是一种情感因素，且在崇尚集体文化当中，羞愧和丢脸是更为基本的情绪。① 恐惧是指个人因可能出现的负面后果而感到害怕，可能导致个人感受到负面情绪不愿意去从事某种行为，或因从事了某种行为而受到压力。在受到破产耻辱文化影响的国家，企业家和个人都对破产持一种排斥和恐惧的态度，这种恐惧导致其不愿提交破产申请或推迟破产申请的提交，甚至宁愿成为“老赖”，而在进入破产程序之后，当事人也可能以转移财产、隐匿账簿等方式拒绝进行配合，为解决这些问题，有必要对恐惧产生的原因进行深度剖析。

人们感受到恐惧可能有很多种原因，从生命被剥夺、身体被侵害到财产损失、社会评价降低甚至未知都可能是恐惧的成因，而人们对于破产制度的恐惧，同样来自许多方面。最为直观的是，破产可能导致债务人丧失自身财产，在某些国家甚至可能遭受刑罚，丧失人身自由。在很多国家的破产法历史发展过程中，都曾经存在对破产者施加刑罚的规定，为偿还债务而一贫如洗甚至难以维持基本生活的事例也并不罕见，尽管为债务人预留生活必要

① 黄希庭、郑涌：《心理学导论》，人民教育出版社 2015 年版，第 495 页。

的财产已经成为现在许多国家的法律规定，但不确定性引起的风险和对法律的不了解仍在加深对破产程序的恐惧，使一部分人认为一旦进入破产程序就面临丧失全部财产的风险，在此前提下，债务人对破产程序产生恐惧就不足为奇了。即使债务人明知法律可以为自己预留必要的生活财产，仍然需要面对生活水准的下降，不得不改变自身的生活习惯，将用于消费、享受的财富转而用来还债，财富的减少和生活品质上的变化足以让许多债务人排斥破产程序，而寄希望于继续控制自己的财产，维持当前的生活水平。

对于成功的追求使得不同社会下的个体都对失败有较大的抵触情绪，在不同的历史时期，成功有多种表现形式，而商业社会中，企业和个人进入破产程序可以被认为是公开宣告失败，即使是企业有重生可能的破产重整程序，也经常伴随着出资人权益的调整，为避免自己多年的经营宣告失败，许多经营者都会选择以种种高风险方式谋求企业继续经营，而不进入破产程序，使得企业失去了最佳的拯救时机。对于失败的恐惧与对破产的恐惧发生了混合，债务人为避免失败及由此而产生的一系列连锁反应，往往会“病急乱投医”，选择错误的道路。

在许多国家讲求诚信以及债务必偿的观念深入人心，债务应当偿还成为了颠扑不破的社会真理，而破产者往往会被打上不诚信、不清偿债务的标签，其社会评价会大幅度降低。在此文化影响下，即使能够被豁免法律意义上的债务，破产者仍然会背负道德意义上的债务，尽管法律允许债务人通过破产程序获得经济上的重生，但是在道德上或者在生活中，信用受损会导致债务人难以再次获得信任并进行新的商事交易活动，债务人内心也会由于诚信文化的影响而受到煎熬。所以对于自然人而言，这种恐惧感是源于集体文化中的破产耻感文化，是因为集体文化中带有对破产的否定色彩，所以个人对破产也有较大的恐惧感，企业也会担心曾经破产的合作公司不能按照合同规定提供服务。[①] 因此大多数个人和企业都不希望自己身上被打上曾经破产

① ［美］蒂伯·塔基提：《破产耻感与再生政策》，李泽民译，载李曙光、刘延岭主编《破产法评论》（第1卷），法律出版社2018年版，第79页。

的印记，为未来的经营、交易带来负面影响。

美国破产法对债务人的态度被认为是较为宽松的，美国也被认为是破产拯救文化最为兴盛的国家之一，但是即使是在美国，仍然避免不了债务人对破产的恐惧心理。债务人仍然会担心因破产而丢掉工作，或因不清偿已免责的债务而失去正当权利，甚至无法回归正常生活。而为应对此种担心，美国破产法上也作出了回应，破产法第 525 条的立法目的就是希望通过法律的规定，制止因债务人申请破产而对其歧视，从而防止造成债务人对破产的恐惧。破产法第 525 条来源于 1971 年美国联邦最高法院对 Perez v. Campbell 案的审理，该案中法院宣布亚利桑那州关于债务人不继续偿还免责债务的话将丧失其驾照，联邦最高法院以该做法违反了破产免责制度、阻碍债务人重新开始为由判定州法因违反宪法而无效。① 可以看出，即使在美国也存在着对破产债务人的歧视，此种歧视同样导致了债务人对破产的恐惧心理，进而影响到债务人进入破产程序获得救济。但是美国破产法对债务人的恐惧作出了回应，并以相关法条设计安定了债务人的心理，对破产债务人提供消除歧视的救济路径，让破产债务人实现“全新开始”的目标。

在英国以及大陆法系国家，立法者仍然担心宽松的破产法会导致债务人损毁清偿道德，损害债权人的利益。此心态在立法上主要表现为：第一，规定破产免责制度的时间较晚，认为免责对清偿道德的损害尤为严重，所以破产法对债务人的态度较为严格。其次，即使引入破产免责制度，在免责的条件上往往设置较高的门槛，比如提高申请破产的费用，规定最低清偿比例，不允许即时免责等等，立法上的严格规定加强了这些国家的破产耻辱文化，进一步强化了国内债务人对破产的恐惧感。② 从这些国家破产受案率较低的情况来看，不能清偿债务的债务人也是极少寻求破产救济的，所以不少

---

① ［美］查尔斯·J. 泰布：《美国破产法新论》，韩长印、何欢、王之洲译，中国政法大学出版社 2017 年版，第 1111 页。

② Jason J. Kilborn，“The Rise and Fall of Fear of Abuse in Consumer Bankruptcy：Most Recent Comparative Evidence from Europe and Beyond”，*Texas Law Review*，2018，Vol.3，pp.1333-1337.

国家在进入21世纪之后，在一定程度上向美国学习，放宽了破产救济的条件，旨在降低破产立法对恐惧感的负面影响，从而吸引了更多债务人申请破产。

在中国，企业破产长期面临着债权人的质疑，债务人企业是否存在逃债行为是许多债权人关注的重要内容，而企业破产程序中确实存在企业以不当行为转移财产的情况，因此《企业破产法》赋予了管理人以撤销权，对债务人进入程序前的不当行为进行撤销，控制债务人的不当行为，通过完善债权人知情权、强化制度设计等方式维护债权人对破产程序的信心。目前个人破产立法遇到的质疑和阻力，足以体现破产相关的负面心理因素，在个人破产的立法进程中，质疑者往往认为，债务人是在通过破产程序逃废债，这一压力将阻碍债务人寻求个人破产程序的救济；同时，债务人也担心自己的基本生活是否可以通过破产程序得到保障，而对个人破产制度充满恐惧，既担忧破产程序影响自己的生活，也害怕程序终结后自己的债务仍然难以免除，或遭受社会的歧视。因此在中国的破产立法中，如何降低债务人对破产程序的恐惧，弱化其他主体对破产程序的成见，消除隐形的社会控制将是未来的重要课题，立法、司法、宣传等多种方式多管齐下才能达成理想的法律实施效果。

如果一个国家的立法者在立法时不能够正确理解和认识破产耻辱文化，无法摆脱破产耻辱文化的影响，那么破产立法的整个导向也会是十分明显的，将有可能反过来强化债务人的恐惧。尽管我们必须承认，一个国家的立法者同样受到本国破产法律文化的影响，但是立法者仍需从自身文化的语境中抽离出来，抑制此种偏见对破产立法的影响，并在立法时考虑到破产债务人的恐惧，从而通过立法条款的设计帮助破产债务人克服此种恐惧，而不是助长此种恐惧。如果一个国家受到破产耻辱文化的影响比较深远，还在破产立法上实施严格的破产救济条件，限制债务人的免责，其实是加深了债务人对破产或者说是不能清偿债务的恐惧，阻碍了破产法的发展。即使立法者能够考虑到债务人的利益，为其预留必要的用于生活的财产、规定破产免责、设计允许其重新开始的制度，但消解债务人对于破产程序的恐惧也是十分困难的，因为破产法律文化不仅受到法律制度的影响，还与法律之外的道德、社会习惯息息相关，法律可以为债务人设计必要的免责程序，但却很难减弱债务人的道德压力。

因此，要从观念上消除破产耻辱文化对债务人的影响是很难的，想要降低债务人对于破产程序的恐惧需要法律之外的多方支持，除了在立法上融入拯救主义的文化理念，让债务人有通过破产程序获得经济重建、重新开始的机会，还需要在长期的破产实践中确立处理破产的社会规范，影响社会公众的思维习惯和根深蒂固的破产法律文化，只有经过长时间的立法修正以及拯救主义观念的不断渗透，整个国家的破产法律文化才会得以改变，渗透在社会文化脉络中的对破产的恐惧方能得到消解，破产法律制度才得以步入正轨。

（二）破产耻辱文化中的成见

在对破产程序中债务人恐惧的分析中，已经能够意识到社会成见的巨大作用，成见虽然没有被任何法律所规定，却能产生不低于成文法的法律效力，并具有强大的生命力。在历史上，一开始各个国家所能接受的都是一种破产有罪的观念，“破产”这个词似乎和古代先贤们所秉持的道德观格格不入，在道德上颇受谴责。如古罗马法中债权人可以随意监禁债务人，并且对不能还债的债务人处以死刑或卖至国外，基本上就是将破产视为一种犯罪，允许对这些破产的债务人处以极刑。到了中世纪，破产债务人仍然逃不过污名化处分，尽管部分意大利城市国家如威尼斯已经表现出了对破产债务人的仁慈态度，但是债务人仍然避免不了被污名化处分。将破产视为一种犯罪行为的观点从古罗马一直存续到近代破产法中，英国就是典型代表，英国对破产债务人实施监禁长达两个世纪直至近代。在这一历史时期，人们对破产债务人持有的成见存在于法律和道德两个维度。在法律层面上，债务人被视为犯罪者、欺诈者；在道德层面上，债务人则被视为不诚信者、不道德者，上述成见很大程度上影响着债务人的行为模式。

进入近代以来，随着资本主义和商品经济的发展，人们在观念上逐渐发生改变，将破产有罪的原则逐渐从破产法中移除，但是各个国家和地区还是花了相当长的时间才意识到并不是所有的破产者都是骗子、恶棍或者罪犯，其中也不乏“诚实而不幸的债务人”。[①] 人们观念的转变得益于经济发展以及商事交易风险的增加，从事商事交易活动的人们难免面临着市场风险，即使债务人是诚信而本分的，市场上不可控的因素仍然可能导致债务危机出现，如此一来，欠债的个人不再单单只是历史上不诚信的债务人形象，也可能是在社会浪潮中不幸的债务人。伴随着商事交易之发展，破产有罪的观念逐步退出历史舞台，但大部分公众仍然不能接受债务人的免责，公众认为债务人负债是具有过错的，债务人因自身原因所为的负债，应该对债权人进行清偿，而非获得债务减免。公众还认为将破产有罪的原则从破产法中移除，已经是对债务人最大的恩惠，因此债务人应该全额清偿债权人。在这一时期，破产债务人的形象得到了一定改善，不再与不讲诚信、欺骗、犯罪行为绑定，但破产债务人仍然需要全额偿还债务，不全额清偿债务的破产者仍会被社会公众认定为不道德。

在现代社会，破产耻辱文化的表现形式和程度与过去全然不同，破产法律制度对债务人更加温和，尤其是随着近现代对个人的人权保障以及生存权和发展权的重视，破产耻辱文化已经没有曾经的强劲势头，甚至不少国家在破产法上都将复苏、重生当成破产法的目的之一。但对破产者的成见仍然存在，对有破产史的债务人产生较大的负面影响，大大降低了其重新开始的可能性。对交易对象的选择以及后果预测在经济领域是很常见的现象，比如交易双方在订立合同时会考察对方是否诚信、是否处于被诉状态、是否能够履行合同或者协议规定、是否存在毁约行为等等，如果交易对方存在上述情形之一，可能就意味着交易风险提高，合同存在不被履行的可能，企业或个人就会慎重考虑是否选择与其进行交易。在许多国家，人们认为与破产债务人进行交易活动风险很高，因为破产意味着交易对方至少曾因经营困难等因素无法偿还债务，一旦交易者与破产债务人进行交易，在债务人再次陷入破

---

① ［美］蒂伯·塔基提：《破产耻感与再生政策》，李泽民译，载李曙光、刘延岭主编《破产法评论》（第1卷），法律出版社2018年版，第79页。

产困境时，交易者作为无担保债权人能够获得的清偿数额往往少得可怜。具体来说，对于消费者破产而言，对其的成见往往是曾经破产的个人会重复相同的行为模式，这样的个人在金钱、信贷的处理能力仍然值得怀疑。对企业破产者而言，企业的破产意味着管理者可能会犯同样的错误，公司可能缺少存在的价值。鉴于此，许多人认为与破产债务人进行交易的风险太高，并且这种风险一旦发生对其造成的损失是不可估量的。① 基于这样的后果预测，那么市场主体在选择交易对象时，有过破产史的债务人就会处于劣势状态，常常被人拒绝，人们更倾向于选择没有破产史的交易对象，即使其实力更弱。可以发现，即使法律评价、道德评价上，债务人都不会受到指责，成见还是会以经济评价的方式出现，所以说破产债务人受到歧视或者成见的影响在交易中是很常见的，并且往往难以避免。

成见之所以被称为成见，是因为其在一个国家、社会中有根深蒂固的影响，既能够影响到国家层面的立法工作，也能影响法律的执行和实践，既能作用于破产债务人，也可以通过社会大众得以表现，社会大众的成见较易被观察到，但国家层面的成见对破产法律文化的影响往往会被忽视。实际上社会成见会通过影响立法者而在立法中表现出来成为立法成见，如果一个国家深受破产耻辱文化的影响，其立法必然是在权利的天平上偏向债权人，对债权人利益的维护往往周到全面，而极少顾及债务人的利益。比如说古罗马以及中世纪允许债权人对债务人进行拘禁、处死，通过破产程序仍然要求全额清偿，认为破产是有罪等等，即使到了近代出现了破产免责制度，在立法上的考量仍然是为了鼓励债务人尽可能多还债，以尽量保障债权人的利益。即使法律为消解成见进行了修改，也难以立即起到作用，成见的改变注定是一个缓慢而又困难的过程。

（三）破产耻辱文化中的社会控制

社会控制是指因耻感而引起的反应，通常表现为限制或终止社会关系

---

①［美］蒂伯·塔基提：《破产耻感与再生政策》，李泽民译，载李曙光、刘延岭主编《破产法评论》（第 1 卷），法律出版社 2018 年版，第 61 页。

等。[①] 这种社会控制因素就表现为，由于人们对破产债务人的行为有了预估，认为其再次出现相同情形的可能性大，因此在与此类债务人进行交易的时候，在内心对其进行歧视，进而在行为上表现为拒绝与其进行交易。比如，在个人被宣告破产后，可能遭遇获取贷款困难，难以被找到合适工作等问题，甚至可能被现有的雇主直接解雇；而企业进入破产程序后，在企业里工作的专家和技术较高的员工乃至于管理层会选择离职，潜在投资者会考虑投资风险回避投资和 / 或出售破产企业的证券，这类现象在破产法领域都较为常见。在美国破产法上，对职工的歧视就是明显例证，企业往往对破产的职工不予雇佣，或者对曾经破产的职工，即使其已进入企业工作，仍然会因此解雇他们，此种风险常常发生。而在日本，债务人可能由于破产而在任职资格上受到限制，无法担任包括律师、会计师、专利代理人、税理师等工作，甚至在从事贷款金融业、房地产销售业乃至于保安工作时都会受限。[②] 而这一限制性规定归根结底是出于对破产债务人道德的不信任，认为破产债务人存在道德上的污点，其对于金钱的需求可能促使其无法诚实完成工作。如果说恐惧和成见只是间接影响破产者，对破产者的社会控制则是实实在在对其工作、生存的权利产生了影响，造成了对破产者的制度性歧视。

针对破产法律中存在的歧视性行为，美国破产法对其进行了一定的限制，实施社会控制的政府和个人都将受到反歧视禁令的规制。对政府而言，第一类禁止歧视行为是：政府机构均不得仅因为债务人破产而在许可、批准、特许设立、特许经营或者其他类似的授权上对其进行歧视。但是在实践中，多数法院对该条款都持一种严格解释的态度，认为应该将适用范围限定在其明确列举或其他性质相似的项目之内。第二类禁止的歧视行为是：政府机构不得仅因为债务人破产而在用工中对其实施歧视。这一禁止适用于招聘、解雇及雇佣条件中的歧视。对于私人雇主，法律则规定其不得仅因债务

① Stephen C. Ainlay，Gaylene Becker，Lerita M.Coleman，*The Dilemma of Difference*，Plenum Press，1986，p.87.

② ［日］山本和彦：《日本倒产处理法入门》，金春等译，法律出版社 2016 年版，第 115—116 页。

人破产而将其解雇或在雇佣中对其实施歧视。虽然美国破产法构建了对政府机构和私人雇主的禁止歧视条款，但这些条款在适用中的情况却不容乐观。事实上，在社会控制的基础仍然存在时，即使法律有明确的规定，仍然会被当事人以种种方式规避。在实践中，企业和政府对解雇的解释可以是非常灵活的，即使企业因为债务人破产而对其进行解雇，也可能寻找另一个表面上的合理理由支持自己的决定；而在司法裁判中，美国破产法院也对此条款采取了严格解释的态度。比如在 Majewski 案中，法院认为尽管企业是因债务人申请破产的意图而将其解雇，但是严格适用法条的话，此种解雇不违背反歧视禁令。① 可见因破产耻辱而产生的社会控制是强有力的，即使对其给予立法层面的保障也难以完全阻断，执法者和雇主都可能受到心理层面的影响而认为社会控制的存在不违反法律。在社会控制本身即由法律协助建立的国家，如破产耻辱文化深入人心的日本，社会控制得到了法律层面的加强，想要弱化社会控制的影响更是困难重重；或者说此时的社会控制已经深入人心，形成了国家层面的一种歧视，在此种歧视下，破产者对正常生活的希求将很难实现，社会控制将成为难以逾越的障碍。

破产耻辱文化在心理层面的三重要素——恐惧、成见、社会控制一起成为了破产者的枷锁，在枷锁之下债务人会在内心感受到恐惧，承受他人的成见，并受到社会控制的限制。三种要素相互作用、互相强化，织就了破产耻辱文化的大网，深入每个民族、国家的文化和社会传统之中，因此对这种破产耻辱文化的改变可能需要漫长的时间，不仅需要国家在立法上对此类歧视性行为作出回应，更需要完成社会文化观念的转变。在明确了上述三种要素的互相作用机制后，需要意识到针对单纯一种或两种元素的改进都无法切实产生效果，只有在立法层面做出相应设计，并推进社会层面的文化转变，真正消解这些负面因素，才能最终达到破除破产耻辱文化的目的。

---

① ［美］查尔斯·J. 泰布：《美国破产法新论》（第 3 版），韩长印、何欢、王之洲译，中国政法大学出版社 2017 年版，第 1112 页。

二、破产宽容文化表现：接受、接纳与社会认同

在破产法律制度的发展过程中，对破产债务人的宽容与成见其实是相伴而生的，两者一直处于相互交织和抗衡的状态中，两者的此消彼长最终呈现出破产耻辱文化向破产宽容文化的转化。一方面，在许多国家，破产耻辱文化的色彩仍未完全消除；另一方面，许多带有鼓励复苏、重生的立法也逐渐被各国接受，世界范围内的破产法律文化正在逐渐向破产宽容文化过渡，两种文化的博弈至今也未曾停歇。

破产宽容文化最早要追溯到免责制度的产生，尽管免责制度的初衷也并不完全是为了债务人利益。在中世纪的意大利，已然产生了破产免责的概念，但在免责的同时，债务人仍然难以逃脱被污名化。在近代提出破产免责理念是英国的《安妮法》，但《安妮法》的提出同样是基于债权人的利益，试图以免责的方式激励债务人尽可能地多还债，并且免责也只有三年的期限，并非为债务人提供永久性免责。在此时期，法律仍然受到破产惩戒主义以及破产耻辱文化的影响，但已经开始为债务人利益采取一些措施，在立法中蕴含了宽容的成分。免责制度真正偏向债务人一方，提出保护“诚实而不幸”债务人的目标要归功于1841年的美国破产法，立法将侧重点偏向了对债务人进行救济，而在1934年的Local Loan案中，法院则旗帜鲜明地提出了美国要为“诚实而不幸”的债务人打开一扇窗，让破产的债务人能够摆脱经济上的困境。为“诚实而不幸”的债务人提供破产法的救济，得益于美国独特的因素，这些因素包括美国对商业经济的强烈需要、信贷的使用以及美国法律的发展。①美国拥有破产宽容文化诞生的土壤和基础，现代破产宽容文化在美国的形成具有合理性，并随着美国政治、经济影响力的不断增强而被其他国家所接受，而深入分析这一文化的内涵，则可以认为其包含着接受、接纳、社会认同三个层级的要素。

① ［美］娜塔莉·马丁：《历史与文化在破产和破产制度发展中的作用：法律移植的危险》，谢琳译，载陈夏红主编《中国破产法的现代化，从〈大清破产律〉到〈企业破产法〉（1906—2006）》，中国大百科全书出版社2018年版，第357页。

（一）破产宽容文化中的接受

无论是债务人还是债权人抑或普通社会公众，对于破产法的接受都不是与生俱来的，毕竟在大多数文明国家中，偿还债务都是再正常不过的事，破产制度尤其是破产免责制度往往与此种朴素的认识不一致。社会公众接受破产程序是一个漫长的过程，不仅需要伴随着破产法律制度的点点滴滴创新，更需要与社会和经济的种种进步相合拍。破产宽容文化推广的前提就是社会公众接受破产这一法律制度，即使对这一制度的目的、规定不能全盘认同，也会遵守其规定，使得破产法律制度能够在实践中真正运转起来，成为具有生命力的法律制度。换言之，对破产制度的“接受”相当于“恐惧”的反义词，恐惧使债务人和其他社会公众远离破产，接受才是破产制度实际运转的前提。

在许多国家，破产法并非原生法律，而是来自域外的舶来品，使得本国民众能否接受破产制度成为了一个切实存在的挑战。随着全球经济的发展以及信贷经济的繁荣，许多国家不得不考虑与国际接轨，制定破产法为经济的平稳运行提供安全阀。然而制度层面制定破产法较为容易，但在文化层面，要想让公众理解并接受破产法却是一个漫长而艰辛的过程。在这些国家，现代破产法的引入是破产宽容文化与破产耻辱文化、破产惩戒文化的正面冲突，破产免责等制度难以迅速融入本土文化之中，一方面对于债务人自身而言，破产所带来的滋味仍不好受；另一方面，社会公众一时也难以接受破产制度对债务人的救济。可以说在整个破产法律制度的发展史上，人们对待破产法律的态度一直在恐惧和接受之间来回拉锯，恐惧和接受都是相伴相生的，构成了破产法律文化的一体两面。即使是制定了破产法律制度的国家，也会由于无法解决文化上的冲突而难以获得破产法律制度的有效实施。

破产法律制度的实施离不开社会公众对破产法的接受，让社会公众接受破产法成为破产法实施的一个关键环节。如果仅有制度层面的破产法律制度，而缺少文化上的接受作为支撑，那么破产法的实施将难以进行下去，主要表现为：第一，虽然成功引进破产法，但是在具体制度的构建和设计上较为严苛，无法达到引入破产法的目的。如欧洲大陆一些国家在接受个人破产法律制度时，对破产和免责仍然设有很高的门槛，严苛设计使得移植而来的个人破产法很难起到应有作用，立法的目的没有得到实现。第二，在破产法的司法实践中，法官们也没有真正接受破产法的理念，在观念上倾向于保护债权人的利益，对债务人较为严苛，基本通过对法条进行相关解释，达到限制债务人免责的目的。第三，即使是债务人本身已经能够在法律上获得债务解脱，但在既有文化的影响下，仍然会造成个人悲剧的发生。如日本文化经常被称为“羞耻文化”，对于陷入财务困境的企业或自然人而言，普遍存在的羞耻文化将破产视为一种个人失败，而不是商业失败，这种破产观念经常导致个人的悲剧、自杀或者家庭与群体隔离。① 而在我国，破产制度也经历了接受程度由低到高的过程，从最初社会不接受破产程序到国有企业可以适用破产，再到所有企业法人均可适用，如今个人破产的探索也在如火如荼地进行，人们对破产制度的接受正在逐渐强化，破产免责的法律规定已经开始被大众所习惯。

可以看出，破产法律没有被接受可能造成破产法在制度层面和实际运行效果上的分离，尽管在制度层面，各国破产法律制度越来越趋向于宽容，但是破产耻辱文化的改善仍然是任重道远。想让社会公众接受破产法律制度，真正理解破产法律制度，那么各国在制定了破产法律制度之后，对破产法律文化的宣传与培育也是不可或缺的，如果不能降低破产耻辱文化对债务人的影响，破产法的实施仍然会大打折扣。在制度层面做到了逐渐宽容化之后，观念的转变仍然是一个漫长的过程，立法者和社会各界应当关注破产法律制度被社会的接受程度，营造一个更加宽容的破产法律文化氛围。

（二）破产宽容文化中的接纳

从英国《安妮法》关于免责制度的制定可以看出，宽容文化最初是以债权人的妥协为开端的，免责制度制定的初衷仍是为了让债务人多还债，债权人为了能够获得更多的清偿做出了让步与妥协。正是在这种让步与妥协

---

① ［美］娜塔莉·马丁：《历史与文化在破产和破产制度发展中的作用：法律移植的危险》，谢琳译，载陈夏红主编《中国破产法的现代化，从〈大清破产律〉到〈企业破产法〉（1906—2006）》，中国大百科全书出版社 2018 年版，第 407 页。

下，债权人和债务人双方都获得了好处，债权人因此获得了更多的清偿，而债务人也能够因此获得短暂的喘息，实现了双赢甚至多赢。尽管破产免责制度是社会妥协的产物，但它依然滋养了破产宽容文化，当然这一阶段的免责还是建立在维护债权人利益基础上的，真正意义上的现代破产宽容文化的诞生并不是在英国，而是在美国。1841 年美国破产法关注了破产债务人的利益，并在 1934 年 Local Loan 案中提出了“诚实而不幸”的债务人的概念和标签，自此破产宽容文化在美国逐渐成为主流，成为美国破产法上的一大制度特色，标志着破产宽容文化的形成以及社会对破产法律制度的改观，社会除了接受破产制度之外，真正开始接纳破产债务人，使得破产法一改之前只注重债权人利益的概括清偿程序的形象，在工具价值之外，增添了人文关怀。

接纳与接受的不同在于社会不仅认同法律制度的实施，而且遵守法律规定，在债务人完成法定程序获得免责时，合理看待破产者，而非污名化破产者。破产宽容文化的兴起和发展，也离不开信用交易的发展。商事贸易的发展改变了传统的交易模式，信用交易取代了传统的以物易物或者即时交易模式①，这使得每一个人都有可能成为社会经济链条当中的债务人，而身处其中的人们谁也不敢保证能够完全清偿债务。在巨大杠杠效应之下，信用交易的漏洞也逐渐显露，即使通常情况下，债是可以正常履行的，但是仍有不可抗力的意外，使谨慎小心的债务人也无法完全清偿债务。在此背景下，破产债务人实际上摆脱了传统上的不诚信的形象，成为了社会浪潮中不幸的个人。社会的改变增加了普通人进入破产程序的可能，这样的债务人会勾起人们更多的同理心，从而在心理层面上接纳破产免责制度，也为破产宽容文化奠定了基调。美国的本土文化及其对经济发展的需要使破产宽容文化迅速发展，但是在其他一些国家，破产宽容文化的发展却相对迟缓，尤其是对个人的免责制度，欧洲国家对破产宽容文化的接受并不是那么顺利。如德国受健全的福利制度以及清偿道德观念的影响，对自然人的破产免责接受起来较为

① 许德风:《破产法论——解释与功能比较的视角》，北京大学出版社 2015 年版，第 2 页。

困难，而真正迫使其接受破产免责理念、破产宽容文化的正是消费者信贷迅速膨胀的背景，信贷消费的普及需要免责制度为社会经济设置一个安全阀，帮助债务人走出困境。这些国家首先是在制度层面建立了个人破产免责制度，作为一种不同于传统法律制度、带有宽容文化底色的破产法律在最初无法得到社会公众的认可，但是随着法律适用过程中的修改和调试，社会公众也逐渐能够接受这种相对宽容的法律制度，使得整个制度规则趋向于宽容、普适，从而能够使更多的人获得救济。在我国的破产法律实践中，债权人、职工也从最初的不理解变为理解，甚至积极参与，既争取自身合法权益的保护，也支持法院、管理人的工作，并逐渐认可破产程序对于市场经济的重要性。

从破产法律制度的变迁来看，整个社会也许不能完全排除对破产法律制度的成见，但是在宽容与成见的博弈当中，宽容文化更适合时下经济社会的发展，能够解决经济社会中存在的诸多问题，并为未来的发展打下良好的制度基础。而接纳相较于接受而言，能够更大限度地发挥破产法律制度的作用，在法律规定之外改造社会，让破产宽容文化被社会大众所接受。

（三）破产宽容文化中的社会认同

如果说社会控制是因耻感文化而引起的，社会认同就是在宽容文化背景下个人所应该持有的一种社会态度。对经历过破产的债务人，除了接受与接纳之外，社会应当消除歧视性因素的存在，对破产者一视同仁。尤其是在现代社会当中，商品经济的发展使得相当一部分负债者已经摆脱了不诚信、欺诈者的形象，经济发展带来的不确定性以及商业风险，导致了他们不得不面对经济上的窘境并承受着因资不抵债导致的破产而带来的歧视，随着“诚实而不幸”的债务人在现代社会中成为破产的主要人群，且每个人都有可能成为那个“诚实而不幸”的债务人，对破产者进行社会控制的基础已经不存在，毕竟破产并不意味着个人品行的低劣，也不意味着破产者为获取资金而不择手段。相反，对于破产者的社会认同应当帮助这些不幸者再次回归正常生活，完成破产程序的诚实破产者不仅不应当被打上负面标签，还应当被社会认可为遵纪守法、讲求诚信的市场主体，只有得到这种正面的社会认同，社会才能真正宽容破产者，给予其重新开始的机会。

对破产者产生正面的社会认同有助于帮助破产者摆脱社会控制。由于破产状态与个人道德水准、是否诚信的关联性日益降低，对破产的债务人的社会控制越来越带有歧视性，既失去了合理的基础，也无助于债务人重新回归社会。要想实现破产宽容文化的目标，让债务人在经济上实现重生，社会接纳债务人重新正常地回归经济生活是现实且必要的。因为如果一个社会仅仅是通过破产制度让债务人摆脱既有的债务困境，在法律层面上免除债务人的责任，却在经济生活上不接纳债务人，反而在就业、贷款、参与经营活动等方面对债务人设置更为严格的条件，那么这也并不是破产宽容文化所希望的。破产法律制度设置的目的不仅在于帮助债务人摆脱既有的财务困境，还有一个层面就是实现债务人的经济重生，给债务人一个重新开始的机会。所以这种反歧视是必要的，缺乏社会认同的破产宽容文化是有内在缺陷的，法律制度的完善也远不是培育宽容文化的全部内容，既然法律已经允许债务人获得免责之救济，社会就不应该在其恢复正常生活的路上设置障碍，使其难以复归社会。这一点，即使是在破产法律文化较为宽容的美国也难以做到，美国也需要制定禁令防止对破产者的歧视，而反歧视禁令在实施中也会存在一定的偏向性，所以这种社会认同仅依靠制度是不行的，也需要在法律制度之外发力，做到不仅在制度上接受破产法律，也在观念和文化上接受破产法律，使获得破产法救济的债务人能够真正回归社会。

三、破产拯救文化表现：自觉、支持和社会救济

在破产宽容文化的滋养下，破产拯救文化得以生长，破产拯救文化可以被认为是在破产宽容文化之上的进一步发展。宽容文化意味着社会对破产者平等对待，不因破产而否认其道德品质，并认同破产制度的目的。而在拯救主义的观念下，社会不仅不会在破产债务人落魄之时落井下石，还会对破产债务人主动施以援手，使其在面临破产之时能够获得救助，真正获得经济上的重生。破产拯救文化的提出，使得破产法不再只将债务清偿作为破产法的唯一目标，在破产法中融入了拯救的观念，将债务清偿与破产拯救的理念

合而为一，从消极的救助转变为积极的救助。换句话说，正是在破产拯救文化的影响下，破产法在理念上实现了债务救济与债权保障功能的融合，摆脱了早期只注重债权人利益的模式。因此，破产拯救文化超越了破产宽容文化，具有更高的价值追求，在关注债务人自身命运的同时承担起社会责任，破产法也可以积极地对债务人实施救助，帮助债务人实现涅槃重生，也使得破产不再是毁灭的代名词。正是这种观念上的转变，使得破产法的立法、司法重点逐渐从破产清算转向了破产重整，这在企业破产方面表现得尤为明显。在许多国家，当企业面临破产之时，法律不再直接对其进行清算，而是允许债权人、债务人重新安排债权债务关系，帮助债务人企业通过重整程序获得新生，最终获得拯救。

（一）破产拯救文化中的自觉

纵观破产法律文化发展历程，从惩戒文化、耻辱文化到宽容文化、拯救文化，破产法律文化的变革彻底改变了破产法律制度的目的和意义，无论是债务人还是其他主体对破产程序的恐惧也在逐渐淡化，在经济社会的发展以及国家政策的推动下，债务人逐渐从破产耻感中解放出来，在从宽容文化发展为拯救文化的过程中，债务人也产生了文化自觉和权利自觉。在破产法律文化的发展变革下，公民逐渐接受了更为宽容的破产法律制度，对于破产法承载的价值与目标有了重新的认识，使得破产法律制度的目标与经济制度相一致。伴随着经济社会的发展以及立法精神文化的转变，人们对破产法律制度也产生了改观，从恐惧到接受，人们逐渐认识到破产法律制度在整个机制运行中提供的法律保障是有效且可以信赖的。在破产宽容文化发展时间较长的国家中，债务人逐渐将破产法律制度提供的救济当成一种权利自觉，并不排斥破产法律制度的救济，甚至会在陷入困境时主动考虑进行破产申请保护。美国即是明显的例子，在宽容文化的熏陶下，自然人将破产法律制度当成一种救济措施，并没有对其产生排斥，尽管破产本身带来的感觉并不好，但是这种权利保障意识却也成为自然人的权利自觉，因此也逐渐产生了文化自觉。此种权利自觉和文化自觉应当保持适当的限度，如果权利自觉意识太强，也可能会走向另一个极端——破产案件的爆炸，因此美国现在的破产法律目前也在修正这种权利自觉，对债务人的破产增加了适当的门槛。与美国相反，其他国家尚未培植出权利自觉和文化自觉，欧盟国家、东亚等国家尚在引导本国公民权利自觉的养成，帮助公民形成正确的破产法律文化观，以此促进破产法律制度的实施。在我国，陷入困境之后，债务人往往不会第一时间寻求破产制度的帮助，这一现象虽然难以完全扭转，但已经有所改观，越来越多的企业尝试利用破产重整、破产和解制度自救，在个人试点地区，陷入债务困境的个人也开始尝试通过个人破产法律制度东山再起。

对于破产的恐惧发展为接受，最终演化为自觉，在这一步，债务人终于可以以经济考量等理性因素进行思考判断，在恰当的时机为维护自身权益而主动申请适用破产程序，而不必过多考虑社会评价等因素。破产程序的启动进入此阶段后，社会资源将得到更加合理的配置，债务人经济状况的恶化也将在最佳时间点得到控制，破产程序成为完善的市场退出渠道与拯救债务人的必要手段。

（二）破产拯救文化中的支持

从近现代法律发展的脉络来看，破产给人带来的耻感一直存在，但是在这种耻感文化中孕育了宽容救济文化，这一变化得益于国家经济的发展以及国家对破产法律制度的修正。在破产救济文化之下，破产法扮演着更加主动、积极的角色，使得市场主体在退出和消亡之外可以有其他的选择，通过特定的司法程序获得重生，继续经营。此变化不仅对债务人有积极的意义，在整个社会层面更能起到优化资源配置、维持企业营运价值的作用，对于国家经济的健康发展至关重要。

破产法理论与实践的发展使得破产法律的设计越来越宽容。破产重整、破产和解及类似功能的程序在各国立法中出现，使得破产制度开始肩负拯救使命，破产重整程序反映的社会关切较以前更加多样，立法者发现有价值的企业会因破产程序而走向灭亡，若能够在债权人、债务人之间建立新的秩序，同步完成债权清偿和企业的重整，则企业重整的成功能带来溢出效应，不仅能盘活企业，还能保护弱势群体的利益。在许多情况下，清算程序并不是处理企业破产的最佳方式，破产重整能将企业从债务泥潭中拖出来，并帮助其完成重生。随着全球经济一体化的发展，越来越多的国家意识到一个可行的破产法律制度的重要性，因此都试图建立企业重整制度以及自然人重整制度。针对企业的拯救制度和针对个人的拯救制度对现代经济社会发展来说都是必要的，更加宽容的破产法律制度是鼓励创业、维护经济发展所不可或缺的。在我国，破产程序的利益相关者正在转向更客观、积极的态度，法律对于债权人会议、金融债权人委员会的职权设计愈发规范，债权人支持企业重整的案例屡见不鲜，但仍然不能忽视，破产程序是各方当事人利益存在冲突的程序。只有其利益得到保障，当事人对破产程序才会支持，因此，我国破产立法不断完善对各利益主体的保护，以公正、公平的程序获取参与者的支持。

破产是经济发展所带来的副产品，是一种无法避免的社会现象，如果没有系统的处理方式，失败产生的成本将无法得到分担，日积月累后将导致社会问题的产生，整个经济运行势必受到影响。破产法对于债务人的支持正是为解决这一问题而产生的，在企业陷入暂时性经营困难的时候，破产法给予了企业一个恢复生机的机会，而且借助司法程序获得债权人的谅解，通过继续营业为债权人提供更高额度的清偿，并能够在履行约定后免除债务负担，重新走向市场。在过去，破产法主要扮演着消极而中立的角色，而在承担起企业拯救的任务后，破产法在对破产重整、破产和解等制度的运用中开始扮演起困境企业支持者的崭新角色，成为了困境企业和个人的拯救者。

（三）破产拯救文化中的社会救济

法律制度的输出其实是很有意义的，给予法律制度生命和真实性的是社会实践，法律制度需要通过社会实践来实现互动和目标。① 债务人面临的社会控制是受到文化影响的，是社会文化对破产态度的具体体现，但是现实中没有一成不变的理念及制度，破产法律制度及文化在不断的碰撞中发生革新。随着人们对破产法律制度有了更为深入的了解，社会逐步接纳如下观

---

① ［美］L.M. 弗里德曼：《法律制度——从社会科学角度观察》，李琼英、林欣译，中国政法大学出版社 1994 年版，第 245 页。

念，即一个减少现代信用交易可能带来痛苦的最好办法就是制定重整程序与免责制度，以解决经济发展不可避免带来的破产问题。

对社会控制的反对仅是破产拯救文化的任务之一，社会控制的消灭并非破产法律文化发展的终点，在社会认同的基础之上，破产法律还能够承担起更积极的作用，如承担社会救济的作用。在当今社会经济背景下，破产所带来的耻感得以削弱，人们对公平正义有了新的理解，即我们应当尊重每一个体的个体性权利；同时，社会在鼓励人们冒险时就应当为其提供安全网。此种社会救济的理念也成为了破产法的功能之一，破产法可以承担填补社会保障体系漏洞的作用，在生病、事业、残疾等都有相关保障体系予以救济的情况下，由破产法承担对创业、经营失败的救济任务也较为合理。美国的破产法对债务人的宽容，在一定程度上也是为了填补美国福利制度的缺陷。当然，即使在欧洲国家，社会福利制度更为健全和完善，也仍然需要破产制度来抵御信贷经济、经济危机等所带来的冲击。制度的实施本身也是一种矫正社会观念的措施，法律制度的实践也会影响和形塑当下的破产法律文化，使得破产法律文化在一种相互博弈和磨合中找到最佳的存在方式。破产法承担社会救济的任务既有必要性，又需要保持在合理限度内，立法者需要根据本国的社会保障制度、经济发展特点而进行完善的制度设计，在破产耻感以及破产救济之间找到平衡点，让破产法律制度得以正常实施。在我国，社会保障制度的建立有较长时间的历史，但是市场主体的保护却被长期忽略，对于创新、创业的鼓励也意味着需要为这些勇敢者提供必要的保障措施，防止其失败情况下遭受无法承受的后果，个人破产制度的构建正是完善社会安全网的重要环节，将创业者的损失限定在其承受能力内，给予创业者从头再来的机会，使我国破产法在社会救济领域起到重要作用。

社会救济的定位使破产法律文化得到了升华，破产法律制度的关注点从处理债权人与债务人之间的关系，上升到在社会经济体系中承担更为重要的责任，扮演经济健康发展的泄洪阀、安全阀，在宏观层面为经济发展中必然发生的创业失败、经营失败进行处理，分散由于此种失败产生的不良社会影响，为社会保留具有价值的运营主体；在微观层面，破产法律制度可以为债务人提供救济，并保障债权人、职工等主体的利益最大化，实现市场主体的有序退出和重新开始。破产拯救文化的产生使得社会能够以更加理性的态度看待破产，在破产法律制度下寻求社会利益的最大化。

破产法律文化的形成并非一朝一夕，现代破产法律制度所持有的宽容、拯救文化也是从惩戒、耻辱文化蜕变而来，信用经济的发展使破产法律制度本身在变革的同时，催生了破产法律文化从惩戒文化、耻辱文化到宽容文化、拯救文化的转变。从制度层面考察，立法首先进行了改革，并在司法实践中将“诚实而不幸的债务人”的形象凸显出来，正是这样的立法观念转变，使得公民逐渐产生了对破产债务人的同理心，接受了对破产债务人的宽容政策。同时这种文化观念的转变也离不开债权人的妥协，债务人欠债不还的状态久拖不决并不是解决问题的最好办法，因此将还债手段从惩戒转变为鼓励措施的尝试，便是破产宽容文化最初的形态。在鼓励措施的实施过程中，由于政治、经济社会的发展，对人的基本权利进行保障的观念意识兴起，使得保障债务人权利的观念成为破产法的目标之一，债权人必须以一种现代社会能够接受的方式让债务人偿还债务。从破产法律文化的发展脉络来看，破产宽容文化如果是通过法律移植到本国的，就必须经过文化自塑的过程，使之与本国文化相融合，成为本国文化的一部分，促使本国公民权利自觉和文化自觉。因此，破产拯救文化是未来破产法律文化发展的必然趋势。

第三节　基于共同体理论的破产法律文化分类

一、共同体进路与法律文化的结合

科特雷尔提出“文化中的法律”的新框架实际上将共同体进路与法律文化概念结合在一起，将法律置于文化之中以识别和验证。文化被视为共同体关系网的复杂集合，它是通常涵盖工具性、情感性、价值性、传统性四种典型类型的共同体关系网。其中，工具性文化往往与全球化背景下的跨国法激增（主要是经济领域）相联系，而其他三种非工具性文化则更贴近反全球化势头下的地方法强化。正是通过“文化中的法律”这一新框架，抽象的文化被分解为各种具体多元的解释性共同体。通过这种分析方式，科特雷尔相信法律对文化的依赖与支配、忽视与促进、漠视与保护、表达与反表达等貌似矛盾的现象能够得到更好的语境化解释。法律不是国家规制的工具，而是文化的组成部分，它是对如下文化形态的经验表达：价值或信仰、传统（在特定自然或社会环境中建立已久的共存体系）、情感（依恋、忠诚、抗拒或是排斥）。①

科特雷尔分析了四种典型的法律共同体及其主导的移植和规制逻辑，包括：(1) 工具型法律共同体：基于短期的共同目标建立起来的最为稳固的法律联系，注重经济效率和行为预测的移植逻辑，典型法律形式例如合同法、公司法、产业法、商事法和援助法；(2) 传统型法律共同体：在安全、保卫、健康、风险、和平共处、民族遗产的享有、环境保护和自然资源较为稳固的法律联系，移植逻辑崇尚秩序和稳定，典型法律形式主要有刑事法、侵权法、财产法以及新兴跨国法；(3) 情感型法律共同体：由于情感型共同体在观察、界定和规制方面均存在难度，所以这类法律联系是相对脆弱的，典型的法律形式主要涉及婚姻法、家庭法、继承法和信托法；(4) 信仰型法律共同体：高度含混抽象的价值理想决定了这类法律联系是最为脆弱的，宗教法和人权法是这类共同体典型的法律形式。科特雷尔认为，在工具型和传统型共同体领域，比较法学者倾向于需求法律的相似性；在情感型共同体领域，比较法学者倾向于寻求法律统一的同时也同样关注这类法律共同体的移植特性；而在信仰型共同体领域，比较法学者最看重的既不是法律统一也不是法律差异，而是充分意识到法律不干预的必要性。②

破产法属于商事法，根据科特雷尔的上述论断，破产法属于工具型法律共同体规制，在这种共同体的影响之下各国倾向于在法律移植中追求相似

① ［英］罗杰·科特雷尔：《法律、文化与社会——社会理论镜像中的法律观念》，郭晓明译，北京大学出版社 2020 年版，第 40 页。

② ［英］罗杰·科特雷尔：《法律、文化与社会——社会理论镜像中的法律观念》，郭晓明译，北京大学出版社 2020 年版，第 41 页。

性。但是破产法律移植的实践表明，破产法是受各国历史、文化、政治、经济等影响最深刻的法律，具有很强的民族特质，与各国独特的发展路径、社会环境等息息相关，强行追求相似性的移植目标显然不切实际。但这并不意味着类似的努力没有效果，实际上各国在自身立法时，甚至区域性组织、世界性组织在这一方面的探索都是值得称道的，如《欧盟破产程序条例》、联合国国际贸易法委员会《破产法立法指南》、世界银行《营商环境报告》中“办理破产”评价指标的指引等。欧盟破产法律在考虑欧盟各国独特的立法传统、经济形势的同时，将对破产的预防与企业重整挽救的重视在各成员国之间推广，促进了各国在破产追求目标上的统一，有助于欧洲各国建立有共同导向的破产法律，推动欧盟各国提高经济发展效率与行为可预测率。联合国国际贸易法委员会《破产法立法指南》旨在为世界各国的破产法改革提供相关建议，目标如下：一是有必要尽可能迅速高效地实现处理债务人的财务困境；二是平衡债权人、债务人等各方利益；三是妥善处理好公共政策问题，如就业和税收问题。《破产法立法指南》有助于各国评估可以利用的不同方法和解决办法，并选择最适合本国情况的办法。世界银行发布的《营商环境报告》对全球近 200 个经济体与营商环境相关的法律法规及其运行情况进行评价，其中“办理破产”指标对各国破产法律制度进行评价，并建立了一套相对完善的评估机制，这一报告虽然不具有立法上的强制性，但是仍然对各国破产法律制度的变革与实践产生良好作用，推动各国改善破产法律制度，优化自身营商环境。虽然何种破产法律制度更为优越尚无定论，但世界银行《营商环境报告》的评判标准大体上具有其合理性，可以为各国立法提供量化参考，为破产法这一工具型法律共同体的完善提供了有效途径。

二、破产法律共同体的探索与构建

科特雷尔的法律共同体理论框架主要考量移植的逻辑，而移植并非法律共同体的唯一要素，更多的研究者认为法律共同体的行为、态度能够对法律体系的需求产生巨大的影响，进而在法律的运用中发挥法律共同体的作用。而考察法律共同体和法律文化之间的关系，可以发现法律共同体的法律思想必然受到其文化的约束，文化决定了法律思想改变的范围。

法律共同体在破产领域内被称为破产法律共同体。破产法律共同体的出现和演变，创建与组成以及破产法律共同体愿意并能够达成共识的程度，对破产法律文化产生重要影响。破产法律共同体的特征在于通过发展社会性或专业性的互动网络，促进内部沟通与决策，以期进行联合。只有当代表每个主要破产群体的精妙而又专业的组织都致力于对破产法律文化产生影响时，一个强大的破产共同体才能存在。当破产共同体形成后，趋向共识的合作格外重要。包容性与合作性是群体间交流的先决条件，合作要求受影响的人们承认共同的利益，并就这种利益发展沟通和联络的手段，然后共识就可能出现在共同体搁置分歧、逐步达成趋于一致的合作文化及议程中。现代破产法律共同体的发展取决于由每个主要破产群体（信贷提供者、破产专家和破产法院）组成的专业组织的存在，以及每个群体努力影响破产立法的意志。在所有这些群体组织起来、有意识地影响立法之后，只有当每个主要群体都占据一席之地时，破产法界才可能达成共识。一大批组织精密、高度成熟的专业组织，表达了与破产法律文化与制度相关的观点，这些组织汇集了破产法官、律师、重组专家、债权人组织、破产管理人等，他们之间通过正式的联络、合作和建立共识的议程等方式形成破产法律共同体。

（一）破产法官的专业化发展

破产法官的专业化发展是伴随着破产法对破产法官权力的赋予与保障进行的。通常在破产法发展的初期是没有形成专业的破产法官群体，往往是民商事法官对破产案件进行审理，因此，破产法官这个单独的群体没有形成，而破产法在当时的适用阶段也是不完善的。经过长期的发展与演变，在法律上逐渐赋予专业的法官审理破产案件，并将法官管辖的事务进行区分，法官只负责司法性问题，不再对管理性事务负责，从而使破产法官向更专业化方向发展。

在美国，《1898 年破产法》规定破产案件的管辖权属于联邦地区法院，但破产案件是由联邦地区法院指定的下属司法官员，即破产公断人进行处理，到了 1973 年破产公断人的名称才被正式改为破产法官。在旧法中不仅破产法官的管辖权限制在简易管辖的范围内，导致程序迟缓而又缺乏效率；并且破产法官还要承受大量的管理性事务，极度影响法官的中立性。[①] 所以《1978 年破产法》对破产法院体系进行了修正，包括提高破产法官的权威与地位，但遗憾的是，该法未将宪法第 3 条法官地位赋予破产法官但却授予了其所有的破产管辖权。于是，《1978 年破产法》因可能出现的违宪问题遭到了联邦最高法院的审查，并于 1982 年被宣布管辖制度无效。[②]1984 年国会通过的《破产修正和联邦法官法》对破产法官管辖权规定仍然沿袭了《1978 年破产法》，破产法官仍不具有宪法第 3 条的法官地位，但是为了应对合宪性问题，《破产修正和联邦法官法》对法官管辖权限制在"核心争讼"领域，破产法官有权进行"听审和裁判"。《司法及司法程序法》第 157（b）（2）条对"核心争讼"进行了非穷尽性列举，主要是指"产生于联邦法典第十一章之下"的争论的案件之中。同时根据《司法及司法程序法》第 157（b）（3）条的规定，破产法官具有判断某一特定的诉讼是否属于核心争讼的权力。[③]

16 世纪英国成文法规定，在伦敦，破产法由枢密大臣指定的专员执行。1831 年设立破产法院，由 4 名法官和 6 名专员组成。1883 年将破产法院并入高等法院，破产案件管辖授予该院的王座庭。自 1921 年以来改属枢密庭，且枢密庭在 1862 年就有了公司案件的管辖权，包括公司清算案件，但是个人破产案件与公司破产案件是分别进行的。个人破产案件由高等法院注册官管辖，公司破产案件则由枢密庭主事法官或法官管辖。对公司破产案件以及个人破产案件的裁判提起上诉时，才由同一个组的法官受理。[④]

在法国，历次破产法改革中都保持了商法典的受命法官制度，受命法

---

① ［美］查尔斯 · J. 泰布：《美国破产法新论》（第 3 版），韩长印、何欢、王之洲译，中国政法大学出版社 2017 年版，第 359—360 页。

② ［美］查尔斯 · J. 泰布：《美国破产法新论》（第 3 版），韩长印、何欢、王之洲译，中国政法大学出版社 2017 年版，第 359 页。

③ ［美］查尔斯 · J. 泰布：《美国破产法新论》（第 3 版），韩长印、何欢、王之洲译，中国政法大学出版社 2017 年版，第 369 页。

④ 参见沈达明、郑淑君《比较破产法初论》，对外经济贸易大学出版社 2015 年版，第 100—101 页。

官的任务为监视程序的迅速开展，保护利害关系人的利益。法律规定管理人、债权人代表、清算程序中的清算人应经常向受命法官提出报告。他有权传讯债务人、债权人、法人代表等人并咨询专业人员。检察官应受命法官的要求或依职权将刑事档案资料交给受命法官使用。在简易程序中，受命法官向法院提出企业经济与劳资关系情况的报告。债务人的康复方案由他附上说明理由的意见后，送交法院。①

我国《企业破产法》和《中华人民共和国民事诉讼法》（文中简称《民事诉讼法》）虽然并未规定专门的破产审判机构，但从破产实践来看，截至2022年底我国已设立17家专门的破产法庭，近100个中级人民法院或基层人民法院设立了清算与破产审判庭，专门的破产审判组织机构已初步构建，但法官的专业性仍有待提高。

鉴此，破产法官在破产程序中发挥着重要的作用，主要负责破产程序的开始与终结，并对分配方案认可等，其独立性与专业性至关重要。从各国历史变迁来看，破产法官已经逐渐从民商法领域中分立出来，形成了独特的法官团体，并在立法上被赋予了相应的地位与审判权等，其独立地位具有了明确的法律依据。与此同时，破产案件的复杂性与特殊性要求法官具有很强的专业性，于是逐渐形成的独特破产法官群体进一步促进了破产法官的专业化发展。

（二）破产执业者的自治组织形成

1. 破产执业者

英国1986年破产法禁止不具备从业资格的人成为破产执业者，并要求清算人、管理人以及行政接管人必须由合格的破产执业者担任。英国破产法将公司破产案件中需要由破产执业者任职的范围界定为公司的清算人、临时清算人、管理人、行政接管人以及自愿整理中的被提名人或监督人。而没有破产执业者资格的人从事破产执业者的工作，将被处以监禁、处罚或者并处监禁和罚款。破产执业者或者通过成为某个获得认可并获准破产执业资格团

---

①　沈达明、郑淑君：《比较破产法初论》，对外经济贸易大学出版社2015年版，第206页。

体的成员而获得从业资格，或者通过国务大臣对直接提交到破产管理署申请的批准而获得从业资格。对于授权团体而言，要考察申请人能否胜任破产执业者的工作，是否为执业者的适当人选，以及是否符合教育、培训以及经验的要求。在英国法上，这种从业资格的获得是有期限的，通常有效期只有3年，这种从业资格可以获得续展，但是在续展时，破产执业者必须通过列举自己在这3年中至少在一个案件中被任命为相关的破产官员，或者至少完成500小时更高层次的破产工作经历，以证明自己保有实际执业的水准。① 由此可知，英国破产法对破产执业者的能力以及业务水平都有一定的要求，并且为了维持这种执业的能力，即使破产执业者获得了相关的从业资格，破产执业者在今后的工作中仍需受到这种专业性的审查，并且有最低限度的要求。英国破产执业人员应当具备的条件分为积极条件和消极条件，消极条件为破产执业人员必须是个人，公司或者其他法人不能担任，并且该个人也不能是未解除债务人责任的破产人，也不能是精神病人。积极条件为必须获得政府承认的职业团体或者曾凭直接申请取得工商部的个人执业许可。② 目前政府承认的职业团体有7个，主要是会计师协会或者律师协会。

在美国，破产执业者主要包括管理人以及联邦托管人。美国的破产管理人主要是由律师构成的，破产管理人作为破产财团的代表，在地位上等同于受托人，并且管理人为取得管理人资格必须向联邦政府交纳保障金，以保障忠实履行公务。不同于破产管理人，联邦托管人是由司法部长进行任命和监督的，全国各地联邦托管人的行动由联邦托管人执行办公室在办公室主任的领导下统筹协调。联邦托管人的职责是履行与破产案件有关的行政性职责，具体负责的事项包括确定破产管理人名册、指定管理人，审查酬金申请，确保涉案报告的提交和酬金的发放等。③

---

① ［英］费奥娜·托米：《英国公司和个人破产法》（第2版），汤维建、刘静译，北京大学出版社2010年版，第208—209页。

② ［英］费奥娜·托米：《英国公司和个人破产法》（第2版），汤维建、刘静译，北京大学出版社2010年版，第209—212页。

③ ［美］查尔斯·J.泰布：《美国破产法新论》（第3版），韩长印、何欢、王之洲译，中国政法大学出版社2017年版，第96页。

在我国，破产执业者主要是破产管理人，包括自然人管理人和机构管理人。机构管理人是指律师事务所、会计师事务所、破产清算事务所等中介机构；而自然人破产管理人则是在前述中介机构中选择具备相关专业知识并取得执业资格的人员。[①] 从比较法视角上看，多数国家规定破产管理人都是自然人，如英国是明文规定只有个人可以担任破产执业者。德国也同样在破产法中规定只有自然人能够担任破产管理人。[②] 美国虽然同样规定了机构管理人，但是对自然人破产管理人从事业务的范围没有做出限制。

从各国对破产执业者的规定来看，往往要求破产执业者拥有一定的专业知识和处理破产事务的能力，而此种能力的获得需要取得一定资格，故实务中经常选择会计师、律师作为破产管理人，因为他们对法律问题和财务问题具有专业处理能力。此外，通常还要求破产执业者在司法实务中真正有能力处理破产事务，比如英国对破产执业者的能力做出持续的考察，在三年内要求破产执业者再次通过委员会等组织机构的审查才能继续执业。

2. 破产执业者的自治组织

在英国破产法的发展过程中，建立了三个与破产执业者相关的自治组织，即破产复苏执业协会、破产联合委员会、破产执业理事会。破产复苏执业协会曾被称为破产执业者协会，作为执业者的代表性机构，是在 1986 年破产法改革后建立起来的，该协会的主要职能是为破产行业设定标准，并且该委员会也通过了《破产执业共同声明》，被破产职业团体采纳为标准，用以评价其成员以破产执业者身份所实施的行为。[③] 破产联合委员会的建立是破产立法工作组大力建议采取积极措施鼓励关于规范的联合或合作行动的成果，其承担的工作是先前其他联合组织所承担的，如破产许可证管理组织、最佳业务合作委员会以及道德联合委员会。该委员会尤其关注职业标准、道

① 许德风：《破产法论——解释与功能比较的视角》，北京大学出版社 2015 年版，第 262—265 页。

② 许德风：《破产法论——解释与功能比较的视角》，北京大学出版社 2015 年版，第 263 页。

③ ［英］费奥娜·托米：《英国公司和个人破产法》（第 2 版），汤维建、刘静译，北京大学出版社 2010 年版，第 217 页。

德标准的设定以及在行业内部实现和谐。在成立的前五年内对破产职业标准的程序作出了修正，制定了有关债权人会议的新行为指引，审查了破产道德指引以确保所有破产执业者都能够按照统一的规范工作。破产执业理事会的成员大多数是业外人士，只有少部分是破产领域内的专业人士。该理事会的任务是向执业团体提出重要领域的建议，考察采用后的执业标准是否得到了遵守和执行。该理事会提出的大部分改革建议都十分中肯有用，如建议应采取措施减少关于家庭住宅权益的不确定性和不公平行为，对于个人自愿整理初期阶段失败率高的破产执业者应受到授权团体的调查，有必要适当减少授权团体的数目等。

在美国，根据1978年破产改革法，联邦托管人委员会制度只能在选定的行政区内试行，经过1986年修正，该制度在全国范围内永久确定下来。现在，全美划分为21个联邦托管人辖区，负责选择管理人等。同时美国还建有联邦破产法委员会，对破产法的发展提供一些建议。而美国的破产法协会是美国最大的破产法专业协会，其成员超过12000人，涵盖破产案件所涉及的各个专业领域。作为一个无党派的中立机构，美国破产法协会成立于1982年，其通常被要求在国会作证，分析提议的法案，并为国会委员会和立法人员进行不定期的简报。除此之外，美国破产法协会还下设第十一章委员会和消费者委员会。第十一章委员会的宗旨在于研究第十一章和相关法律条款的改革建议，以便更好地平衡实现企业债务人有效重组的目标，同时保留和扩大就业机会以及所有债权人和利害关系人资产价值的最大化。消费者破产委员会则是对消费者破产制度进行研究并提出相关改进建议。①

在德国，实践中存在三种破产管理人，即普通破产程序中的破产管理人、债务人自我管理程序中的程序监管人、自然人剩余债务免责程序中的受托人。德国破产法第56条规定了破产管理人的任职资格，要求管理人具有相应的法律、经济类教育背景，并具有丰富的破产实践经验，法院会根据个案情况对是否符合管理人资格享有判断权力。为了便于对管理人选任，实践

① American Bankruptcy Institute，见 https：//www.abi.org/，最后访问时间：2021年2月4日。

中形成了管理人预选名册，法院会根据不同的维度对管理人是否适格进行选任，但即使如此，法律对管理人任职的规定仍然显得较为模糊，不具有实际操作性。除了法院对于管理人选任的参与之外，管理人自治组织在德国也得到了充分发展。德国破产管理人协会系德国最为主要的破产管理人社团。随着德国破产法承认破产管理人是独立职业者，德国破产管理人协会的主要任务从加强管理人之间的交流演化为注重对管理人执业问题的管理，并与政界、司法界、学界和其他协会对话。[①] 除了管理人协会之外，新德国破产管理人联合会也是行业内的重要组织，这一联合会主要从事学术培训和教育，虽然也参与立法等工作，但对会员的约束力、对行业自治的影响都较为有限。除了自治社团的设立，德国的管理人还通过破产管理人协会等组织制定了《合规破产管理基本规则》对管理人行为进行约束。此外，还建立了一系列标准，包括《管理人执业原则》《管理人行为准则》以及“乌伦布鲁克标准”等[②]，对管理人的任职资格、管理人处理事务时的义务、行为要求、操作方式等做出规定。由于法律并未对管理人执业做出细化要求，管理人自治组织承担起建立规则的重任。从实践来看，德国管理人自治组织较好地完成了这一任务，为管理人的资格和执业方式进行了细化指引，法院也认可了一系列规则的价值，将自治规则中的一部分作为解释法律的工具。德国管理人自治组织能够取得这样的成绩体现了管理人自治组织的巨大潜力，即在法律存在缺位的情况下，管理人自治组织也有能力进行自我完善，引导整个行业健康发展。但是德国的破产管理人协会等组织仍然存在局限性，覆盖范围较小，无论是破产管理人协会还是新德国破产管理人联合会，会员都仅仅是全国破产管理人的一小部分，无法对所有职业、领域的管理人进行规制，这一局限也限制了德国破产管理人自治组织的发展。

在法国，法律对破产管理人的约束较为详细，以《1985 年 1 月 25 日

① 葛平亮：《德国管理人行业自治探析》，载陈夏红、闻芳谊主编《破产执业者及行业自治》，法律出版社 2018 年版，第 158 页。

② 葛平亮：《德国管理人行业自治探析》，载陈夏红、闻芳谊主编《破产执业者及行业自治》，法律出版社 2018 年版，第 160—162 页。

第98号法律》为开端，多部法律对管理人的任职资格、注册情况、任命方式、义务和责任等有了明确规定，而管理人自治组织的设立也有法律明文规定，《1990年12月31日第1258号法律》自上而下建立起了破产管理人的全国性代表机构——破产管理人及破产代理人全国委员会。[①] 委员会由注册成员进行机构选举以组成委员会办公室，在职能上负责管理从业者的培训和考试，只有经过严格培训和考试的人员才有资格继续从事破产管理人活动，通过培训和考核，法国的破产管理人可以在法律、经济、会计、职业道德等领域每年进行学习，从而保证了管理人队伍的专业性。除了培训之外，委员会还要对破产管理人及破产代理人履职情况进行监督，防止管理人出现不尽职、违背法律规定的行为，并向司法部长进行汇报。除了官方色彩较为浓厚的破产管理人及破产代理人全国委员会之外，法国还有破产管理人职业工会、法国破产程序实践者机构等组织，保障破产管理人的权益，并对管理人进行监督。法国的破产管理人机构具有全国性特点，同时是法律明确规定对司法部负责的组织，其自治性主要体现在对破产执业者进行监督和培训上，不像德国组织一样有较高的自主性和权利，这一设计的好处是能够在全国建立具有广泛性的自治机构，但行业自治色彩的淡化与一定的行政色彩也限制了破产管理人及破产代理人全国委员会的发展，许多职能需要依靠破产管理人职业工会、法国破产程序实践者机构等完成。法国展现了破产管理人自治组织由法律主导、全国统一有其优越性，但如何充分发挥其主动性、管理人的创造性仍然值得思考。

在东亚国家中，较为有代表性的国家是日本。日本在破产法领域发展较早，对欧洲、美国的学习较为充分。但严格来说，日本没有成立专门的破产管理人自治组织，由于日本的破产管理人大多数为律师，因此，破产管理人的自治和自律也主要依靠律师协会。[②] 破产管理人由于执业而造成的损失

---

① 申军：《法国破产管理人制度的基本框架》，载陈夏红、闻芳谊主编《破产执业者及行业自治》，法律出版社2018年版，第173页。

② 张子弦：《日本破产管理人的监管和自治》，载陈夏红、闻芳谊主编《破产执业者及行业自治》，法律出版社2018年版，第220页。

需要律师协会予以调查和惩戒，虽然破产案件有其特殊性，但就程序来说，律师协会对破产管理人的监管并无特别之处。除了律师协会之外，“全国倒产处理信息网”则是更为接近破产管理人自治组织的机构，平台主要为提高破产程序的效率和专业化程度、加强人才培养、促进行业交流而建立，在日本各地建立分会场便于开展学术会议、实务课程。① 然而“全国倒产处理信息网”并非真正的管理人自治团体，虽然搭建了不同地区管理人、管理人与学者、立法者交流的平台，但既不具有监督、惩罚的权力，也没有建立严密的组织形式。日本的破产管理人自治组织缺位与其本国破产法律文化、破产法实践的历史有关，立法者、司法机关对于赋予管理人过多的自治权限存有疑虑，因此在建立自治性组织上动力较小，但造成了作为会计师、税务师、律师的破产管理人没有共同的自治组织，而在律师协会等组织内部，也没有形成专门由破产管理人组成的自治组织，不同职业之间存在交流壁垒，作为律师的管理人也缺少充分的自主权限就破产相关的事宜进行交流，更遑论建立统一的执业规则、监督培训体系了。

因此，破产执业者自治组织的成立需要根据不同国家的法律政策确定。比如在英国，对破产执业者的要求就很高，需要很多的自治组织对其进行管理和约束，以提高破产执业者的能力和业务水平，并对破产执业者进行日常监督，从而对破产法的促进作用显著。而在没有专门针对破产执业者建立自治组织的国家，并不意味着破产执业者就不受管理与监督。如日本虽然没有官方的管理人组织，但律师协会和专业网站的存在仍然扮演了类似的角色。可见，不同国家管理人自治组织的定位均有区别，德国的自治组织具有更高的自治色彩，法国的自治组织则具有更浓厚的行政色彩，体现了自治组织的多元化。我国自治组织同样存在诸多类型，存在较大的多元化发展空间。

在我国，破产管理人的制度建设始于《企业破产法》，随后《最高人民

① 张子弦：《日本破产管理人的监管和自治》，载陈夏红、闻芳谊主编《破产执业者及行业自治》，法律出版社 2018 年版，第 221 页。

法院关于审理企业破产案件指定管理人的规定》《最高人民法院关于审理破产案件确定管理人报酬的规定》的出台进一步明确了破产管理人选任与报酬的内容。各地人民法院根据法律以及司法解释的规定，制定了当地破产管理人名册，并在具体的案件审理过程中从管理人名册中指定具体案件的破产管理人。在过去的十几年里，由于我国没有建立自治性的全国破产管理人协会，对于破产管理人的培训、分级以及淘汰和监督等多由法院进行。据不完全统计，在全国范围内，截至2022年6月30日，我国已经建立了200家破产管理人协会，成立的省级破产管理人协会17家①，市级破产管理人协会180家②，其中江苏省（13个地级市）、浙江省（11个地级市）、山东省（16

---

① 17家省级管理协会（按时间顺序）：2001年（1家）：天津市清算破产管理人行业协会；2015年（1家）：河北省企业破产管理人协会；2016年（1家）：吉林省破产管理人协会；2018年（2家）：重庆市破产管理人协会、江西省企业破产管理人协会；2019年（3家）：浙江省破产管理人协会、上海市破产管理人协会、山东省破产管理人协会；2020年（5家）：北京市破产管理人协会、江苏省破产管理人协会、广东省破产管理人协会、广西壮族自治区破产管理人协会、青海省破产管理人协会；2021年（1家）：四川省破产管理人协会；2022年（3家）：山西省破产管理人协会、安徽省破产管理人协会、新疆维吾尔自治区破产管理人协会；2022《全国各地破产管理人协会一览表》，载破产法实务，见https：//mp.weixin.qq.com/s/Q1Ogarf21juath-9cP__dw，最后访问时间：2022年8月28日。

② 180家市级破产管理人协会（按时间顺序）：2014年（1家）：广州市；2016年（2家）：温州市、济南市；2017年（7家）：杭州市、厦门市、成都市、台州市、无锡市、常德市、泉州市；2018年（10家）：南京市、沈阳市、宁波市、湖州市、南通市、洛阳市、宣城市、金华市、宿迁市、大连市；2019年（26家）：福州市、嘉兴市、徐州市、武汉市、郑州市、常州市、镇江市、惠州市、连云港市、苏州市、泰州市、衢州市、扬州市、合肥市、柳州市、盐城市、佛山市、丽水市、淮安市、绍兴市、晋城市、江门市、长春市、漳州市、东莞市、南宁市；2020年（61家）：宁德市、咸宁市、中山市、三门峡市、鹤壁市、贵阳市、日照市、阜新市、淄博市、泰安市、南阳市、济宁市、北海市、玉林市、威海市、枣庄市、兰州市、莆田市、绵阳市、延边朝鲜族自治州、烟台市、银川市、泸州市、贵港市、深圳市、青岛市、大庆市、舟山市、葫芦岛市、许昌市、聊城市、德州市、潍坊市、广安市、开封市、桂林市、南平市、黄石市、临沂市、驻马店市、菏泽市、四平市、湘潭市、河池市、滨州市、黄冈市、株洲市、鄂州市、贺州市、漯河市、平顶山市、来宾市、新乡市、龙岩市、商丘市、自贡市、眉山市、梧州市、德阳市、长沙市、池州市；2021年（46家）：平顶山市、德阳市、漯河市、四平市、连云港市、黔西南州、许昌市、太原市、百色市、包头市、宜宾市、安阳市、广元市、乐山市、西安市、忻州市、黔南布依族苗族自治州、黔东南州、襄阳市、芜湖市、东营市、信阳市、滁州市、毕节市、

个地市级）和福建省（9个地市级）已经实现了地级市破产管理人协会全覆盖，成立的县级破产管理人协会也有3家。[①] 虽然我国破产管理人协会起步晚，但破产管理人协会蓬勃发展，遗憾的是我国尚未建立全国性破产管理人协会以统一协调、管理全国破产管理人。

近5年，随着市场经济的发展以及对僵尸企业的出清，我国对破产管理人协会工作日益重视，各省市先后建立了本地的破产管理人协会，以此规范和协调本地破产管理人工作。从我国目前建立的破产管理人协会数量来看，我国破产管理人协会的建立越来越多，但是也存在如下问题：首先，地域分布不均，从我国省级破产管理人协会的成立情况来说，我国的破产管理人协会成立主要集中在中东部地区，西部地区仍占少数。其次，业务主管机关也不统一，有的破产管理人协会是由法院作为主管机关，有的地方是由司法局作为主管机关。以省级破产管理协会的主管机关为例，河北省、江西省、浙江省、广东省、广西壮族自治区、青海省、四川省、山西省、新疆维吾尔自治区破产管理人协会的主管机关为高级人民法院，而重庆市、上海市、山东省、北京市、江苏省、安徽省破产管理人协会则是司法厅（局）。可见，在省级层面破产管理人协会的成立尚不统一，在市级层面就更是如此。据不完全统计[②]，有88个市级破产管理人协会是由当地中级人民法院作为主管机

呼和浩特市、安顺市、岳阳市、衡阳市、铜仁市、马鞍山市、怀化市、六盘水市、遵义市、阳泉市、西宁市、晋中市、南充市、吕梁市、济源市、大同市、铜陵市、宿州市、运城市、恩施土家族苗族自治州、巴中市、亳州市、资阳市、黄山市、韶关市、茂名市；2022年（27家）：荆州市、十堰市、宜昌市、资阳市、朔州市、淮南市、荆州市、雅安市、湛江市、汕头市、蚌埠市、清远市、张家界市、宝鸡市、邵阳市、鸡西市、孝感市、湘西州、阜阳市、六安市、娄底市、淮北市、赣州市、九江市、益阳市、荆门市、三明市。《全国各地破产管理人协会一览表》，载破产法实务，见https：//mp.weixin.qq.com/s/Q1Ogarf21juath-9cP__dw，最后访问时间：2022年8月28日。

① 3家县级破产管理人协会（按时间顺序）：2019年（2家）靖江市破产管理人协会、高青县破产管理人协会；2020年（1家）：麻城市企业破产清算援助协会《全国各地破产管理人协会一览表》，载破产法实务，见https：//mp.weixin.qq.com/s/Q1Ogarf21juath-9cP__dw，最后访问时间：2022年8月28日。

② 有些市级破产管理人协会未查到其主管机关。

关①，有61个市级破产管理人协会由当地司法局作为主管机关②，比较特殊的是无锡市破产管理人协会由无锡市社科联作为主管机关。再次，从我国破产管理人协会的发展情况来看，自2020年以来，破产管理人协会的数量呈破竹式增长，体现了我国破产管理人协会向好态势发展，但不容忽视的是，目前各个破产管理人协会呈现出各自为政的状态，各省、地市级的破产管理人协会的主管机关不一致，具体的名称与职能范围均有所不同。鉴此，我国破产管理人协会应当在破产管理人协会已经蓬勃发展的基础上乘势而上，建立全国性的破产管理人协会，制定全国性破产管理人协会章程，以此对破产管理人进行相应的职业规范和纪律规范，保障破产管理人的权益。在主管机关的选择上，以我国目前的两大主管机关的比例上来看，法院作为主管机关的比例其实更高，这主要源于我国企业破产法以及相关司法解释将对管理人的指定以及报酬确定的职权赋予了法院，且法院指导、监督管理人的工作性质，使得破产管理人协会大多选择法院作为主管机关。但实际上，司法行政

① 法院作为主管机关的市级破产管理人协会：东莞市、广州市、佛山市、杭州市、温州市、成都市、台州市、泉州市、沈阳市、宁波市、湖州市、宣城市、金华市、宿迁市、大连市、福州市、嘉兴市、郑州市、惠州市、衢州市、佛山市、绍兴市、晋城市、江门市、漳州市、东莞市、南宁市、宁德市、咸宁市、中山市、三门峡市、鹤壁市、南阳市、兰州市、莆田市、绵阳市、泸州市、深圳市、大庆市、葫芦岛市、许昌市、聊城市、广安市、开封市、桂林市、湘潭市、河池市、黄冈市、贺州市、平顶山市、龙岩市、自贡市、眉山市、梧州市、珠海市、德阳市、四平市、连云港市、黔西南州、许昌市、百色市、宜宾市、广元市、乐山市、西安市、忻州市、黔东南州、信阳市、滁州市、呼和浩特市、安顺市、衡阳市、铜仁市、六盘水市、阳泉市、西宁市、南充市、吕梁市、济源市、大同市、恩施土家族苗族自治州、巴中市、资阳市、黄山市、韶关市、荆州市、十堰市、宜昌市、资阳市、朔州市、雅安市、湛江市、汕头市、蚌埠市、清远市、张家界市、邵阳市、孝感市。

② 司法局作为主管机关的市级破产管理人协会：合肥市、济南市、厦门市、南京市、南通市、洛阳市、徐州市、武汉市、常州市、镇江市、连云港市、苏州市、泰州市、扬州市、合肥市、柳州市、盐城市、淮安市、长春市、贵阳市、日照市、淄博市、泰安市、济宁市、北海市、玉林市、威海市、枣庄市、烟台市、银川市、贵港市、青岛市、舟山市、德州市、潍坊市、黄石市、株洲市、来宾市、新乡市、商丘市、长沙市、池州市、太原市、包头市、安阳市、黔南布依族苗族自治州、襄阳市、芜湖市、东营市、毕节市、岳阳市、马鞍山市、怀化市、遵义市、晋中市、铜陵市、宿州市、亳州市、荆州市、淮南市、鸡西市。

机关也有优势，使其更适宜成为破产管理人协会的主管机关。首先，对管理人协会的管理更符合司法行政事宜的特点，由司法行政机关进行管理在职权上更加合理；其次，法院负责破产案件的审判，由其担任管理人协会的主管机关不仅超出其职权范围，还有可能造成法院在履职之中无法保持中立性，因此，法院做好审判工作，由司法行政机关负责管理人协会的管理是更加合适的。

（三）破产共同体的发展对破产法律文化的影响

无论是破产法官抑或破产执业者，各国在破产共同体的发展上都取得了一定成果，同时相关组织的建立都与自身发展特色相适应，可见对于共同体的建设应当结合本国情况，而无法直接照抄他国经验。但综合各国经验和破产法律文化的未来发展趋势，破产共同体在研究领域、包容性、扮演角色的方式上都应与破产法律未来发展方向相适应。破产共同体的未来发展应当兼具如下特点：创设兼具专业性和包容性的平台；引导不同角色的专业人员进行有意识的合作；破产共同体应当同时关注企业破产和消费者破产，整合相关组织的研究和实践力量。

目前较为成功的破产法律共同体样本当属美国。美国拥有破产法院、国际顶级破产学者、破产律师等不同领域的组织和人才，这一繁荣催生了许多著名的破产相关专业组织产生发展，标志着破产共同体的蓬勃发展。1982年美国破产协会、国际破产协会、全国破产管理人协会和全国破产会计师协会成立，其中全国破产会计师协会在1984年更名为破产会计师协会，并于1999年更名为现用名称——破产与重组顾问协会。1987年，转机管理协会成立，1989年美国破产学会成立，1992年全国消费者破产律师协会成立，1993年国际妇女破产和重组联盟成立。与此同时，其他更小或更专业化的组织也纷纷涌现。1980年全国破产书记员会议成立，1990年第十二章破产管理人协会成立，1965年第十三章破产管理人组织成立。① 这一长串名单展

---

① ［美］卡伦・M. 杰比亚：《法典守护者：破产共同体的演化》，扈芳琼译，载李曙光、刘延岭主编《破产法评论》（第1卷），法律出版社2018年版，第94页。

示着美国破产法业界在专业组织上的繁荣，更从侧面展示出美国的破产共同体取得了蓬勃发展。美国破产协会将自己定位为全美最大的破产专业协会，由超过 12000 名来自不同学科的成员组成，其中包括律师、拍卖师、银行家、法官、债权人、教授、重组专家、会计师和其他人员。该协会重点关注破产教育、研究、网络及宣传，并对其大体的重点目标总结如下：致力于为会员提供高质量的会议、全面的继续教育、高效的法律研究以及动态交流机会。国际破产协会成立的目的是作为专业从事重组和破产业务的会计师和律师的全球联合会，协会还与代表司法机关、监管机构、债权人和学者的有关团体进行联络，这些团体在协会中发挥着不可估量的作用，并为相互讨论问题提供了宝贵的论坛。此外，美国还有美国律师协会、全国破产法官大会、全国破产会议等专业组织。高度专业化的组织和成熟的破产法律共同体，不仅是美国破产法发展完善的结果，也成为了推动这一制度进一步优化、在实践中得到充分运用的不可替代保障。

美国在破产共同体上的经验显示，破产共同体的包容性与破产实践的特点息息相关，破产涉及的事务具有复杂性，涉及的职业也是多元化的，这一点是中国在破产共同体构建上尤其需要学习的。破产法律的实践不仅涉及到法律的应用，还涉及到管理学、经济学等各方面的内容；在法律上不仅需要精通破产法律的专业人才，还需要了解其他交叉学科的专业人才；不仅需要管理人、法官的努力，还需要专家学者、会计师等角色的贡献，因此破产共同体的建设离不开兼具专业化和包容性的专业组织创设。专业性的组织有助于提高从业者、研究者的水平，无论是法律领域还是会计、税务领域的专业人才，都需要与有处理破产案件经验的同行进行交流，以解决实务中疑难问题。但这种类型组织的设置，可能会产生“信息蚕茧效应”，使得具有相似专业背景的人仅与同行进行交流，无法听到其他角度的声音。包容性的组织有助于不同领域的专家进行合作，允许来自不同学科、不同立场的理论冲突存在，既可以提供更具有广度的研究视角，也可以减弱专业化带来的片面性。

理想的破产共同体应该始终如一地采取持续的、有意识地合作的直接途径，这种直接途径可以将不同的专业组织连接起来，实现破产专业组织间由点到面的联系。这些途径可能包括：(1) 为兄弟组织任命正式的联络人，加强不同地区、不同领域组织之间的联系；(2) 不同组织之间在研究、实务方面开展正式合作，打通不同组织之间的沟通壁垒；(3) 创建一个常设论坛，作为“破产代表之家”，将使每个主要的破产相关组织的代表与中立的学者和法官一起朝着达成共识展开合作。单一的破产专业组织固然可以起到作用，但其价值远远没有得到发挥，不同地区、不同领域、不同层级之间的专业组织并没有建立完善的联系，常设论坛和联络人的设立使得不同组织之间可以形成有机联系，点可以连贯为线，线可以再结合形成面，这一设计在中国这样一个具有广阔国土，不同区域经济发展与破产实践有极大差距的国家，具有格外重要的意义。

现代破产共同体应该坦诚地讨论消费者破产与企业破产之间的关系。传统的破产共同体倾向于将重点更多地放在企业破产上，而随着个人破产制度在各国逐步确立，对于个人破产的关注和研究也逐渐成为了破产共同体的重要课题。因此制度设计时，应让与破产相关的专注于消费者破产、消费者金融服务的专业组织也加入传统意义上的破产共同体，成为共同体的有机组成部分，允许所有的破产利益相关者都在一个论坛中合作。即使企业破产与消费者破产之间存在种种差异，就像苹果和香蕉一样属于完全不同的水果，但两者仍然在底层逻辑、部分法律制度上存在共性，不能完全割裂开，完全分裂的企业破产与消费者破产组织可能意味着研究者将面临大量的重复研究，降低破产共同体运作的效率。即使企业破产与消费者破产的组织不能完全统一，但可以允许企业破产群体主要在企业破产问题上进行合作，而消费者破产群体在消费者破产问题上进行合作，同时两者也必须寻求在共同关注的问题上相互合作，否则都将因无法解决法律的明确性和一致性而遭受损失。只有消除两者之间的隔阂，允许理论与实务工作者就两个领域内的共性问题进行交流，才有助于凝聚跨领域智慧，就某些问题提供一揽子解决方案。

第三章　破产法律文化的全球变革与各国破产法的转型发展

第一节　《欧盟破产程序条例》视角下破产法律文化与成员国破产法变革

一、《欧盟破产程序条例》蕴含的法律文化与立法变革机制分析

欧洲各国在经济、文化、立法上的紧密合作是欧洲一体化的重要表现。在破产法领域，英国、德国与法国等国家在破产立法上都较为成熟，对世界各国立法的影响更是不容忽视，为破产法的发展做出了许多贡献，可以说欧洲是引导破产法律文化与破产法改革的策源地之一。但欧盟20多个国家的破产法差异性显著，呈现多样态。为解决各国在破产立法上的不统一，推进欧盟范围内破产规则的一致性和可预见性，欧盟做出了诸多努力，在经历了1990年《伊斯坦布尔公约》和1995年《欧盟破产程序公约》后，欧盟在新世纪初终于制定了《欧盟破产程序条例》（第1346/2000号），这一立法形式与公约有较大不同，对于欧盟成员国来说，条例的直接适用效力是当然的。[①]该条例通过之后，经过多年的社会发展及成员变动，慢慢地无法完全适应欧洲社会的发展。为此，欧盟持续推动对旧《欧盟破产程序条例》进行

① ［英］弗兰西斯·斯奈德：《欧洲联盟法概论》，宋英编译，北京大学出版社1996年版，第45页。

修改，并于 2015 年通过了新《欧盟破产程序条例》（第 2015/848 号），条文数量相较于旧条例而言有了显著增加，为欧洲确立了新的统一破产规则。从《欧盟破产程序条例》的修订可以一窥欧洲近年来破产法律文化的变革，从而预测欧洲未来的破产法改革方向。

在适用范围上，旧条例仅规制欧盟成员国内发生的集体破产程序，这一程序之下，债务人对财产及运营的全部或部分控制权都被剥夺了，需要任命破产清算人予以管理。旧条例的规定在程序适用上较为狭窄，而随着程序多样性的增加，许多国家出现了与原有定义不一致的新破产程序，这些程序之下债务人可以对财产及运营进行控制，破产清算人的任命也不是必要的，债务人拥有了更大的自主性。因此，新条例对适用范围进行了扩张，适用于基于相关破产法律调整债务、重整或清算的公开集体偿债程序，包括临时性程序。对于破产清算人的任命和财产、事务控制的要求也进行了放宽。破产程序的多样化和债务人对于财产、事务的控制显然体现了破产拯救文化的繁荣，债务人开始在破产程序中扮演更加积极、自觉的角色，这与传统破产法律文化中债务人的被动形象有很大差别。而破产法律规则也对债务人自救给予充足的支持，这使得债务人能够更加主动寻求破产程序的适用，并可以通过灵活的程序安排获得重生。各国立法上的这一变革得到了新《欧盟破产程序条例》的认可，条例第一条对于适用范围的扩张反映出在立法层面上欧盟认可破产程序上的新变化，并希望将这些不符合传统定义的新破产程序纳入统一范围之内。

由于欧盟各国在经济一体化上程度高，企业的经营、资产往往分布于不同的成员国，传统破产法律在处理此类企业破产时缺乏合理机制协调不同国家、不同法律之间的冲突。新条例在旧条例的基础之上完善了应对这一问题的“主从程序”设计，在第 3 条中确定了管辖权以“主要利益中心”进行界定的方式，并在前言第 28 条至第 35 条对管辖相关的争议及解决方式进行了规定，防止对管辖权的滥用，设计了专门的异议制度。① 主程序与从程序

① Rec.28-35，Regulation No.2015/848.

的并立必然带来在法律适用、不同程序协调上的问题，新条例第三章对从属破产程序的启动、法律适用、不同程序之间的合作等做出了详尽规定，从程序以承认主程序效力为前提，但适用从程序启动成员国的法律。正文第 41、42、43 条分别规定了破产从业人之间、法院之间、破产从业人和法院的交流合作机制，对于破产从业人员，合作可以采取任何形式包括签订合同、交流信息、研究重整可能性并参与重整计划的完善和实施以及在资产变现及管理上达成合作；而破产法院之间的交流同样可以采取多种方式，只要合作不与法律或其他规定抵牾即可。具体来看，法院可以在任命破产从业人员、信息交流、对债务人财产和事务进行管理和监督、庭审等各方面进行交流和协调，以求提高破产案件办理的效率和质量。而主从程序中的从业人员可以和任何已经受理破产程序申请的法院、已经启动破产程序的法院进行合作与交流。主从程序的设置体现了欧洲经济的重要特点，欧洲在企业开办、经营、税收等方面合作取得的成绩有目共睹，跨成员国之间的货物、服务运输发展到今天已经非常繁荣，成为世界经济一体化、区域合作的重要缩影。经济的发展使得欧洲面临着跨成员国企业破产的问题，不同于传统破产法律文化之下可能出现的对破产财产、管辖权的争夺，欧盟在条例中倾向于建立起多元化、互相合作的协调机制，在尊重各成员国主权和法律规定的前提下完成对破产案件的处理。通过不同主体之间的合作交流机制最大化地保护债权人利益，提高企业挽救重生的可能性。虽然从形式上看，主从程序的设计只是为了解决法律适用和程序协调问题，但从更深层次来看，此问题的出现和解决意味着世界经济一体化语境之下，破产法律文化已经发生了改变，资本和商业活动的跨地域性不可避免，不同利益主体之间的冲突也得以体现。债权人希望能将债务人在其他国家的财产纳入自身参与的破产程序之中，能否将债务人的海外资产纳入破产重整程序可能决定重整的结局。① 关于跨境破产的问题并非本章考虑的重点，但可以看出新条例在处理这一问题时既尊重了各

---

① ［美］杰伊·劳伦斯·韦斯特布鲁克、查尔斯·布斯、［德］克里斯托弗·保勒斯、［英］哈里·拉贾克：《商事破产：全球视野下的比较分析》，王之洲译，中国政法大学出版社 2018 年版，第 182 页。

国的立法传统和主权，又脱离了地域保护的思维，鼓励不同国家、不同破产程序共同协作，达成对债权人的公平清偿和债务人的最终重整，相较于传统的破产法律文化更为积极、开放、包容，体现了立法思维上的转变。

针对旧条例的主要批评在于其对当前实践中最为重要的企业集团破产未置一言①，而为应对这一缺陷，新条例第五章以专章对企业集团成员破产问题做出安排。第五章第一部分规定了破产从业人员之间、法院之间、破产从业人员和法院的交流合作机制，整体制度设计与主从程序设计相仿，并根据企业集团破产的特点进行了修改，同时第60条规定了集团成员破产程序中的破产从业人员享有以下职权：在同一集团其他成员相关程序被启动时参与庭审、在满足一定条件时申请在同一集团其他成员被启动相关程序时申请与资产变现相关的中止。第五章第二部分规定了协调程序，在保证集团成员独立法人人格的基础上，完成对集团成员重整的必要协调，第61条至第70条规定了协调程序启动、协调人选任等方面的程序事项。第71条至第77条规定了协调人的任命资格及职责、权利等相关规定，协调人的设立是集团成员破产程序设计的一个亮点，具有中立地位的协调人可以通过提出建议、提出集团协作计划等方式推进企业集团成员之间的合作，对于程序的参与和信息的沟通能够大大提高破产案件办理的效率。

新条例对于企业集团的相关规定显然体现了两个目的：第一，保障不同企业债权人的公平受偿；第二，推动企业集团的协同复苏，若仅仅考虑进行清算，企业集团与其他企业并无本质性差别，对于协调人的种种法律规定也都缺少价值，而考察协调人的具体职能，对于企业集团财务稳定的参与、提交协调计划的任务都意味着此程序可以在企业重整挽救中发挥最大价值，为跨国企业集团的重整拯救提供便利。为应对企业集团破产这一课题，欧盟在立法层面进行了具有创新性的制度设计，体现了破产拯救文化之下破产立法的积极主动倾向，认识到了破产法律制度对于社会经济的巨大作用。破产法

---

① ［美］杰伊·劳伦斯·韦斯特布鲁克、查尔斯·布斯、［德］克里斯托弗·保勒斯、［英］哈里·拉贾克：《商事破产：全球视野下的比较分析》，王之洲译，中国政法大学出版社2018年版，第208页。

会更高质量地推动企业破产拯救，主动解决实践中存在的复杂法律问题，这说明立法者相信破产立法为当事人和社会带来的利益可以覆盖相应的制度成本。

为利用信息技术为破产制度带来的红利并有效应对隐私泄露等挑战，新条例在建立欧盟破产登记系统上做出了探索，正文的第 24 条至第 30 条以及专门的第六章“数据保护”共同勾勒了互联互通登记系统的大致框架。欧盟各成员国均有自己的破产登记系统，而在跨成员国破产案件发生时，债权人、投资人可能需要在不同的系统内查询破产信息，这增加了利益相关者了解相关信息的成本，阻碍了信息在各国之间顺畅传递。为此，新条例正文第 24 条要求各国进行破产登记，规定了登记需要包含的信息种类，保证必要信息均被登记在案。第 25 条允许欧盟将这些登记信息整合，建立互联互通的统一信息查询系统，并提供包含欧盟机构所有官方语言的搜索服务。系统的费用由欧盟预算资助，大部分强制公开信息可以被免费获取。信息技术的发展为破产案件的处理提供了更多的可能性，而在欧洲地区，也对信息的登记、管理部门提出了挑战。欧洲对隐私的重视使得新条例花费了相当大的篇幅对数据保护进行了规定，正文第 78 条规定《95/46/EC 号指令》与《45/2001 号条例》同样可以被应用于这一部分个人数据的处理，第 79 条和第 80 条分别规定了成员国和欧盟委员会对数据保护的责任，在维持系统运营的基础上防止个人隐私的不当泄露。破产互联登记系统的建立不仅仅是基于技术上的进步，技术上的成熟只是提供了系统建立的可行性，系统建立背后必然有深刻的现实需求。新条例的这一尝试体现了破产立法对于减少信息不对称、保证信息公开透明的追求，有利于保障每一位程序参与者的知情权，并保证程序的进行符合法律规定；而效率的提高与程序上的互联互通，更有助于欧盟境内破产案件的协同办理，提高重整方案达成的可能性，促进企业最终获得拯救，走向复苏。

新条例在规制范围、跨区域合作、主从程序设置、企业集团破产协同处置以及破产登记系统的设立上取得了诸多进展，使得破产法的发展能够应对日益复杂的欧洲社会经济形势。欧洲一体化意味着单独某一个国家的破产立法已经无法协调跨欧盟成员国破产案件，需要由欧盟创立统一规则，而这些规则的设定势必考虑破产法律文化与破产法在各成员国的最新发展，成为破产法律文化与破产法变革的缩影，同时立法者在设计制度时也会推动破产法向其理想中的形态进行变革。新《欧盟破产程序条例》为我们描绘的破产法未来图景具有开放性、包容性、跨国合作等特点，这与欧洲一体化乃至世界经济一体化的趋势是相适应的，各国立法在具备各自特点的基础之上体现出了趋同、合作的取向，在欧盟境内，破产法律制度的可预见性大大提高；而在具体制度设计上，则体现出了兼顾利益相关者权益、推动破产企业挽救与重生的特点，主从程序、集团破产程序中合作与交流机制的设计以及破产登记互联系统的设计，都可以在提高破产程序透明度的基础之上加强不同参与方的合作，适应复杂案情下企业重整拯救的需要。可以说新条例将破产拯救文化的要素体现得淋漓尽致，更凸显出破产法律文化与破产法变革之间的因果机制。

总而言之，《欧盟破产程序条例》的制定与完善为欧洲破产法律体系做出了不可忽视的贡献，在欧洲一体化的冲突之下，不同国家在破产法律文化及破产法律制度上存在较大差异，《欧盟破产程序条例》得以寻求各国之间的共性，协调欧洲各国的交往和协作。但《欧盟破产程序条例》本身存在诸多局限性：首先，从任务与目的分析，《欧盟破产程序条例》主要解决各国法律适用问题，对各国破产法的完善作用有限，欧盟的政治特点决定了《欧盟破产程序条例》需要以尊重各国国内法为前提，不同于后文提到的联合国国际贸易法委员会《破产法立法指南》和世界银行“办理破产”评价指标之性质。《欧盟破产程序条例》需要以实际运用为目的，注定要回避争议较大的问题，并采取较为保守但稳妥的做法。其次，欧盟各成员国之间在社会发展程度方面存在一定差异，各国国内情况均不相同，因此，《欧盟破产程序条例》所体现出的破产法律文化追求也较为保守，虽然其重视对破产拯救文化的追求，但也没有强制所有成员国在这一领域内进行立法改革，只是为相应的制度改革预留了充分的空间，在此定位下，《欧盟破产程序条例》对于弱化破产耻辱难以发挥实际效果。尤其对于国内法的尊重反而可能强化各成员国的破产法律文化，增加跨国破产法的适用难度，增强各成员国之间的冲突。

欧洲一体化进程可以对破产法律文化与破产法变革起到正面作用，市场的统一允许市场主体选择营商环境更好、法律制度更完善的国家，欧洲各成员国之间实际上在破产法律制度上构成了竞争关系，使符合破产拯救文化的法律规则设计及司法实践对市场主体更具吸引力。《欧盟破产程序条例》完全可以通过鼓励并强化良性竞争推动各成员国破产法律制度变革，从而进一步在欧洲范围内完成破产法律文化的变革。如今的《欧盟破产程序条例》在解决跨国法律适用方面已日臻完善，随着欧洲一体化进程的发展，欧盟日后在破产领域的立法应当更加积极，考察各成员国在破产法实施中面临的现实问题，通过良性竞争与示范方式，鼓励各成员国在破产法领域进行相应改革，进一步打通欧盟各成员国间破产法律的藩篱，推动各成员国在破产法律文化方面的交流，在欧盟市场内打造适合欧盟各成员国国情的破产法律制度。

二、《欧盟破产程序条例》对英国破产法律文化与破产法变革的影响

英国于2016年经全民公决同意脱欧，但新《欧盟破产程序条例》于2015年已经通过，旧《欧盟破产程序条例》已在英国范围内生效，旧条例的缺陷自然也在英国破产法实践中暴露无遗，因此，新条例对此的修订也反映出了英国破产实践中的新动向。即使英国在诸多方面与欧洲大陆存在差异，但脱离欧盟也不能阻止英国与欧洲大陆在经济、法律方面的种种合作，反而对于观察英国破产法律文化与破产法的变革具有帮助作用。英国在破产拯救文化上受美国影响较大，大量从美国引进的“拯救文化”及其观念通过“企业文化”融入英国。①

新《欧盟破产程序条例》所反映的破产程序多样性特点在英国破产立法与司法实践中也有体现。2002年英国《企业法》颁布后，实践中预重整

---

① ［英］费奥娜·托米：《英国公司和个人破产法》（第2版），汤维建、刘静译，北京大学出版社2010年版，第59页。

的使用更频繁，这一变化很大程度上源于破产程序启动和退出的简便化。[①]而近年来英国的预重整实践多因部分债权人具有过度控制权、破产企业出售涉及关联交易而给公众留下预重整制度仅能提升内部交易人、律师等专业人士、担保债权人利益却损害其他债权人和利益相关者利益的印象。[②] 这一趋势引起了加强对预重整制度规制的呼声。虽然预重整制度在程序上较为灵活，保证了债务人对自身财产的一定控制力，但破产管理人的设置仍然存在。预重整制度快速而有效的效果虽然对于部分债权人有较大吸引力，但法律制度的不完善反而导致了不公平清偿的现象发生，少部分债权人对于程序的把控力使预重整制度的公信力大打折扣，造成社会公众的不信任与怀疑，单纯追求拯救效果而忽视程序的公平性、公信力而为破产法律制度带来污点，进而抑制了破产拯救文化的进一步发展。破产拯救文化绝不是以牺牲债权人利益、牺牲制度价值为前提的，因此，学者和公众呼吁对预重整程序加强立法，使其不被滥用并成为一种公平、有效的程序，从而体现了破产拯救文化对法律制度的纠偏。

除预重整之外，英国还有若干未纳入破产法律规制的债务解决程序，同样也可被纳入新《欧盟破产程序条例》的规制范围，其中最具有代表性的是“伦敦规则”。此规则由英格兰银行和一些主要银行建立，目的是为涉及多个出借人的公司提供非正式拯救援助。[③] 此规则之下债权人会主动结成联盟，与债务人进行沟通，并达成统一协议。

新《欧盟破产程序条例》对于信息技术、破产登记的关注同样也体现在了英国近年来的立法中。《2016 年英格兰与威尔士破产规则》（SI 2016/1024）第十一部分的第六章至第八章专门规定了破产登记问题，规定了需要进行破产登记的情形、具体登记的信息等内容，英国对于个人隐私的保障极为重视，该章详细规定了不同程序之下债务人信息从破产登记中删除的情

① 齐砺杰：《破产重整制度的比较研究》，中国社会科学出版社 2016 年版，第 207 页。

② 齐砺杰：《破产重整制度的比较研究》，中国社会科学出版社 2016 年版，第 209 页。

③ ［英］费奥娜·托米：《英国公司和个人破产法》（第 2 版），汤维建、刘静译，北京大学出版社 2010 年版，第 77 页。

形，确保义务履行完毕、程序结束后，债务人的正常生活不会因此而受到影响。破产登记制度的设计与新《欧盟破产程序条例》的设计具有共通之处，英国的立法旨在本国内建立登记与公开系统，而欧盟则致力于解决跨国查询问题，债务人进入破产程序、义务履行完毕等信息对于债权人、交易对象等都具有较高价值，而登记系统与信息共享机制可以满足社会需要。即使在破产拯救文化之下，破产状态仍然带有负面效应，因此立法为债务人设计了详尽的退出机制，在完成法定义务后即将相关信息从登记簿中删除，同样体现了鼓励债务人重新开始的立场。在破产登记的基础上，2016 年的立法修订还体现了对信息技术的利用，如允许管理人通过网络、电子邮件方式通知债权人，采用线上方式举办债权人会议等，诸多修改都符合移动设备、通信技术发展的趋势，使得破产制度可以更接近每一位债权人和其他相关者，允许相关者以最低的成本充分参与程序，既实现自身的权利，又能通过便捷、充分的沟通推进破产程序进程，从而实现破产拯救目的。英国对信息技术应用、破产登记制度的立法回应了新《欧盟破产程序条例》体现的数字化趋势，积极利用技术的发展可以提高法律制度的透明程度与运行效率，更加符合破产法律制度的变革趋势，对债务人复苏的鼓励和对效率、公平的追求，体现了破产拯救文化在英国的强大影响力。

三、《欧盟破产程序条例》对德国破产法律文化与破产法变革的影响

德国系欧盟主要经济体之一，从欧共体时期开始，德国就在欧洲一体化进程中扮演着重要的角色，如今的德国更是欧洲重要的经济发动机，是欧盟的主导者之一。德国破产法在新的《欧盟破产程序条例》出台后，在国内法中完善了关于企业集团破产的规定。在 2018 年的修法中，德国对直接或间接关联的独立企业、通过行使控制力或通过统一领导下的联合，设计了企业集团破产协调程序。[①] 在此程序中，集团成员申请破产时可以提出补充申

---

① ［德］乌尔里希·福尔斯特：《德国破产法》（第 7 版），张宇晖译，中国法制出版社 2020 年版，第 351—352 页。

请，使得法院可以管辖集团成员后续提出的破产申请，此制度设计使得集团成员的破产可以由同一法院管辖，提高案件管辖的效率，方便后续程序的进行。而在集团多个成员进入破产程序时，法院可以决定设立相同或者不同的破产管理人，这一考虑需要解决的问题是设立一个管理人是否符合债权人的利益，若管理人无法独立地遵守所有程序，则可以通过设立特别管理人解决利益冲突。① 企业集团成员具有独立的法律人格，径行规定由同一法院管辖或者由同一管理人管理在许多情况下可能并非最佳选择，因此德国立法对管理人选任设计了决定程序，涉及多个法院时可对此进行表决。在企业集团成员破产存在多个管辖法院和多个管理人的情况下，修改后的破产法第 296 条规定了管理人之间、法院之间都有相互配合的义务，从而让新《欧盟破产程序条例》的相关规则设计在德国法上得到了体现。德国法律还允许设立集团债权人委员会，允许不同企业的债权人参与到整个集团的破产程序中。除此之外，债务人、管理人、债权人委员会还可以申请启动特别协调程序、设立程序协调员，协调员在选任、监督、责任上类似于破产管理人，但需要保持一定的独立性，而协调员可以呈递协调计划，计划可以采取所有有利于程序表决清算的措施，在集团债权人委员会同意和协调法院审查确认后，计划对于管理人具有一定的约束力。②

德国破产法在受《欧盟破产程序条例》影响的基础上对企业集团破产协调机制予以补充，以条例的规定为蓝图，同时进行制度创新，以便使国内立法更完善，新增的关于集团债权人委员会、协调机制的设计增强了制度的可行性。企业集团破产作为当前跨境破产领域中最为复杂也最具挑战的问题③，关系到破产法能否适应最新的经济发展趋势，德国破产法的这一修改

① ［德］乌尔里希·福尔斯特：《德国破产法》（第 7 版），张宇晖译，中国法制出版社 2020 年版，第 352 页。

② ［德］乌尔里希·福尔斯特：《德国破产法》（第 7 版），张宇晖译，中国法制出版社 2020 年版，第 353 页。

③ ［美］杰伊·劳伦斯·韦斯特布鲁克、查尔斯·布斯、［德］克里斯托弗·保勒斯、［英］哈里·拉贾克：《商事破产：全球视野下的比较分析》，王之洲译，中国政法大学出版社 2018 年版，第 208 页。

在欧盟变革的基础之上更进一步，对于债权人利益有了更加完善的保护，可操作性也大大增强。对于企业集团破产的重视意味着破产法变革在制度设计方面的精密性逐步提高，而与之相对应，破产法律文化变革也应当与制度变革同步进行，缺少救济理念的支持和社会的接纳，德国在企业集团方面的立法修改也是无法实现的，立法既体现了破产法律文化基础，也为破产救济文化进一步发展提出了更高的要求。只有企业救济、公平清偿的观念深入社会公众心中，具有复杂性又关系诸多利害关系人利益的企业集团破产问题才能真正解决。

新《欧盟破产程序条例》的另一个亮点是扩大了破产程序的范围，认可了破产类型的多样性与程序设计的灵活性，放松了在财产接管和破产清算人任命上的要求，而这一趋势也在德国本国的立法中得到了体现。根据德国破产法第 270 条及以下规定，在仅需要一个事务管理人监督时，可以授权债务人继续自行管理和处分其财产。① 债务人自行管理财产和事务具有明显的优势，即其对企业情况、行业信息更加熟悉，尤其在重整程序中可以发挥债务人的这一优势，因此德国法在法人、无法律人格的企业、对遗产和（持续的）财产共有人的共同财产特别破产程序中允许债务人自行管理财产，而对自然人的自行管理则十分严格，消费者破产程序中不允许债务人进行自行管理。2012 年起，自行管理制度得到了进一步优化，债务人可以在破产申请存在时主张自己依然是“屋子的主人”，自行管理似乎被提前。② 第 270a 条和第 270b 条分别规定了简易的临时自行管理程序和保护伞程序，前者允许债务人在启动破产程序时保留对财产和事务的支配，同时不设立管理人，而仅由临时事务管理人参与程序，临时事务管理人具有监督权，仅对部分事务享有同意权。而在“保护伞”程序中，债务人的地位得到了进一步强化，在债务人考虑重整并提交申请后，债务人得到“保护伞”的保护，保护效力体

---

① ［德］乌尔里希·福尔斯特：《德国破产法》（第 7 版），张宇晖译，中国法制出版社 2020 年版，第 319 页。

② ［德］乌尔里希·福尔斯特：《德国破产法》（第 7 版），张宇晖译，中国法制出版社 2020 年版，第 325 页。

现在对临时事务管理人的选任具有决定性影响、经申请后动产免受法院执行、设立财团债务等。

德国法在自行管理方面的设计具有较大灵活性，在管理人指定、财产和事务管理上都给予债务人极大的便利，并区分债务人情况进行了多层次的制度设计，在多样化的程序背后，可以看出对于债务人自行管理范围的限制与该制度的立法初衷相一致。虽然债务人自行管理存在种种风险，典型即道德风险，而且债务人进入破产状态也意味着其在经营上存在缺陷，但在债务人具有重整价值的情况下，立法者仍然愿意承担一定的风险，在满足一定条件如申请“并非无明显希望”时允许债务人自行管理。法律制度的变革体现了破产立法理念的变革，破产拯救文化在立法背后产生了巨大影响力。在传统破产理念之下，债务人自行管理仅会增加案件办理的风险，债权人和法院都不愿意给予债务人足够的权力，也不相信债务人会发挥自主性拯救自身；但破产拯救文化之下，债务人具有了更强的主观能动性，债务人的复苏不仅对于宏观经济有好处，也有利于债权人的受偿，因此利益相关者愿意让渡一部分权利，社会公众对于处于自行管理状态的债务人也更愿意接纳。在不同主体行为模式的变化之下，破产立法也发生了改变，立法者设计出不同阶梯的程序规则以便债务人在破产重整拯救中获得成功。可以说破产拯救文化推动了传统破产程序的变革，给予债务人更多权利的多样化破产程序可以为债务人带来重生，在这一趋势背后，越来越多的社会公众将破产法律制度视作复苏与拯救的代名词，脱离了原有仅为债权人获得更多清偿的制度目的预设，而破产法律制度的实践也正在逐渐印证破产拯救文化的强大生命力，推动破产拯救文化的进一步普及。德国破产立法的上述变化对《欧盟破产程序条例》的影响正是破产法律文化与破产立法良性互动的重要体现。

四、《欧盟破产程序条例》对法国破产法律文化与破产法变革的影响

法国是欧盟不可忽视的一股力量，具有独特的经济发展、法律文化背景。在旧《欧盟破产程序条例》生效前后，法国经济正经历着巨大动荡。1993 年经济衰退期来临，法国经济在衰退、复苏的循环之中挣扎，既能利

用欧洲单一市场、世界经济全球化的红利获得复苏，又经历了国际金融危机和欧洲债务危机转入负增长。① 而经济的阵痛必然带来破产立法与司法实践的变革，法国与欧盟经济的紧密联系使得其成为欧盟发展的缩影，可想而知法国在破产法方面的改革与欧盟的利益展现出了一致性，即都为解决经济危机、追求复兴而在破产法领域进行了一系列改革。

在旧《欧盟破产程序条例》生效后，法国 2005 年对破产法的修改直接改变了原有的三大破产程序之格局，促进了破产法律制度的多元化，增加了预防性程序，以便尽早入手解决企业债务危机。这一设计与新《欧盟破产程序条例》对适用范围的扩大保持了一致，也与德国、英国等国的立法进程有相似之处。但法国的制度设计有其独特性，更加适应本国经济情况。预防性程序允许企业管理层可以提早采取预防企业破产的措施，在预见到企业无力支付时即可采取行动，立法以“调解程序”取代了原有的“和解程序”。在调解程序之下，不必指定破产管理人，而由法院指定调解人主持程序，在调解人参与之下债权人和债务人可以达成调解协议，并由法院给予确认判决，对当事人权益做出保障。② 调解程序并不具备传统三大破产程序的明显特点，而具有更强的灵活性，这一程序指向更加实用的债务安排，同时由法院予以确认，增强了调解合同的效力，既防止过度耗用司法资源，又能允许债权人、债务人通过充分协商达成最好的效果。此立法设计与传统破产制度在理念上有很大不同，传统立法以债务人不可能保持诚实为前提，以保障债权人合法权益为出发点，自然不可能允许调解程序的出现。但在破产拯救文化影响之下，债务人可以在陷入困境时发挥更强的主动性，而债权人也愿意给予债务人一定信任以换取更高额度的清偿，这一普遍趋势同样在法国立法中得到了体现。债权人、债务人对彼此的互相信任和对债务复苏后能够提供更多价值的笃信成为了法国立法上调解制度的设立前提，高效率、低成本的破产制度设计在经济陷入低谷、政府赤字严重的情况下对于债务人自救、债权人

---

① ［法］让－弗朗索瓦·艾克：《战后法国经济简史》，杨成玉译，中国社会科学出版社 2020 年版，第 63 页。

② 李飞主编：《当代外国破产法》，中国法制出版社 2006 年版，第 348—349 页。

维护自身合法利益起到了正面作用，这也是破产拯救文化的魅力所在。

法国破产法的另一制度创新，即“维持程序”，借鉴了美国破产法第十一章的重整程序，允许对困境企业更早进行拯救。在不采取行动就会导致无力支付时，企业可以向法院申请开始“维持程序”，并指定管理人，停止强制执行，随后债权人需要成立债权人委员会，企业仍由管理层管理，在管理人的监督之下实施维持方案，若维持方案履行失败，则转入正式的破产程序。①“维持程序”系在原有三大破产程序的基础上设计的，由于在破产耻辱文化影响之下，债权人和债务人对于破产程序的申请都可能存在滞后，企业进入破产程序时可能已错过了最佳的拯救时机，破产耻辱文化的消解并非一日之功，却对经济运行中市场主体的拯救有害无利。因此，法国在传统破产程序之外建立了“维持程序”，这绝非叠床架屋，“维持程序”不以破产程序为名，但同时此制度也借鉴了破产重整程序的设计经验，在债权人会议的设计、方案批准上给予债权人等参与者充分保护，能够起到预防破产的效果，有助于推进企业挽救、防止危机发生，缓解对经济的负面影响。

“调解程序”和“维持程序”的制度设计都体现出了立法者对于破产拯救这一目标的追求，在经济衰退、市场主体经营困难的大环境之下，国家、社会公众对于破产拯救文化的接受度日益增强，但破产耻辱观念根深蒂固，仅运用传统破产重整、和解制度能够起到的作用仍然是有限的，希望借助传统程序推行破产拯救文化的尝试仍需要较多时间。因此，法国立法者对传统制度进行了修改和前移，淡化新程序的破产负面色彩，而鼓励债权人、债务人充分发挥能动性，利用“维持程序”防止企业进入破产，利用调解程序以最低成本解决债务困境。低成本、高效率、高度灵活性的新破产程序必然能在实践之中产生更好的效果，从而推动社会公众对破产拯救的接受，而破产拯救文化也必然会在实践中推动立法制度的变革，鼓励立法者进行更多有利于破产拯救目的的立法创造，并最终形成破产法律文化与破产立法上的良性互动。法国这一趋势对于欧洲的影响在新《欧盟破产程序条例》中也得到了

① 李飞主编：《当代外国破产法》，中国法制出版社 2006 年版，第 349—350 页。

体现，但对于新程序的创新也体现出了法国破产法律和文化变革中所遭遇的困难，即破产耻辱的影响仍然存在，破除破产耻辱文化任重道远，新制度的设立固然可以解决现实需求，但破产拯救文化的土壤仍需要通过良好的制度设计进行培育。

第二节 《破产法立法指南》视角下破产法律文化与各国破产法变革

一、《破产法立法指南》蕴含的法律文化与立法变革机制分析

在经济全球化的背景之下，不同国家、地区之间的经济往来日益密切，风险和机遇让全球经济实体在各领域达成合作。随着投资与就业日益全球化，作为商事与企业法律制度重要组成部分，破产法受到的关注急剧上升，我们所处的时代见证了一个世纪以来破产法的首次全球性变革。① 但破产法在全球的普及并不容易，不同国家的经济发展、法律文化均存在差异，破产制度在全球范围内虽然取得了蓬勃发展，但各国的立法往往又存在一些问题，不符合经济全球化、市场经济的发展需要，缺乏经验的经济体难以建立起有效运行的破产制度，不仅对本国的发展带来了阻碍，也损害了跨国企业、全球市场的发展。为解决这一问题，联合国国际贸易法委员会自 1999 年起开展了对破产立法的一系列工作，促进、鼓励各国采用有效的公司破产制度设计，开始了《破产法立法指南》的编写工作，组织了一系列研讨活动，并于 2004 年正式通过了立法指南的第一、第二部分，分别对确定有效力、高效率的破产法关键目标、结构与核心条文做出了规定。2010 年联合国国际贸易法委员会发布了立法指南的第三部分，即破产企业集团对待办法，对国内、跨国企业集团破产处理提出了立法建议。2019 年联合国国际

① ［美］杰伊·劳伦斯·韦斯特布鲁克、查尔斯·布斯、［德］克里斯托弗·保勒斯、［英］哈里·拉贾克：《商事破产：全球视野下的比较分析》，王之洲译，中国政法大学出版社 2018 年版，第 1 页。

贸易法委员会发布了《企业集团破产示范法》，作为第三部分的补充，旨在为各国提供处理企业集团的国内破产和跨国界破产的现代立法。立法指南的第四部分于 2013 年发布，并于 2019 年得到更新，主要规定临近破产期间董事的义务，防止董事的不当行为给债权人、其他利害关系人带来损害。2021 年联合国国际贸易法委员会发布了《小微企业破产立法建议》，旨在规定小微企业简易破产程序，提高破产效率、减低成本，系立法指南的第五部分。

世界各经济体在政治经济、社会文化与法律制度方面均存在一定差异，因此想要在不同国家建立统一的破产立法并不现实。《破产法立法指南》的制定者也明知这一点，因此，制定者采用了以立法指南的形式对各国破产立法提出建议，同时对于部分核心问题进行了讨论。选用立法指南这一形式意味着编写者会对同一问题的不同立法设计进行评估，供不同经济体的立法者、研究者进行选择，而并非直接提供一套示范法。联合国国际贸易法委员会对于具体制度的评析和建议体现了其理想的制度设计，理想制度背后蕴含的则是破产法律文化的价值取向。对《破产法立法指南》的分析可以展示其推崇与弘扬的破产法律文化，而考察《破产法立法指南》对各国立法的实际影响也能够总结、提炼破产法律文化与破产法之间的因果机制。

《破产法立法指南》第一部分对破产法应当具有的目标进行了分析，包括为市场提供确定性以促进经济稳定和增长、资产价值最大化、在清算和重整之间求得平衡、确保对处境相近债权人的公平待遇，及时、高效并公正地解决破产事务，保全破产财产以便公平分配给债权人，确保制作一部有透明度和可预测的破产法并为收集和传播信息提供激励，承认原已存在的债权人的权利并就优先债权的排序确定明确的规则、建立跨国破产的框架等 9 项目标。立法指南还提出要兼顾破产法各项目标，根据社会的发展需要实时对破产法进行评估，并根据本国的现实情况、人力物力资源进行综合考虑。从《破产法立法指南》确定的目标可以看出，立法指南吸收了世界各国破产立法的成果，在尊重立法模式多元化的同时提取了先进立法经验中的“公因式”，即使立法指南声称没有提供唯一的立法答案，但在立法目标上，立法指南从宏观层面考虑了市场确定性、经济稳定增长，从微观层面考虑了债权人的公平待遇、获取信息权利，同时兼顾资产最大化，多种目的之间的取舍使得平衡不同目的之间的冲突成为了必然逻辑结论，而仅考虑包括债权人在内的任何一方利害关系人显然难以产生理想、公平的破产立法。破产惩戒文化与破产耻辱文化都是重点考虑债权人利益的文化，缺乏对于破产债务人的谅解和接纳，在宏观层面上也导致市场稳定性受到冲击、经济稳定增长无法得到保障，而破产拯救文化考虑债权人利益的同时注重债务人的拯救和复苏，进而维护了经济的稳定和发展。由此可见，《破产法立法指南》主张各国应当考量的立法目的明显与破产拯救文化相一致，破产拯救文化也已渗入立法指南的各个章节，无论是哪个国家，只要立法者能够在立法目的上进行指南建议的综合考量，那么破产拯救文化显然是立法者能够依靠的良性破产法律文化，法律修改之后的实施必然需要破产拯救文化的普及与助力，否则法律制度的单纯改动将无法产生预期效果。

《破产法立法指南》第二部分对于申请和启动、破产程序启动时的资产处理、参与者、重整、程序的管理、程序的终结等具体的破产法条文进行了介绍。立法指南以评论的形式对不同制度设计进行了评价，并在建议中首先明确立法目的，再根据立法目的提出立法条文内容。《破产法立法指南》篇幅较长，条文设计涵盖范围较广，对启动标准、启动后融资、管理人选任、债权人参与等各国立法实践中的重点、难点问题都提出了建议。而在第三部分中，立法指南更是直面复杂问题，填补了原有空白，对具有较高处理难度、实践中最为需要的企业集团破产问题进行了研究，在明确企业集团一般特征的基础之上，区分国内和国际对处理企业集团破产的制度进行了设计。第四部分对企业临近破产或破产不可避免时董事可能要承担的义务进行了阐述，旨在保护债权人、其他利害关系人的合法利益，此部分在许多国家的立法中都受到了忽视，但却在实践中对破产事务具有很大影响。立法指南的二、三、四部分呈现了阶梯性设计，第二部分对于大部分国家接纳的制度进行介绍，第三部分将实务中具有较强需求但未形成明确规则的企业集团破产进行介绍，第四部分则强调了许多国家不重视的董事义务。这三个部分在具体法律条文的设计上，旨在提高整个破产程序的效率、降低破产程序耗费的成本，在确保程序公平性的前提下，实现程序参与者的整体利益最大化。立法指南对于立法目的和各种制度的评价体现了破产法不仅考虑债权人之间的利益分配，还将债务人企业的未来发展、第三人利益纳入考量范围，体现了利益平衡的理念，谋求程序参与者整体利益的最大化。立法指南的第五部分针对实践中许多小微企业缺乏快速出清通道或便宜的重整挽救机制问题，专门规定了小微企业简易破产程序，从破产的各个环节缩短期限、降低成本，提高效率，促使各国尽快修订法律，使破产法不再是昂贵的法律产品。

《破产法立法指南》的意义不仅在于提供了一套合理的制度框架样本，更在于对破产法律关系涉及到的利益冲突与平衡进行了充分阐述，为各国立法者确立了破产法律制度具有多元化目标的观念，将企业的复苏和拯救引入立法者的视野，为破产拯救文化在各国的落地提供了有效途径。而立法指南对于法律制度的设计也建立在破产拯救的破产法律文化之上，任何国家都无法通过单纯的法律移植发挥这一套制度的效用，要在制度落地的同时同步推动破产法律文化的变革，这既是立法指南对各项制度加以评价的初衷，也是破产法律制度变革的必然要求，只有分析、吸收立法指南蕴含的对破产法律文化要求，才能真正在各国建立有效、公平、高效的破产法律制度。

《破产法立法指南》并非是世界范围内引导破产制度变革的唯一尝试，但其特点十分明显。首先，立法指南的制定较早，对各国的理论发展和立法工作产生了较长时间的影响；其次，立法指南具有全球性而非区域性，既为破产制度较为落后的地区提供指引，也为位于破产法改革前列的国家提供参考；最后，立法指南并非示范法，指南对各项制度进行评价，对制度目的、不同规则选择的效果进行详细介绍和评价，而非指定唯一具有可借鉴性的制度设计。立法指南的上述特点使其成为我们观察破产法律文化与破产法律变革的重要窗口。

《破产法立法指南》所确立的种种先进制度得到了许多国家的承认与吸收，通过此种立法层面上的变革，立法指南所提倡的破产拯救文化也得以在各国发展。但每个国家对立法指南的学习都与本国情况相一致，即使立法者承认制度的设计具有先进性，但制度要真正在国内得到有效建立仍面临诸多困难，各国破产法律文化对于破产立法的变革往往会起到阻碍作用。首先，破产耻辱文化、破产惩戒文化盛行的国家往往无法接受基于破产拯救文化而设计的种种制度，无法将企业拯救与复苏作为立法的重要关注点。其次，即使是在倡导破产拯救文化的国家，对外来制度不接受的情况也不罕见，本国相对完备的制度反而降低了对新制度移植的包容性，可见，一国的法律文化只有兼具拯救与包容性才能保持不断进步。立法变革的困难既体现了破产法律制度与破产法律文化之间的复杂关系，更说明了在制度变革之外推动文化变革的重要性和挑战性，意味着破产立法与法律文化变革的关系并非单向的、线性的，而是交叉重叠的。

立法与法律文化之间的作用是相互的，这一点通过观察各国在立法层面进行的变革效果后可以被证实，立法的良好变革也可以起到推动破产法律文化变革的积极效果，但这种变革往往需要较长的时间来完成。保守的立法往往加剧了破产法律文化的保守倾向，阻碍了破产法律文化的良性变革，即使文化与制度的不一致性可能会带来变革中的阵痛，但这是法律文明进步不可略过的阶段，破产制度和法律文化的变动一般都存在不同步性，只有尽量减少二者之间的不协调才能保障先进的制度规则发挥实效。在我国进行破产法律改革也需要直面这一困境，重视变革遇到的种种文化困难，鉴此，我国破产法律文化的变革注定任重而道远。

《破产法立法指南》取得的成绩昭示着破产法律文化变革的光明未来，立法指南的实践表明，通过评价各国制度并选取有效制度设计的思路是可行的，破产法律制度具有一定的可移植性，以制度的有效性和运行效果为评价标准足以让来自不同国家的立法者达成一致。《破产法立法指南》重视评价而非提供唯一可借鉴的法律制度是一种合理且具有远见的做法，对于实效性的重视有助于立法指南降低先进立法经验被不同立法主体接受的难度，有利于破产法律文化的传播。而对破产法律制度设计优缺点的评价使立法指南的立场更加中立，意味着其所提炼的制度经验时至今日仍然有效，对于制度的评价过程及背后的思维方式仍然值得每个国家的立法者学习和思考。本国的立法者在对立法指南所构建的制度模型进行借鉴的基础之上还需要结合本国特点进行发展，而本地化改造后的制度在实务中可以进一步引导破产法律文化的改变，最终实现破产拯救文化的广泛传播，优化破产法律制度，实现全球范围内营商环境的优化，助力经济社会进一步发展。《破产法立法指南》对各国立法的影响是破产法律文化与法律制度变革复杂关系的体现，提供了利用制度变革推动文化变革的可行手段，是世界破产法律文化与破产法律变革中不可忽视的一步。

二、《破产法立法指南》对美国破产法律文化与破产法变革的影响

美国的破产法律制度较为发达，美国破产法第十一章对重整程序的规定更是许多国家学习的范本，但这并不意味着美国破产立法就是完美的，《破产法立法指南》的制定吸收了世界各国破产立法的精要，给予世界各国重新审视破产立法制度的机会，每一个经济体都应当根据实际发展的需要对破产法律制度进行实时修改。

美国破产法第十一章的起源可以追溯到 19 世纪晚期大型铁路公司的兴起[①]，此制度在实践之中不断发展演变已经成为了世界各国建立重整程序的样板，但在 2005 年之前，此制度在美国学界仍遭受诸多批评，包括程序冗长、昂贵、效率低下、给予债务人更多控制以及经常被滥用等。[②]《破产法立法指南》显然也认识到了这一点，在对重整程序的论述中专章提议设立简易重整程序，允许法院加快程序，降低法院处理这类案件的高额成本，并在这一类程序中鼓励债权人与债务人进行自愿谈判。在《破产法立法指南》制定的同时，美国破产法理论研究者、实务者也对美国破产法第十一章的修订提出了类似意见，最终 2005 年美国通过了《防止滥用破产及消费者保护法案》(BAPCPA2005)，创设了专门适用于小型企业的重整程序，对原有的第十一章程序进行了分流，强制适用于小型企业的破产。在这一制度之下，作为债务人的小企业在信息披露、制定重整计划等方面都将获得程序上的简化，对

① ［美］道格拉斯·G. 贝尔德：《美国破产法精要》，徐阳光、武诗敏译，法律出版社 2020 年版，第 61 页。

② 齐砺杰：《破产重整制度的比较研究》，中国社会科学出版社 2016 年版，第 145 页。

于提交重整计划期限的规定、对托管人角色的变更使得简化后的程序仍然能够保持公正和对债务人充分监督。简易程序的创设一方面过滤出了没有前途、不适宜重整的企业，另一方面又使具有重整希望的企业从标准化信息披露声明等类似的简化操作中获益。对于小企业而言，简易程序意味着更低的花费、更简便的手续、更高的效率。[①] 但是2005年立法修改时，没有将维持小型企业的继续运营作为重点目标，在一定程度上忽视了“重整”的制度价值，与立法指南倡导的简易重整程序仍然存在一定差异，仅将小企业破产制度作为快速梳理债权、提高效率的手段，而忽视了对小企业进行拯救的目的，虽然能够解决小企业破产的实际需要，却无法引导社会经济的良性发展，这一立法变革尚未完全体现破产拯救文化的要求。2019年，美国国会对小企业破产制度进行了进一步改革，制定了《小企业重整法》，在以第十二章为家庭农场主提供的处理方式基础之上，设计了针对小型企业的简化程序，允许企业所有者继续对企业的经营，小企业主有了重新开始的良好机会，而债权人也得到了法律的保护，有财产担保债权人可以获得担保物的价值，而普通债权人可以获得该企业未来3年的收入。在此次改革中，立法指南对于建议重整程序的设想进一步得到了实现，快速、高效并能够拯救债务人。美国在小企业破产制度上的分段改革较好地体现了《破产法立法指南》的先进性与指导性，无论是2005年《防止滥用破产及消费者保护法案》还是2019年《小企业重整法》，都以提高效率、降低成本为共同目标，区别则在于制度的立法目标之不同，前者仅以保障债权人的快速受偿为目的，后者则希望维持小企业的运营，从而完成小企业的拯救、复苏，进而维护市场活力。从破产法律文化角度分析，2005年的立法更加被动，立法者似乎认为小企业的继续经营并不重要，对于这部分企业的拯救不值得进行立法改革，而2019年的立法修改更加能够体现破产拯救文化的内涵，立法者认识到了小企业继续经营的价值，在高效之外实现了维持经济稳定的目标，是对立法指南的良好实践。

除了对简易程序的探索之外，《破产法立法指南》还将自愿重组谈判作

① 齐砺杰：《破产重整制度的比较研究》，中国社会科学出版社2016年版，第163页。

为提高重整效率、降低时间和经济成本的重要手段，此方式也被美国破产实践所接受，但美国破产法对这一问题并未做出详细规定。在第十一章常见的大型企业破产中，债务人常常在与所有利益相关者达成共识之前先与关键主体达成正式协议，此类协议被称为重组支持协议。①此类协议允许债务人与关键债权人就重整时间节点、具体重整计划达成一致，并成为债务人与其他债权人进行谈判的基础。可以说这类重组支持计划在实务中有存在的必要，若必须要求债务人同时与所有债权人达成一致，不能私下进行先期协商并签订协议，则会对重整进程造成影响，在涉及债权人较多的情况之下，无法和重要债权人达成协议就使得债务人的谈判失去了着力点，谈判过程中变数也将大大增加，最终的结果是提高了重整程序的经济成本和时间成本。但是长期以来，美国破产法第 1125 条明确否认这种协议的效力，造成了实务处理的困难，事先达成的重组支持协议可能赋予一部分债权人额外的权利，使其在重整程序中发挥高于自身债权人份额的话语权，从而对未参与协议制定的债权人正当权益造成损害，对于公平性的担忧一直阻碍着美国立法者对此制度的全面承认，但司法实践的需求却一直存在。对此，《破产法立法指南》倡导鼓励和便利采用自愿重组谈判，同时要求自愿重组谈判的实体性要求要与破产重整程序相同，保障措施也基本相同。自愿重组谈判与重组支持协议的内核并不完全一致，但《破产法立法指南》的思路能够为美国立法与司法提供参考。实际上，重组支持协议的优点不容忽视，能够为重整程序效率的提高和成功率的增加提供助力，而任何一种制度都有其不足之处，因噎废食绝不是立法者应有的态度。美国司法实践对于重组支持协议效力的认可证明了《破产法立法指南》的生命力，即使在一段时间内完成立法存在困难，但对于具有破产拯救价值且负面影响可以通过其他方式得以控制的制度，必然随着破产法律文化的发展在实践中得到广泛运用，在此背景之下，破产法律文化将引导破产法律制度的变革，这也正是美国破产实践正在发生的进程，

① ［美］道格拉斯·G. 贝尔德：《美国破产法精要》，徐阳光、武诗敏译，法律出版社 2020 年版，中文版序言第 3 页。

更是各国破产法与破产法律文化互相影响的缩影。

《破产法立法指南》对美国破产法与破产法律文化的影响通过小企业重整制度、重组支持协议相关立法进程得到了体现，虽然美国在立法上的变革是多种因素共同作用的结果，不仅仅是受到《破产法立法指南》的影响，但立法指南所代表的破产拯救文化和对利害关系者利益的平衡理念较好地在规则设计中得到了体现。《破产法立法指南》从立法目的出发、不指定唯一示范制度的做法展示了强大的生命力，十余年后美国的制度变革仍然没有脱离《破产法立法指南》搭建的框架，更没有背离破产拯救文化的内涵，破产法律制度与破产法律文化的互相促进作用得到了体现。由此可见，美国经验昭示着破产法律文化与破产法的变革没有终点，每个国家都需要根据实际需要不断推进破产法律文化与破产法的共同变革。

三、《破产法立法指南》对英国破产法律文化与破产法变革的影响

英国曾是现代破产法律的发源地，在经济全球化的背景之下，英国既受到同为英美法系的美国破产立法影响，又在欧洲具有特殊地位，受到欧盟破产立法的影响。英国破产立法的独特性决定了其在预重整、庭外债务重组等制度方面为世界破产法理论与实践提供了许多先进的经验。而《破产法立法指南》颁行后，英国破产法与破产法律文化同样发生了变革，在保持特色的同时与世界范围内破产法律与破产法律文化的发展潮流保持一致。

2006 年《英国公司法》对在破产程序中的债务偿还安排机制进行了规定，在此机制下公司可以与债权人或其他组别之间达成妥协，在向法院提交申请后启动，申请人可以为公司、债权人、股东、清算人、管理人等，法院可以决定是否进行分组表决，由债权人对债务偿还安排协议进行表决，债务偿还安排必须获得每组 75% 的表决权同意支持，同意人数也需要占每组的大多数，受影响的债权人方有表决权。① 在法院批准之后，债务偿还安排

---

① ［荷］萨曼莎·仁森：《财务困境公司的重整与集散：确保债权人保护》，汤怀恩译，载李曙光、刘延岭主编《破产法评论》（第 1 卷），法律出版社 2018 年版，第 246—247 页。

协议将对所有债权人产生约束力。此制度允许债务人在维持继续经营的前提下与债权人等相关主体达成协议，与传统程序相比赋予了债务人更高的自主权，有利于债务人达成更高额度的债务减免，这一制度同样是《破产法立法指南》提倡的自愿重组谈判在各国立法上的体现。英国破产法实践在庭外谈判和重组方面历来有着不错的成绩，庭外谈判的灵活性也给予债权人、债务人更大的操作空间，但非正式的重整也面临着难以对所有债权人提供相同保护的问题，参与程序的专家无法通盘考虑所有人的利益而不带任何倾向性。① 与英国传统的伦敦模式不同，债务偿还安排机制在鼓励自愿谈判的同时，还将协商结果与庭内程序相结合，以保障债务偿还安排的效力得到法院认可而得以执行，也能够通过分组表决、法院裁决的方式防止不当侵害部分债权人利益的情况发生。英国在解决非正式重整面临的问题时，采用了与《破产法立法指南》一致的设计，将庭外自愿谈判与庭内程序相结合，新设了债务偿还安排这一兼具灵活性和保障程序公平性的程序，改善了原有非正式重整程序存在的问题。

美国在破产法第十一章中通过规定超级优先权等方式确保重整程序下债务人获得融资的可能性，而英国在规定破产程序下债务人继续融资的法律完善道路上则走得十分艰难。虽然不否认重整融资制度的重要性，但英国立法者相信这一问题属于商业判断，因此在多方建议之下，2002 年《企业法》仍然没有完成对这一制度的实质性改进。②《破产法立法指南》十分重视程序启动后的融资制度建设，而为解决融资提供者权益保障的问题，立法指南提出可以利用确立优先权、提供担保的方式吸引融资人，法院可以赋予信贷优先于其他管理费用的优先权，或以未抵押资产提供担保。虽然立法指南没有倡导各国设立优先于有财产担保债权的超级优先权，但在立法建议中，立法指南提出融资的优先权至少应当优先于普通无担保债权人，可见立法指南为超级优先权的规定预留了空间，认为这一制度可以为企业拯救提供必要的

① 齐砺杰：《破产重整制度的比较研究》，中国社会科学出版社 2016 年版，第 217 页。

② 齐砺杰：《破产重整制度的比较研究》，中国社会科学出版社 2016 年版，第 194 页。

帮助。英国在2009年的征求意见稿中尝试将DIP融资和超级优先权引入英国破产法，但最终以失败告终。2016年，英国破产管理署再次提出将重整融资作为管理费用而赋予其一定的超级优先权地位，虽然此建议仍然遭受了反对，但立法者的多次尝试已经说明重整融资超级优先权制度的必要性。历次立法过程也展示了英国在破产法律文化上的变革。传统立法中，立法者和司法者倾向于扮演更加中立的角色，让市场主体解决相关问题。但随着对于重整拯救的需求增加，传统方式无法解决实际问题，立法者开始尝试在破产重整中扮演更积极的角色，逐步推进重整融资制度的完善，为企业重整提供更强有力的制度保障。虽然《破产法立法指南》为英国提供了可以借鉴的制度样板，制度的变革仍然需要与破产法律文化的变革进程相一致，立法者的观念转变远远不足以推动新制度的落地，英国在DIP融资和超级优先权设计上的立法进程即体现了这一点，印证了破产法律文化与破产法变革之间因果机制的运行。

四、《破产法立法指南》对德国破产法律文化与破产法变革的影响

德国具有深厚的大陆法系传统，在破产法上也具有较长的立法历史，在欧洲一体化、全球化的背景之下，德国破产立法也面临着来自欧盟、美国等国家的挑战。德国在实践之中不断对自身的破产立法进行改良，除了对《欧盟破产程序条例》吸收之外，涉及范围更广、符合全球化背景的《破产法立法指南》也对德国破产法与破产法律文化的变革产生了深远的影响。但德国在世界经济中的地位远没有其在欧盟中那样瞩目，在破产拯救文化的全球发展中，美国而非德国才是文化及相关制度的发源地，德国在面对破产拯救文化的变革时表现得较为保守，这在德国对《破产法立法指南》的吸收中也能得到体现。

2017年德国颁行《优化撤销时法律安定性立法》，对故意损害撤销权的规定进行了修改。故意损害撤销权被认为是德国破产法中最为重要的撤销事由，很长时间内，德国法律在存在故意损害情形时允许对10年内的交易进

行撤销，甚至不合理情况下的现金交易都可以被撤销。[①] 此种严格的规定意味着许多交易面临着相当大的不确定性，交易安全难以得到保障，过于严格的规定导致实施效果未必理想，法律的权威性可能受到影响。为优化行使撤销权时的安定性，新法对故意损害撤销权的行使进行了小幅度限制，如在撤销时间的要求上，仅破产申请前 4 年内的故意损害行为能被撤销。《破产法立法指南》在对撤销权条文目的阐述时，将确立明确的规则、为第三方提供确定性作为四项目的之一，在确定撤销权行使范围和可撤销期间上也比德国法律的规定宽松，立法指南在对特惠、压价贱卖交易涉及的撤销权进行设计时，认为对于非相关人的撤销期不超过几个月，对于相关人的撤销期的距离也仅为 2 年，不仅远远短于德国旧法规定的 10 年，也显著短于新法规定的 4 年。但《破产法立法指南》的建议并未被德国完全采纳，显然在立法者的眼中，维护程序的公正性、破产财产的最大化远比对安定性的保障重要，毕竟故意损害行为的当事人具有主观恶意，但《破产法立法指南》将主观、客观要件均视作必要条件，并未因主观上的故意而规定过长的可撤销期间。因此，德国立法对《破产法立法指南》的回应体现了对破产法律文化的考量，在德国的破产法律文化之下，故意损害行为具有不正当性，对交易安全的考虑要劣后于公平清偿、破产财产最大化等目标。德国这一立法变革具有正当性，也是破产法律与破产法律文化相适应的表现，但立法对于文化的迁就意味着制度无法对破产法律文化产生足够的良性影响。

德国立法虽然对债务人自行管理进行了规定，但债务人自行管理只是作为例外情形（在2015年仅占公司破产程序的1.54%）[②]，对此制度的怀疑也集中在让经营失败的出资人管理企业相当于“引狼入室”、拥有处分权的债务人可能制造无法挽回的损害等。[③] 面对这一存在较多争议的制度，《破产

① ［德］乌尔里希·福尔斯特：《德国破产法》（第 7 版），张宇晖译，中国法制出版社 2020 年版，第 184 页。

② ［德］乌尔里希·福尔斯特：《德国破产法》（第 7 版），张宇晖译，中国法制出版社 2020 年版，第 320 页。

③ ［德］莱茵哈德·波克：《德国破产法导论》（第 6 版），王艳柯译，北京大学出版社 2014 年版，第 207 页。

法立法指南》的态度较为中立，既承认债务人自行管理具有优势，也认为需要将可取性与弊端进行权衡，若一概不允许债务人进行自行管理将可能打消债务人申请破产重整的积极性，损害重整取得成功的机会。立法指南即使采取了较为中立的态度，仍然将能否促进企业重整、加强企业挽救作为重要考虑因素，这也是立法指南与破产拯救文化相融合的体现。而德国立法者在推进债务人自行管理上相对保守，于2012年的立法改革中立法者设计了破产启动程序时可以申请的债务人自行管理，并设计了建议的债务人自行管理及“保护伞”程序两种形式的临时自行管理。前文已经论及，这一程序的前移不可谓不实用，若能用好自然能够较大程度推动德国的破产拯救，但制度的设计是否能够产生效果仍然有待时间的检验，更需要破产法律文化进行相应变革。在债务人自行管理问题之上，德国的保守态度虽然有所松动，但管理程序的前移并不能从根本上激发自行管理制度的活力，只有立法者、社会公众对于债务人具有一定的信任，并在立法层面上完善对债务人自行管理的监督、在司法实践中鼓励债务人进行自行管理，才能取得良好效果。总而言之，德国的立法制度变革不彻底与破产法律文化的保守具有直接关联性。

德国对于《破产法立法指南》的吸收还体现在2019年的破产法修改，即增加了便利企业集团破产的相关规定等。德国虽然具有较长的破产法立法历史，但这显然也对德国接受新的破产法律文化带来了一定的阻碍，德国并未选择完全拥抱《破产法立法指南》所蕴含的破产拯救文化，而是对本国立法进行小幅度、帕累托式的改良，而在破产法的进步中，制度的借鉴和改良远没有破产法律文化的变革难度大、作用强，因此德国认可破产拯救文化并将破产制度作为企业复苏的抓手显然还需要更长的时间，相对保守的破产法律文化也阻碍着德国选用低成本、高效率的制度设计，这正说明了《破产法立法指南》制定和颁布的必要性，即使是法律完备的国家也能够从《破产法立法指南》中获得启发，但更为重要的是推动破产法律制度与破产法律文化在每个国家的协同发展。

五、《破产法立法指南》对法国破产法律文化与破产法变革的影响

法国历来重视对企业的挽救和重整，但对于重整制度的执念造成了法国在其他破产程序的应用上存在短板，实际上并非所有企业都适合通过重整程序获得拯救，也并非所有企业都能重整成功，多元化、高效率的破产程序才是破产法律制度未来的发展方向。《破产法立法指南》对于自愿重组谈判的规定同样影响了法国的立法。2010 年，法国强化了对破产前达成解决方案尝试的努力。2012 年，法国通过了一项法律，允许债务人仅与金融债权人实施重组计划，而经营性债权人的参与并非必要。这一思路与由银行部门发展出的自愿重组谈判类似，作为破产重整程序的替代办法，自愿重组谈判在形式上更为自由，不仅可以避免破产所带来的负面名声，而且能够允许债务人和债权人通过债务重组的方式化解企业危机。

法国的破产法历来具有很强的挽救色彩，但借助于司法程序的力量更多，对于鼓励债务人自身的主动性相对有限，破产重整程序的应用为社会带来更高的司法成本，于是在传统重整程序之外开辟新程序的思路产生了。《破产法立法指南》考察了“伦敦办法”的实践，对一些新程序进行了总结，并将这一思路向各国进行了推广。法国立法者显然受到了《破产法立法指南》的影响，结合本国实践特点，允许债务人与主要金融债权人达成一致，实施重组计划，既能控制重组程序的成本，又能实现挽救企业的目的，在司法程序之外发挥债务人与债权人的积极性。

实际上，在法国浓厚的破产拯救文化与丰富的司法重整制度经验之下，当事人通过庭外方式自愿实现重组的可能性大大提高，可以说《破产法立法指南》的这一影响，不仅没有削弱法国在破产重整制度上的优势，还能够拓宽破产拯救的应用途径，通过成本低、效率高的方式实现原有必须通过司法程序才能完成的任务，进一步强化破产拯救文化。

六、《破产法立法指南》对日本破产法律文化与破产法变革的影响

日本破产法的修订历程与《破产法立法指南》的制定过程具有一定的

重合性，《破产法立法指南》制定工作于 1999 年启动，终稿于 2004 年通过，而日本的倒产法大修订也以 2000 年施行的《民事再生法》为起点，以 2005 年施行的《破产法》及 2006 年施行的《公司法》为收官之作。《破产法立法指南》的制定得到了 36 个成员国的参与，关于理想状态下的破产法律制度讨论对日本的法律修订也产生了影响。而在立法大修订之后，日本还在建立新型法庭外债务清理制度等方面做出了有益探索。

日本《公司更生法》和《破产法》《公司法》这几部法律修订时间较晚，受《破产法立法指南》影响的可能性更大。虽然日本以美国法为范本，较早引入了公司更生法律制度，但早期的更生制度由于过于繁重冗长不便于实施而遭到诸多批判。① 为此，立法者对公司更生制度进行了大刀阔斧的修改，规定现任董事等高级管理人员可以担任更生管理人，规定东京地方裁判所、大阪地方裁判所具有普遍管辖权，完善了程序开始前保全阶段的规定，新设了担保权消灭制度，更生担保权的评价基准从企业运营价值改为时价，降低了公司更生计划的表决要件，缩短了更生计划的执行期间，变更了公司债权人参与程序的方式。② 对于保全制度、担保物权制度、债权人参与程序的方式等具体问题，立法指南都进行了规定，对于重整程序的启动，立法指南提出启动标准应当具有透明度、确定性，能够促进方便快捷、费用低廉地利用破产程序，然而《公司更生法》以大型公司为程序对象，在立法改革过程中虽然对程序启动进行了优化，仍然难谓方便快捷。在更生担保权方面，《破产法立法指南》对中止制度的范围和限制等做出了规定，防止担保物权的价值由于不当中止而减损，日本也设立了担保物权消灭制度以实现这一目标。在 2005 年《公司法》的修订过程中，立法者废除了原有的公司整理制度，对特别清算制度进行了修正，在保留特别清算这一带有简易清算特点制度的同时，将公司拯救的任务交给了修订完善后的《公司更生法》。总体而言，日本在修订《公司更生法》等相关法律的过程中，在具体制度设计上采

① ［日］谷口安平主编：《日本倒产法概述》，佐藤孝弘等译，中国政法大学出版社 2017 年版，第 12 页。

② ［日］山本和彦：《日本倒产处理法入门》，金春等译，法律出版社 2016 年版，第 184 页。

取了与《破产法立法指南》相一致的思路，将提高程序效率、降低成本作为主要目标对公司更生制度进行了优化。然而日本的立法修改也明显体现了本土破产耻辱文化的影响，许多立法变革仍然具有不彻底性，对于实践中破产案件的处理仍存在不足，难以起到帮助陷入困境的企业完成重整、重归市场的任务。

为更好完成企业挽救任务，《破产法立法指南》给出的建议是将非正式庭外自愿重组谈判与重整程序相结合。由于日本的公司更生制度针对大企业且存在一定成本，此种庭外处理方式成为了日本可以考虑的立法选择，也可以防止债务人由于正式破产程序而遭受歧视，具有很强的现实意义。日本先后应用过行政倒产型 ADR（Alternative Dispute Resolution）程序、司法型 ADR 程序，最终 2007 年修订的《产业活力再生特别措施法》引入新型法庭外债务清理制度——事业再生 ADR。在这一制度之下，并不由法院指定破产管理人，而是由事业再生专家担任程序主导者，在债权人同意的情况下还能对回收债权、申请倒产等行为进行暂时停止。在再生 ADR 制度之下，债权人会议和拟定重整计划草案同样存在，第一次债权人会议原则上需要在暂时停止通知发出之日起两周内召开，当事人可以就重整计划草案进行充分的协商，在债权人会议做出决议且程序主导者进行书面确认之后，重整计划将发生效力。① 法律还设计了详实有效的配套措施，如对事业再生 ADR 中的 DIP 融资提供保护，以保障事业再生 ADR 中企业可以获得充足的融资等。在后续的立法修订中，立法者主要从事业再生 ADR 与法庭内重整程序之间的衔接入手，进而完善这一制度。事业再生 ADR 既具有破产法上的程序特点，又具备庭外程序的灵活性、高效性，这一制度在日本的普遍运用有助于提高社会公众对于破产程序的接受程度，也给了债权人、债务人复杂的更生制度之外其他选择。

联合国国际贸易法委员会《破产法立法指南》旨在为各国设计行之有

① ［日］山本和彦：《日本倒产处理法入门》，金春等译，法律出版社 2016 年版，第 32—34 页。

效、高效率、低成本的灵活程序，这正是日本破产法实践长期缺乏的，即使《破产法立法指南》在具体条文方面对日本破产法修改的影响有限，其蕴含的对企业重整前景、理想制度架构的思考也影响了日本破产法的修改。修改后的日本破产法在一定程度上改良了原有的更生程序，朝着破产拯救的方向迈出了坚实一步。而事业再生 ADR 制度的创设，为日本破产实践探索出了一条新的道路，在《破产法立法指南》对庭外自愿重组谈判制度的设想之上继续前进，并以良好的实践运行效果改善了更生制度成本高、耗时长的问题。虽然日本长期以来被认为是破产耻辱文化较为严重的国度，但社会公众对于破产制度的成见反而促进了法庭外债务解决机制的繁荣，单纯提高传统破产程序的效率和有效性的立法变革很难在短时间之内达成破产法律文化变革之目的，即使能够在制度层面上确立精密的破产法律制度，但实务中仍无法正常运转并产生预期效果。以事业再生 ADR 为代表的庭外债务清理制度同样具有拯救困境债务人、维护债权人利益的功能，虽然不具有破产程序之名，但从最终的结果上看，与破产法律制度及破产法律文化追求的目标是一致的。日本立法者在考察本国特点之后将《破产法立法指南》追求的价值通过其他途径予以实现，可以说是在破产拯救文化影响之下对破产法律制度进行本土化变革的有益探索，而庭外债务清理制度的实效性最终一定能消解破产耻辱文化，在社会公众中传播破产拯救文化。

第三节　世界银行“办理破产”指标视野下破产法律文化与各国破产法变革

世界银行通过发布《营商环境报告》对各经济体的相关营商法律环境进行评价，针对“办理破产”指标，世界银行建立了一整套评价体系，可以将各国破产立法情况量化排名，并促进各国在立法上不断完善，最终在全世界建立“好”的破产制度。[①] 世界银行“办理破产”一级指标是由时间、成

① Simeon Djankov et al.，“Debt Enforcement Around the World”，116 (6) *Journal of Political Economy*，2008，Vol.6，pp.1105-1106.

本、回收率及破产框架力度四个二级指标所构成，其中时间是指债权人回收贷款的时间，按日历年数记录。《营商环境报告》所评价的时间段从企业违约时开始，直至其拖欠银行的款项部分或全部偿付之时结束，各方可能采取的拖延战术，比如提出申诉或延期申请以拖延时间等均考虑在内。成本是指按债务人不动产价值的百分比记录。成本计算以调查答卷为依据，包括法庭费用和政府税费、破产管理费、拍卖费、评估费和律师费以及其他一切费用和成本。“办理破产”指标的评价方法主要包括破产债权回收率和破产框架力度指数，各占比 50%。从“办理破产”指标的设计和评价中就可以看出在破产法律变革中哪些因素更受到重视，并预测世界范围内破产法律变革及破产法律文化未来的发展方向。

一、世行“办理破产”指标蕴含的法律文化与立法变革机制分析

（一）世行“办理破产”指标的具体构成分析

早期世界银行营商环境报告仅设置回收率指标，虽然对破产法律文化具有一定的指引作用，但对制度的直接影响较为有限。2015 年引入破产框架力度指标后，世界银行的评价体系开始对各国的破产法律制度与破产法律文化变革产生重要影响。无论是债权人还是债务人，参与破产程序的最终目的都是最大程度获取经济收益，债权人希望自身的债权可以得到清偿，而债务人则同样希望实现破产财产最大化，因此对于回收率的评价能够最为直观地展示破产程序的效果。在“办理破产”指标中，“回收率”项下包含破产时间、破产成本及破产结果三个子指标，以此为基础计算出回收率指标，从而考察一国或地区破产程序运行的成本与收益。回收率指标设立的目的在于降低破产程序的运行成本，增加可为债务人留存的财产，并提高债权人的受偿额度，实现破产程序价值的最大化。

对破产时间的考察是衡量回收率的第一个因素，以效率促进公平清偿秩序的实现，是破产法一直追寻的目标。在破产期间，企业往往不能维持正常的生产经营，财产尤其是流动资产数量有限，破产程序持续时间越长，企业能够维持正常经营的可能性就会越低，企业现有财产也会由于折旧、减值

而价值降低，甚至有案件出现因程序持续时间过长导致大量财产发生报废的情况。[①] 因此破产时间这一因素会直接对债权人的受偿率产生影响，破产持续时间越长，财产的回收率越低。除了造成较为明显的财产减值、债权人时间利益的损失之外，破产程序时间持续越长，对利益相关者的信心打击越大，职工、客户将出于规避风险的考虑另行选择其他雇主或供应商，更会间接降低社会公众对破产程序的信心。

对破产成本的计算是衡量回收率的第二个因素。对于回收率的计算不能仅关注其收益和效率，需要付出的成本也是重要考量因素。“办理破产”指标所衡量的破产程序成本并不等同于程序经过可能发生的全部花费。《企业破产法》第五章规定了两种常见的破产成本，即破产费用和共益债务。前者是指保证破产程序启动和顺利进行所需支付成本的各项费用的总称，后者是指为全体债权人可获得的偿付利益而由债务人财产负担的债务的总称。但“办理破产”指标并未将共益债务的计算纳入到破产程序成本的衡量中，毕竟不同案件中共益债务的性质、数额都有很大的差异，且共益债务系为全体债权人利益而发生的，从法理上讲，共益债务的支出将使破产企业获得一定的收益，并非纯粹性的成本。因此，以破产费用为计算指标原则上即可判断出破产程序的成本，这一指标对破产程序涉及的常见费用进行了归纳并选定如下费用作为破产成本：法庭费用和政府税费、破产管理费、拍卖费、评估费和律师费以及其他一切费用和成本。

对破产结果的衡量是回收率指标涉及的最后一个因素，这一指标可被区分为分拆销售和持续经营，企业破产重整的重要理论基础即认为企业的持续经营可以创造高于分拆销售的价值，因此，不同的处置结果将直接影响对回收率的判断。若债务人能够维系运营价值，则破产结果等于债务人的财产总额，若债务人财产被拆分销售，则该数值要在债务人财产总额基础上减按70% 计算。回收率的计算方法是综合各国通货膨胀情况得出贷款利率与债务人总资产的乘积，再用债权人可以回收的债务人财产数额除以前述乘积。

---

① 徐建新：《破产案件简化审理程序探究》，人民法院出版社 2015 年版，第 63 页。

与“回收率”不同，破产框架力度指数关注立法制度是否合理，各项程序是否完善，对于程序的控制能够更加合理地保证包括债权人、债务人在内的利益相关者合法行使权利、享受法律赋予的权益。该指标由破产程序启动、债务人财产管理、重整程序、债权人参与四个子指标构成，这四个指标分别占“破产框架力度”指数的18.75%、37.5%、18.75%、25%。由于破产框架涉及不同的破产程序、不同利益主体，因此对程序架构进行评价需要综合考虑各方面因素，兼顾不同利益主体的利益，还需要将影响破产结果的关键性程序纳入考察范围内，世界银行所选取的四个子指标即体现了上述考虑，具体内容如下：

第一，破产程序启动指标可分为启动主体与程序、启动标准两个部分。该指标重点关注破产程序的“可获得性”，即破产程序能否被简便自主地启动，若破产程序难以启动，破产制度的运转也就无从谈起，设计得再精妙的程序也无法产生效果，因此，只有债权人与债务人均能在必要时启动破产清算或破产重整程序，才是良好的破产启动设计。在启动程序的设计上，“办理破产”指标强调保障债务人对破产程序启动的自主选择权，只有这样才能够促使债务人在适当的时机启动程序，尽早寻求对债务人的保护，防止错过了拯救企业的最佳时机。申请人应当具有对于适用程序的选择权，可以根据自身实际情况申请适用重整程序或清算程序。而关于破产程序的启动标准，各国立法有不同选择，通常有现金流、资产负债表两种破产程序启动标准，分别体现为债务人无法清偿到期债务与债务人资不抵债的情况，资产负债表标准的制定受到债务人控制较强，对于财产的减值、折旧等操作，债权人很难提出有效质疑，这导致依照资产负债表进行判断存在风险，即使财务报表记载真实，也存在资产流动性较差的情形，使债务人在资产大于负债时同样无法实际偿还债务。从这一角度看现金流标准更为合理，只要企业无法偿还到期债务，即使资产价值高于负债，仍然可以被申请进入破产程序，这一立法设计也被破产程序启动指标认可。

第二，债务人财产管理指标由“待履行合同”“撤销权”“启动后融资”三部分构成。债务人财产的最大化有利于实现破产财产的最大化，并有助于破产程序的顺利推进、取得良好效果。待履行合同可能给债务人带来收益，也伴随着成本的增加，如何处理这类合同考验着立法者的智慧。若在非破产情况下，合同理应得到遵守，但破产情形之下合同的履行未必能够实现破产财产的最大化，因此，若强制债务人履行很大可能会带来不利的后果，违反了破产财产最大化原则。对“待履行合同”的理想处理规则是赋予管理人以选择权，允许管理人在遵循债务人财产最大化原则基础上，自主判断并决定破产程序启动前债务人与对方当事人均未履行完毕合同的后续处理方式。世界银行对撤销权的评定标准较为明确，认为个别清偿、优惠清偿等规避债权平等性原则的行为均被纳入破产撤销权范围时，该类指标评分才能得满分。世界银行同样重视融资的重要性，进入破产程序的债务人对于资金需求量较大，但却无法像正常经营状态下的企业一样获得融资，这对各国法律设计提出了挑战，如何通过立法方式保护资金提供人的权益影响着对“债务人财产管理”指标的评价。世界银行认为，若破产法允许债务人在破产程序启动后获得融资，并且允许该融资相对于普通债权具有优先性，则该规则设计可以得满分 1 分；若破产程序启动后融资相对于所有债权人，无论是否有担保，都享有超级优先权，仅能获得 0.5 分。

第三，重整程序指标由“表决权主体”“分组表决”“异议债权人对待”三个部分组成。只有权利被计划改变或受其影响的债权人可以对重整计划表决时，这一指标得分才达到最优 1 分，若不区分是否权益受到影响而允许所有债权人均可以表决重整计划，仅能获得 0.5 分。例如，若有财产担保债权人能够实现全部债权，重整计划草案就不会对其债权做出安排，有财产担保债权人就不应当对重整计划草案享有表决的权利。在分组表决方面，世界银行认为，为实现债权清偿、表决权利的平等，破产法应当根据经济实质将债权人分成不同组别，对重整计划草案进行分组表决。“异议债权人对待”旨在建立完善的异议程序，以保护少数债权人的权益，确保异议债权人不会受到管理人、多数债权人的不公平对待，体现了“债权人利益最大化”原则和“清算价值保障”原则，即持反对意见的债权人在重组计划下至少可以获得和他们原本能在清算中同样多的清偿。

第四，债权人参与指标受关注度较高。在企业正常运营时，企业的控制权和财产权利归属于股东并无异议，但在企业进入破产程序时，出资人权益此时为零，不再享有原有权利，依据契约理论，剩余索取权与剩余控制权应当移交给债权人，但由债权人接手债务人的具体营业和财产管理并不现实，各国立法一般也通过中立的管理人进行管理，同时赋予债权人必要的参与权利。“债权人参与”指标对债权人权利的评价主要通过以下四种权利予以体现：任命管理人的权利，即债权人是否有任命、批准或拒绝管理人任命的权利，这一权利有助于加强债权人对程序的控制；债务人出售重要资产时债权人的批准权，这一权利可以防止债务人的资产在债权人不知道的情况下被出售，从而导致破产财产流失；知情权，即某一债权人获取有关债务人财产信息的权利，这一指标旨在解决信息不对称的情况下的矫正措施；否决权，即债权人对法院或管理人针对自身或其他债权人做出的债权确认结果的否决权，以确保债权人的异议权，并且可以防止不符合条件的债权被确认从而稀释其他债权人的正当权益。

（二）世行“办理破产”指标与法律文化及立法变革的关系

世界银行“办理破产”评价指标与破产法律文化及破产法变革有着密切的关系，在推动破产法律文化与破产法律变革之中起到了重要作用。一方面，“办理破产”各项指标的设计实际上都是破产拯救文化的体现，世界银行也希望通过评价与排名对不同国家产生影响，推动这些国家破产法律的变革；另一方面，机械的法律变革远远无法达到真正优化营商环境的目的，只有以法律规则变革带动法律文化变革，将其二合一才能真正实现“办理破产”评价指标拟实现的价值目标。

以“回收率”指标为例，这一指标提升方式在于提高破产案件办理效率、降低案件成本、改善破产案件办理结果，这几个目标都与破产拯救文化中的自觉、支持与社会救济的内涵相吻合。“回收率”指标对于高效率、低成本的追求，与降低相关者对于破产程序的恐惧，提高债务人与债权人对破产程序的接受是一致的。低效率、高成本的破产制度将吓退债务人，而高效率、低成本的破产程序将成为债务人自觉选择适用的有力制度，而高回收率也将吸引债权人对于破产程序的支持，使破产程序的开始、运行更加顺畅，从而实现债权人、债务人等相关者的多赢。依据世界银行的数据，我国目前的破产成本高达 22%，牺牲了债权人的利益，降低了对企业的拯救效果。而破产拯救文化之下，具有营运价值的企业要得到拯救，必然要维持企业的运营而非将企业分拆销售，若非如此便无法达到对困境企业支持、拯救的目的。

除了回收率指标之外，破产框架力度指数同样为破产制度的设计提供了参考，对于高效率、公平性的追求使相关制度设计充分体现了破产拯救文化，对于重整制度的推崇使得破产框架力度指数的设计具有多元化，对一个国家制度设计的评价中关注重整制度的有效性、债权人的参与程度、对债务人资产的管理等，实质上就是关注重整制度是否能够有效运转、是否有助于企业的拯救与重生。如果说回收率指标的设计关注破产程序运转的结果，破产框架力度指数则着重于破产程序的过程控制、规范案件办理过程中法院和管理人的权利、保障程序参与者的知情权与公平受偿的权利。指标的设计与破产拯救文化的内涵相一致，破产拯救不是单纯追求破产拯救的结果，更不能牺牲程序参与者的正常权益，可持续、可控制、可复制的法律制度才是破产拯救文化所推崇的法律制度。

世界银行“办理破产”指标通过对回收率指标的设计实现对破产的效果评价，通过破产框架力度指标的设计实现对程序的控制评价，这种双重维度对法律制度的量化与评价，是在破产法律文化与破产法律制度之间搭建沟通渠道的有益探索，是通过量化指标对破产法律文化与破产法律制度进行评价与影响的尝试。具体而言，破产法律文化通过影响“办理破产”指标的设计对破产法律制度提出要求，将对企业重整拯救的追求作为破产法的立法目标。而“办理破产”指标通过对法律制度的评价展示出破产拯救文化对一国法律制度的影响程度，允许经营者对与破产相关的营商环境有更加直观的认识。指标还通过营商环境报告的重要影响力推进立法的变革，引导优秀破产法律制度设计在每个经济体落地并有效运行，从而达到促进破产法律制度变革的目的。通过世界银行“办理破产”指标的影响，破产拯救文化得以对各经济体破产法律制度的变革产生影响。

在破产法律文化的全球变革与各国破产法转型的背景之下，世界银行的《营商环境报告》及其中的“办理破产”指标具有特殊意义，报告与专注于欧洲范围的《欧盟破产程序条例》不同，具备全球视野，相较于联合国国际贸易法委员会发布较早的《破产法立法指南》则更加关注营商环境的现状。《营商环境报告》的观察视角与服务对象都决定了其独特之处，报告并非单纯针对破产领域而发布的，但确实能够为各国在破产制度的运行和实践提供可以量化的参考标准。而在破产法律文化的背景之下，作为面向市场主体的报告，显然更加关注经营者的拯救重生、维持经营，也同样关注市场主体作为债权人角色时的权益，从这一角度分析，《营商环境报告》选择的视角也许是对破产拯救文化最为关注的视角。从《营商环境报告》的定期更新和各国针对办理破产指数的立法变革可以看出，这一设计至少在一定程度上实现了预期目的，能够推动先进破产立法设计在许多经济体的引入，中国的实践就是其中典型的例子。但《营商环境报告》并没有将纸面上的制度设计作为全部评价内容，调查问卷等方式可以帮助世界银行评价一种制度的实际运行效果，这意味着制度的建立往往需要与文化的变革同步推进，通过此有效方式，世界银行在法律制度变革的基础之上推进了各国破产法律文化的转型升级。

虽然“回收率”和“破产框架力度指数”指标的设计充分体现了破产拯救文化的内涵，但世界银行“办理破产”指标仍存在先天弊端，实质上是将破产拯救文化的要素通过可以量化的指标进行表现与评价。在各国社会文化、立法传统与司法环境存在较大区别的情况之下，量化指标的设计具有较强的可操作性，但也应当认识到这一做法的局限性。环境和文化的敏感性在“现实”世界中都非常重要，把各种复杂的事情简化为一个单一的片名似乎很难真正与改善营商环境的法律架构所相容。① 世界银行的指标设计也不可

① ［英］杰拉德·麦考马克：《为何世界银行〈营商环境报告〉可能弄巧成拙》，朱天宇译，载李曙光、刘延岭主编《破产法评论》（第 2 卷），法律出版社 2021 年版，第 220 页。

避免地存在局限性，对于数值的追求可能意味着忽视其他因素，将复杂的现实过度简化，而各国在优化营商环境、改革破产法律制度时也有较强的功利性，将提高指标作为目的，而不重视指标背后的文化培育、整体系统构建，逐渐背离了指标设计的初衷。此外，世界银行对一些指标的评价有较强主观性，在既定的评价制度之下，各国立法者进行制度优化的空间被大大限缩，如重整融资制度方面，赋予融资者以超级优先权相较于仅允许融资债权优先于无担保债权得分较低，这一设计阻碍了许多国家对于超级优先权制度的借鉴。因此立法者与研究者应当正视《营商环境报告》关于“办理破产”指标的内容，客观评价其价值，并超越对指标获得高分的单一追求，而把指标设计背后对破产拯救文化的理解和重视作为学习对象，结合本国文化进行制度创新，避免将破产法律文化与破产法律制度扁平化，在破产拯救文化的影响之下搭建最能保障破产财产最大化、债权回收的法律制度。

在破产法律文化与破产法的全球变革之中，世界银行《营商环境报告》中的“办理破产”指标可以作为立法者与研究者加以利用的重要指标，符合经济全球化背景下各国优化营商环境以增强自身软实力的目标。破产拯救文化的蓬勃发展正是营商环境优化的题中之意，两者之间具有互相促进的密切关系。“办理破产”指标对于破产法律文化与制度变革可以起到推进作用，不仅在指标的设计中贯彻了破产拯救文化理念，还可以借助制度的变革和有效运行对破产法律文化产生正面影响，这种影响已经起到了作用，但未来的运行效果仍然需要进一步观察。各国对于“办理破产”指标的重视可以理解，但切忌喧宾夺主，忽视变革背后的真正力量，对于指标背后制度建构的重视和破产法律文化的培育才是世界银行《营商环境报告》真正价值所在。而立法者与研究者应正视法律制度与文化之间的复杂关系，运用世界银行《营商环境报告》的评价体系推动本国法律制度的合理变革，并以全球化视野与思维推动破产惩戒、耻辱文化向破产拯救、宽容文化转型。

二、世行“办理破产”指标对各国破产法律文化与破产法变革的影响

根据世界银行《营商环境报告》官方数据统计，自 2005 年以来，共有

124个经济体在“办理破产”领域进行了改革，改革次数从1次到6次不等，所有经济体在“办理破产领域”的改革达到了235次。这其中既有美国、英国、德国、日本、韩国等发达国家，又包括印度、塞尔维亚、波兰在内的发展中国家，管窥各国破产法变革内容，有利于客观了解“办理破产”评价指标的影响。

美国作为破产制度最先进的国家之一，在世界银行评价体系之下“办理破产”分数一直维持在较高的水平，如破产框架力度指数满分是16分，美国一直维持在15分以上，排名也始终在世界前三。但值得注意的是，美国的回收率指标却呈现整体缓慢下降趋势，2014年该分数为88.62分，2017年下降至88.60分，2018年下降至88.39分，2019年下降至88.06分，2020年分数则为87.22分，上述量化指标从侧面体现了美国在破产立法和破产法律文化上所面临的问题。

为解决回收率走低问题，美国一直在探索简易破产程序，针对中小型企业，创设一种成本更低、效率更高的破产程序，尤其是通过创设中小型企业破产重整程序，提高债权的回收率。2005年美国进行了《防止滥用破产及消费者保护法案》的改革；2019年美国《小企业重整法》对美国破产法典第十一章进行了修订，以第十二章家庭农场主的破产处置为蓝本，既保障小型企业的继续经营，也提高了债权人的受偿率。此改革不仅是受到《破产法立法指南》影响，也是对世界银行“办理破产”评价指标的直接回应，试图通过此种改革解决债权回收率下降的趋势。客观地说，回收率下降与世界经济大环境有直接的关系，并不意味着美国破产制度存在根本性问题，但破产法律和破产法律文化都是动态的，需要对现实世界的变化及时做出回应，这一点可以从美国2005年《防止滥用破产及消费者保护法案》与2019年的《小企业重整法》的区别体现出来。《防止滥用破产及消费者保护法案》主要着眼于提高程序效率、降低程序成本，保证债权人的快速受偿，但取得的效果是有限的。2019年的《小企业重整法》虽然出于同样的目的，但采取了维持小企业运营、通过企业复苏提高债权回收率的做法。这种破产制度的改变体现了破产法律文化的进化，债权回收率是评价破产程序的指标之一，但追求债权回收率可以通过多种方式实现，看起来最直接的方式未必是最有效的方式，将回收率与企业复苏相结合，才可能产生更好的效果。即使美国破产制度走在世界前列，但世界银行“办理破产”评价指标仍然能对美国在破产法律文化与破产法律制度的持续优化产生正面作用。

世界银行“办理破产”评价指标的特点在于其起到了量化作用，并逐年更新，可对各国在实践中的表现进行量化打分，即使在破产框架力度指数上，美国上升空间已经极为有限，但在回收率领域对美国的观测仍然起到了助推破产法律文化变革的作用。制度的完善体现了拯救文化在破产领域的进一步普及，为实现债权人、债务人双赢提供了可行的思路，对优化营商环境的需求也将进一步推动包括美国在内的经济体优化自身破产法律制度，推广破产拯救法律文化。

世界银行《营商环境报告》中的“办理破产”指标对其他各国破产法律文化与破产法变革影响巨大。2011 年英国破产规则的修正案简化了破产程序，有利于公司整体出售，并优化了管理人费用的计算。2009 年德国修订了《破产法》，允许法院暂停对债务人企业存续所必需的资产采取强制执行行动，从而使企业更容易保持持续经营。2010 年德国通过了《实施稳定金融市场措施法案》优化其破产程序。2013 年德国通过新的破产法，强化了其破产程序，该法帮助困境上市公司寻求司法重整，并强化了债权人的参与程度。2011 年日本允许通过设立新的实体支持债务负担过重但自身管理专业的公司实现复苏。2012 年法国通过了一项法律，允许债务人仅与金融债权人实施重组计划，而不影响经营性债权人的利益。以上改革均是发达国家在优化破产程序、助推企业复苏方面做出的努力。同在亚洲的韩国虽然被认为是发达国家，但破产法律制度发展并未处于前沿。2011 年韩国立法允许重整企业融资，给予相应融资优先地位，增强了企业重整的可能性。2013 年韩国设计了公司重整的快速程序，提高了重整的效率。[①] 上述国家破产法律制度相对

① 数据来自世界银行官方网站，见 https：//archive.doingbusiness.org/en/reforms/overview/topic/resolving-insolvency，最后访问时间：2022 年 3 月 10 日。

完善，《营商环境报告》记录的改革措施多为对现有制度的优化，基本通过降低程序成本、加快程序进程、维持企业经营、促进债务人复苏来实现，展现了破产法律文化的最新动向，即破产拯救文化的自我优化，通过维持企业运营保障包括债权人在内的利益相关者的权益，以此保持经济运行平稳。

在发展中国家中，《营商环境报告》记录了印度的 3 次改革，如 2010 年通过提高流程的有效性，从而缩短所需时间，使解决破产问题变得更加容易；又如 2018 年通过了一项新的《破产法》，为公司债务人引入了破产重整程序，并在破产程序中维护债务人的继续经营；再如 2020 年在实践中优化破产重整程序。印度的上述 3 次改革均优化了破产程序，使得债务人重生、债权人受偿更加容易。塞尔维亚在破产领域的改革被记录了 6 次，是改革最为频繁的国家之一，重点改革包括 2011 年通过新的破产法引入统一的重整程序，2012 年对破产管理人的履职要求、履职薪酬进行规范，2020 年允许债权人批准破产代表的任命、强化债权的知情权等。波兰同样被记录了 6 次改革，主要包括 2010 年对预重整程序的引入，2012 年对破产程序的优化、对有财产担保债权人的保护，2017 年对破产重整表决程序的改革、允许债权人加强对程序的参与等。[①] 历年《营商环境报告》见证了诸多发展中国家对重整程序、预重整程序、庭外重组程序的确立，这些制度及配套措施均是在传统破产清算程序之外给予债务人重生的机会，在这一过程中，债权人的利益也可通过程序完善得到保证。

鉴此，世界银行“办理破产”评价指标见证了诸多国家在破产制度上的变革，更体现了制度变革背后的破产法律文化进化，单纯惩戒债务人、实现债权人利益的措施越来越少见，维持企业运营、帮助债务人复苏的各项改革成为主流，在发达国家，破产拯救文化已经形成，在诸多新兴经济体中，破产拯救文化也开始占据一席之地。可以预见，破产拯救文化的普及将是世界各国破产法律文化未来的发展趋势。

---

① 数据来自世界银行官方网站，见 https：//archive.doingbusiness.org/en/reforms/overview/topic/resolving-insolvency，2022 年 3 月 10 日访问。

第四章　破产法律文化全球变革背景下我国破产法的改革宏图

第一节　影响我国破产法律文化与破产法变革的要素分析

在探究破产法律文化与破产法变革的演变与协同发展时，需要以历史、政治经济制度以及社会心理视角展开全方位、多维度的研究。因此，有必要深入分析影响我国破产法律文化与破产法变革的关键要素，旨在通过纵向历史维度与横向比较的维度致力于绘制关键性影响要素图谱，从而有的放矢地设计并勾勒我国破产法未来改革的壮丽宏图。

一、历史要素对我国破产法律文化与破产法变革的影响

（一）历史要素分析的重要意义

波斯纳说："法律是所有专业中最有历史取向的学科，更坦率地说，是最向后者看的，最'依赖于往昔'的学科。"① 法律历史分析理论反对没有历史的国家与法律，认为这种国家是机械的、抽象的、没有"人影"的。对破产法律文化变革的历史要素分析主要有归纳、移情与语境方法，具体体现在以下几个方面：一是归纳法，从零散的破产法律制度、规则中概括出破产法律文化的发展过程和一般规则，但这会产生一定的局限性，如缺乏体系化或

① ［美］理查德·A. 波斯纳：《法律理论的前沿》，武欣、凌斌译，中国政法大学出版社2003年版，第149页。

理性化。二是移情法，要求法学家把自己置于破产法律产生的特定历史情景中，在破产法律得以发挥作用的各种复杂社会因素中，发掘法律文化本身以及法律文化存在的正当性。该方法不仅仅是研究事件、往昔的编年史或者记录的历史，而且是一种联系、解释或者说明往昔方式的历史。[①] 三是语境法，除研究法律文本之外，更重要的是研究法律文本的语境或脉络。对于破产法律文化的变革要素分析，不仅仅是对破产法律文本的探究，更重要的是置于特定的语境中分析其当时所处社会的特定历史环境。当然，对破产法律文化变革的历史要素分析，并非是要恢复其历史原貌，更多的是以史为鉴，从而把握未来变革发展方向。

由此可见，我国破产法律文化变革的历史因素分析对与破产相关的法律制度的现实完善具有重要意义。首先，观照历史，明确当前破产法律制度存在的问题；其次，洞悉破产法律文化变革的界限与约束条件，为破产法律制度的变革奠定基础；最后以历史为依托，可以摆脱虚幻的空想，提升破产法律文化变革的效率。

（二）历史要素对我国破产法律文化与破产法变革的影响

中华文明延续数千年，社会思想变化发展十分复杂，若对破产法的历史因素进行剖析，所遵循脉络无非是破产法的从无到有、从舶来品到与我国社会相融合并发展成有中国特色的破产法律，在此期间，破产法律文化与破产法律制度之间相互影响。

传统中国社会受儒家思想影响较大，重农抑商的社会风气长期存在，社会对于商业活动和债务的观念与西方存在很大区别，既没有产生有限公司这样的发明，也对"欠债还钱"的观点十分笃信。"信"作为"五常"之一，历来被儒家所尊崇，这一观念体现到商业活动之中就意味着我国传统社会认为社会地位较低的商人更应当讲求诚信，能够维持大规模经营的商人团体如晋商、徽商都以诚信作为立身之本。社会要求商人应当偿还债务彰显诚信，

---

① ［美］理查德·A. 波斯纳：《法律理论的前沿》，武欣、凌斌译，中国政法大学出版社 2003 年版，第 149 页。

自然就无法接受破产免责的制度设计。我国在经济责任的清算中并非毫无经验，但中国对待拖欠债务常用刑事制裁的方式，而未对破产免责做出制度安排。① 传统中国受礼法影响深刻，在成文法之外，宗族、社团对社会的控制力度很大，在此种熟人社会中，对于个人财产和家族财产的区分十分模糊，个人债务往往需要家族成员偿还，没有免除空间，更不存在破产免责制度的生存土壤。虽然朝代更迭、社会变迁，但古代中国的破产法律文化长时间未发生本质性改变。

直至清末，中国的破产法律文化才发生剧变。随着西方列强崛起，西方文明与中华文明发生多次冲突与碰撞，中国社会逐渐认识到了自身存在的不足，开启了西学东渐的历程。在通商过程中，中外贸易逐渐增加，国外商业思想传入中国，国外资本开始在中国投资，华商也走上了投资兴业的道路，商业竞争加剧，因经营不善或外商竞争而经营失败不能偿还债务的商人逐渐增加。商人地位的提高和商业活动的增多使得传统破产法律文化疲于应对，执法官员也"终因无破产法规可资依据，其处理终感困难。"② 社会的剧烈变动导致了破产法律文化产生变化，传统欠债必偿的观念产生了些许裂痕，对于华商的同情与民族认同相混合，社会对虽正常经营但不幸破产的商人开始抱有一定的理解，在此背景下，《大清破产律》的立法活动也随之展开。但《大清破产律》破产免责的思想仍未能被所有人接受，第 40 条关于债务"归偿成数各债主一律办理"的规定在实践中对洋华款项、官民款项区分的操作不同，引起了强烈反对，很快就被废除。一方面，《大清破产律》的制定与出台，展现了我国破产法律文化上的转变，经济社会的发展使得破产法律制度逐渐被社会接受；但另一方面，《大清破产律》的坎坷命运也体现出了这一时期破产法律文化转变之困难，破产免责与平等清偿的观念仍未得到广泛承认。

---

① ［澳］托马斯·米特拉诺：《大清破产律：一部法案史》，陈夏红译，载陈夏红主编《中国破产法的现代化，从〈大清破产律〉到〈企业破产法〉（1906—2006）》，中国大百科全书出版社 2018 年版，第 306 页。

② 谢振民编著：《中华民国立法史》，中国政法大学出版社 2000 年版，第 838 页。

民国时期，商品经济有了进一步发展，较清末时期更加繁荣，并在一战期间迎来了中国民族工业发展机遇，但一战结束后中国企业面临更强的竞争，陷入经营困难的情形也不少见。经济的发展和竞争的加剧进一步增加了社会对破产制度的需求，与清末时期相比，社会对破产制度的需求更强。但政治上的动荡使得民国政府很长时间内未能制定新的破产法律，直到 1935 年民国政府才正式颁行破产法，但实施效果不甚理想，破产制度并未成为被大众所广泛接受的有效制度。可见，这一时期破产法律文化虽有所改善，但社会对破产制度的接受仍然有限，且民国破产法出台时政府对国内许多地区已失去控制力，长期的时局动荡使得民国破产法实施效果有限，国家治理中心的转移也使得全国范围内尚未培育出成熟的破产法律文化，这成为了我国破产法历史发展变迁中的遗憾。

新中国成立后，全民所有制企业在经济运行中长期起到重要作用，从计划经济到社会主义市场经济的变革中，相当一部分国有企业长期处于亏损之中，但我国并没有一部法律能够处理这种情况。在当时的历史局限之下，各地政府只能选择为企业输血、合并不同企业的方法来处理，此做法只能暂时缓解企业危机，但对于提高企业经营效率没有帮助，反而滋长了企业等待国家救济的惰性。为改变现状，《企业破产法（试行)》于 1988 年正式试行，由于时代特点，该法律仅适用于全民所有制企业，在程序上仅有和解和整顿、破产宣告和清算制度，但该法律的颁行仍然开启了新中国成立后的企业破产之路。这一时期的破产法关注亏损全民所有制企业如何退出市场，对于处置低效企业、提高企业竞争力起到了一定作用，在分流企业职工、解决职工就业、维护社会稳定方面发挥了稳定器、分压器的功能。《企业破产法(试行)》的颁布与试行推动了破产法律文化在新中国的转变，明确了破产制度在社会主义国家的价值，社会对破产的概念也重新开始接受。在改革开放和市场经济思想涌动的背景之下，社会重新拥抱企业破产制度是必然的，但这一时期的破产制度仍然具有计划性、行政性，市场化和法治化程度不高，在大众眼中，破产仅限于部分经营不善的国有企业，且与“下岗”等词汇有较强关联，负面意义仍然很强，破产仍被视为一种耻辱。

随着市场经济的不断发展，带有计划经济色彩的《企业破产法（试行)》已难以应对社会发展，除了全民所有制企业之外，其他企业在资不抵债时应当如何处理？在和解与整顿、破产清算之外，企业是否能有其他出路？为应对日益增多的问题，《企业破产法》于 2007 年 6 月 1 日正式施行。在这部法律中，重整制度成为了突出的亮点，破产法开始肩负起挽救困境企业、助力企业脱困的重要任务。党和国家对破产制度的重视和社会对破产的接受程度得到了同步提高，“拯救”“重生”“宽容”与“变革”等理念逐渐成为了破产法律文化的一部分，破产耻辱观念进一步淡化。但仍然需要注意，破产法律文化的改善并非一日之功，破产法律文化虽然有向好发展的趋势，但是一些根深蒂固的观念难以改变，众多历史因素导致大众对破产的接受程度仍有提高空间，破产仍然被看作是失败的体现，即使是破产重整也不例外，债务应全额偿还的观念仍是债务文化的主流思想。这些观念不仅成为了我国破产法律文化的一部分，还对破产法律的制定、修改与实施产生了实际影响。目前，个人破产制度的试点引起了广泛的讨论，即充分展现了大众对于个人破产制度加剧逃废债情况的担忧。在破产法的制定与改革中如果不能掌握好法律文化方面的影响，则很可能会强化破产法律文化的负面部分，不利于制度改革的落地。

诚然，从纵向维度分析，我国的破产法律文化已经有了较大改善，但破产法律文化的负面因素仍然根深蒂固，对破产法律制度的发展产生了阻碍。通过对我国破产立法的历史因素进行剖析，可以发现在破产制度从无到有的过程中，我国传统文化对破产法律变革产生了巨大影响，破产法律也重塑了我国破产法律文化。破产法在中国的崎岖发展历史为当代破产法的改革提供了不可或缺的历史经验。中国历史要素的破产法剖析无疑成为解码我国破产法律文化的钥匙，并可以成为破产法律文化与破产法改革的理论基石。

二、政治经济体制要素对我国破产法律文化与破产法变革的影响

（一）政治体制要素对我国破产法律文化与破产法变革的影响

康德认为，政治体制首先而且最重要的，应是一个法律系统。同时，

他追随霍布斯、洛克和卢梭，提出将社会契约作为政治合法性的最终检验标准，一个政治体制只有获得了那些从属于它的人们的赞同，才能声称拥有客观权威。[①]在他看来，最好的组织方式似应是这样的：每个公民对于每项法律都拥有绝对的否决权，但是他只有在能够不同意这项法律的情况下才能实施否决权，而不赞同这个事实还不足以作为异议的根据。[②]因此，若政治体制被视作法律体系且拥有客观权威性，需具备以下条件：一是该政治体制获得了那些从属于它的人们的赞同；二是政治体制的建立要着眼于对人的尊重，每个公民对于每项法律均拥有绝对的否决权；三是社会契约论应为政治合法性的最终检验标准。然而，我们实际上赞同或反对某一事项，在实际上取决于自身的经验、环境或欲望等，具有极强的主观特性，又因为法律的实施是理性的判断过程，则必须抛弃纯粹的自我经验条件。

我国破产法律文化与破产法变革曾历经行政主导破产、“府院联动”机制等初步构建等过程，体现出政治体制要素的重要影响力。我国不同国家机关对于经济活动的介入和管理具有较长的历史，在破产企业属于国资企业或对地方经济有举足轻重的影响时，行政机关对破产程序十分关切，甚至会直接运用行政权力影响破产案件的办理，如曾经专门规制国有企业破产的《企业破产法（试行）》就是一部“政策破产法”。虽然2007年6月1日《企业破产法》实施，旨在改变原有计划经济破产模式，但具体适用时却发现举步维艰。法院在立案受理破产时，总是对于社会维稳问题忧心忡忡，导致破产立案难。在很多地区，政府牵头组成“清算组”推动破产案件立案和办理成为“新常态”，这都体现出我国行政机关对破产程序掌握的巨大话语权和主导权不容忽视。事实上，行政机关对破产程序的影响并非仅在我国存在，美国法上也有类似历史，1930年以后美国证监会对破产重整程序的干涉就是一例。虽然这些干涉的初衷在于保护少数债权人，但实际执行常常造成整个

① ［英］罗杰·斯克鲁顿：《牛津通识读本：康德》，刘华文译，译林出版社2013年版，第114页。

② ［英］罗杰·斯克鲁顿：《牛津通识读本：康德》，刘华文译，译林出版社2013年版，第218页。

破产程序的延缓，最终还是使债权人整体受损。美国 1978 年《破产法》废除原来的第十章就是吸取了这方面的教训。①

在破产法变革中，如何结合我国现有的政治体制现状，构建破产法治文化，发挥破产法律的制度价值成为新的课题。在实践探索中，我国初步建立了“府院联动”机制，主要体现在以下四个方面：一是在处理破产案件时，法院和政府进行分工合作，由法院负责破产案件审判工作，政府则牵头设立专门的领导小组，对涉及的各部门进行协调，在寻找投资人、税收、保障职工利益等方面发挥政府作用；二是由政府有关部门与法院进行合作，建立风险预警机制，对有破产风险的企业进行监测，及时推动企业进入破产程序；三是由政府组织银行等金融机构参与破产程序，既可以发挥好化解金融风险的作用，也可以为重整企业提供必要的融资；四是法院和政府的合作可以构建完善的防止逃废债体系，防止部分不法分子借助破产程序进行逃废债。

但我国初步构建的“府院联动”机制主要存在以下问题：首先，部分“府院联动”机制的运用仅仅是针对个案，不能形成常态化机制，导致很多案件无法得到“府院联动”机制的支持，即使是能够设立专门工作组的案件，每件案件中工作组均需要重新建立，无法形成常态化的工作机制，新成立的工作组对于可能遇到的问题无法事先预知，对于工作方法掌握有限，实际工作效果很可能大打折扣。即使一件案件成功办结，工作组所掌握的经验也难以为下一个案件提供稳定的参考。其次，府院联动涉及的部门较多，信息渠道、合作机制未能畅通，企业破产涉及地方金融监管机构、工商管理、劳动检查、税务机关等多部门，但跨部门的信息沟通和合作往往成本较高，无论是各部门间的信息传递还是政府部门与法院间的信息传递都不畅通，也导致法院与各部门之间工作协调的效果有限。最后，目前的“府院联动”机制主要在社会维稳、国有企业破产等方面发挥作用，无法完全覆盖破产程序

① 许德风：《破产法论——解释与功能比较的视角》，北京大学出版社 2015 年版，第 65—66 页。

的各个方面，对于非国有企业破产、金融风险处置、预防逃废债等方面着力较少，没有充分发挥制度的价值。因此，我们应对实务中各地关于“府院联动”机制的经验进行总结，通过立法将这一制度常态化，根据破产程序的实际需求构建集工作协调、信息共享、政策制定为一体的“府院联动”机制，在法治前提下由双方共同努力，有效应对企业破产对经济社会的挑战。

（二）经济体制要素对我国破产法律文化与破产法变革的影响

在经济学体系中，经济体制的要素有三个层次：一是所有制或产权制度，为核心要素；二是决策结构和利益结构，为支配要素；三是组织结构、动力结构、信息结构和协调（监督）结构，为运行要素。鉴于破产法的立法宗旨为保障全体债权人的利益得到公平清偿。因此，对于我国破产法律文化变革中经济体制要素的分析，主要集中于归属支配要素的利益结构，即破产法中不同利益主体的博弈。

对破产法中利益结构要素的分析涉及利益衡量理论，利益衡量论认为，法院进行法的解释时，不可能不进行利益衡量，强调法律解释取决于利益衡量的思考方法，即关于某问题如果有 A、B 两种解释的情形，解释者究竟选择哪一种解释，只能依据利益衡量决定，并在作出选择时对既存法规及所谓法律构成不应考虑。① 这一理论由日本学者加藤一郎和星野英一提出后，在日本民法解释学理论界长期占据主导地位，影响着民法解释理论的发展和民事审判实务的开展。破产法发展的脉络与我国经济发展密不可分，我国经济体制的变化体现了破产法律文化的转变。若以利益结构要素进行分析，可以发现我国经济发展中利益主体的产生和发展呈现出了较为清晰的脉络，这一脉络与破产法律文化的发展路径呈现出了一致性。

在改革开放前的一段历史时期内，我国奉行公有制和计划经济制度，所有制和经济制度决定了中国社会的利益分化十分有限，改革开放后 40 余年的社会发展先是创造出了有不同利益取向的个体，然后这些个体逐渐整合起来，形成或紧密或松散的不同利益主体。未来的利益主体还会更多，其活

① 梁慧星：《民法解释学》，中国政法大学出版社 1995 年版，第 317 页。

动也将更频繁和系统化。在改革开放后的相当一段时间内，我国经济的市场化程度不高，国有企业在市场主体中仍然占有绝对优势，民营企业还未形成规模，我国对市场经济的建设尚处在探索之中，此时我国的破产制度还不完善，企业破产实践十分有限，社会对破产制度的接受程度很低。经过一段时间的发展，民营企业展现出了较强的经济活力，国有企业也通过内部改革而更大程度地融入市场经济中，中国在世界经济市场上扮演起更加重要的角色，于是现行《企业破产法》应运而生，开始应对经济发展中的挑战，破产这一概念也逐渐被社会公众所接受。而如今，随着中国成为世界第二大经济体，市场化水平稳步提高，利用外资能力和对外投资逐步增强，对优化营商环境的需求逐步提高，中国对破产法律制度建设的重视程度也达到了新的高度，破产法律制度被看作是出清僵尸企业、帮助企业脱困的重要工具。可见，破产法律制度、破产法律文化的发展路径与我国经济的发展脉络具有一致性。

自梁慧星教授把利益衡量理论引入我国后，这一理论在学理和实践中产生了重要影响。破产程序同样涉及到多方面的利益权衡，如债权人、债务人的利益，企业职工的利益、重整投资人利益和社会公共利益等，利益衡量理论在破产法的制定和修改中扮演着不容忽视的角色。破产法的制定过程本身以及制定过程中存在诸多争议，其中必然渗透着破产法律文化的影响，这都可以通过利益衡量理论来分析经济体制中的利益结构要素予以解释。例如，在旧破产法时代，我国经济中最大的债权人是国有银行，最大的债务人是国有企业，这决定着企业破产会对国有银行和国有企业利益产生巨大影响。虽然经过多年改革，但在相当长的时间内，国有企业并没有成为真正的市场经济主体，国有银行也没有完全转变其“准国家财政”的角色，可以说这两者对于推进企业破产制度的建立是缺乏动力的。缺少这两个最大的“利害关系人”的推动是过去我国破产法迟迟未“立”起来的最重要原因，而这种经济因素也成为了促进破产法律文化变革的重要推力。随着我国经济的转型发展，国有企业逐渐适应了市场经济规则，国有银行也逐渐改变了其自身角色定位，这两者又开始作为推动破产制度建立的重要推手，成为破产案件的破冰者，这一变化正是经济因素在破产法律文化变革中的体现。而职工劳动债权与担保权在破产清算顺序中孰先孰后的问题，则可认为是反映了不同利益主体之间，即职工与担保债权人之间的利益博弈。另外，某些利益主体如职工可能没有直接在立法过程中发言的机会，但他们仍然可以通过其他方式产生影响，如通过其对社会稳定和经济发展的影响，让立法者注意到他们的利益，进而使自身利益得到保护。

诚然，不同利益主体对破产法律文化的变革产生影响并不一定是坏事。不同利益主体的存在，可以更好地把社会成员的倾向或偏好传达给立法者，而这种信息的揭示是有助于提高决策效率的。① 不同利益主体的合理诉求将能够通过立法者体现在法律的制定与修改中，从而推动破产法律制度的完善。然而，如果某一类利益主体有过强的影响，以损害多数人利益为代价而满足少数人的利益，也会产生无效率或不公正的后果。若对我国破产法律制度的发展进程进行考察则可以发现，这一现象并不罕见，因此，对现行立法进行修改时应注意避免。在立法中避免利益主体博弈造成低效率后果的最主要方法，是使利益主体的影响过程透明化，避免让公众怀疑少数利益主体从中获益而损害破产法律制度的威信。②

从利益主体角度观察，破产法中最重要的主体是债权人与债务人。早期的破产法着眼于保护债权人利益，以此为指导调整债权人与债务人之间的权益关系，随着破产制度逐渐走向精细与完备，立法所保护的利益关系也更加多元化，利益平衡点也随之变化，债务人的利益越来越得到重视。如果从立法本位的角度考虑，我国破产法立法起初是遵循债权人本位，而后发展成为债权人与债务人利益并重原则，最终发展为兼顾债权人、债务人与社会公共利益的平衡原则。我国现行《企业破产法》基本上保护了债权人，尤其是银行等机构债权人的利益。如规定了相对苛刻的破产撤销制度，在破产重整程序中给予担保权人以全面的保护，让担保债权人不受破产清算程序约

① ［美］史蒂文斯：《集体选择经济学》，杨晓维译，上海三联书店 2003 年版，第 243 页。

② 许德风：《破产法论——解释与功能比较的视角》，北京大学出版社 2015 年版，第 67 页。

束等。①

鉴此，《企业破产法》的颁行是经济体制变革的体现，是经济社会发展通过破产法律文化而展现出的成果。随着我国破产案件受理日益增多，债权人、债务人与重整投资人等相关利益主体逐渐接纳、拥抱“不破不立”“向阳而生”的破产拯救文化，灵活选择预重整、重整、和解与清算等程序，实现经济体制发展变革中企业正常生死循环之良好生态。

三、社会心理要素对我国破产法律文化与破产法变革的影响

揭示文化变革背后的因素与意义，需要重新审视历史与现实之间的关系，对社会要素和心理要素进行分析。在现实社会中，社会由人组成，不同个体相互之间的关系、认知与理念构成了新的破产法律文化。与历史视角下的破产制度不同，社会要素主要是对现实中的破产法律文化变革要素进行分析，尤其关注信用消费在我国社会中的作用。心理要素则主要关注个体对破产的态度和看法、申请破产的驱动内因，从而勾画破产法律文化变革要素在个人身上的体现。因此对破产法律文化变革进行分析，需要从现实角度出发，探明社会、心理要素的影响。

（一）社会要素对我国破产法律文化与破产法变革的影响

若对社会要素进行分析，有必要简述信用消费对我国的影响。美国学者伦德尔·卡尔德认为，消费文化是一种特定的生活方式，是大多数人从得以生存的销售、购买、使用以及处置商品的关系中获得的意义。② 在我国，信用消费已经成为了新的经济增长点，在我国经历了从无到有的过程，从早期的经营贷款、住房贷款到如今涵盖教育、旅游方面的消费贷款，信用消费早已渗透到生活的方方面面，重新塑造了全社会的信用体系。虽然信用消费会对个人产生便利、促进经济增长，但随之而来的必然是导致大量个人无力偿债的案件，因此在信用消费模式的普及下，个人破产法的制定势在必行。

① 许德风：《破产法论——解释与功能比较的视角》，北京大学出版社 2015 年版，第 65 页。

② ［美］伦德尔·卡尔德：《融资美国梦——消费信贷文化史》，严忠志译，上海人民出版社 2007 年版，第 7 页。

个人破产法制定的必要性体现在以下几点：一是回应社会主义市场经济发展的内在要求，每个消费者都是经济活动的主体，建立社会主义市场经济体系必须坚持以人的全面发展为中心，并将其作为经济社会发展的出发点与落脚点，将来信用消费必将涉及生活的各个方面；二是我国目前的征信体系尽管尚不完善，但仍然有必要在构建个人破产制度的同时，有针对性地促进个人征信体系的完善，二者应同步进行。虽然我国一些学者对构建个人破产制度持反对意见，但从长远来看，在破产法律文化变革的背景下，个人破产制度是必不可少的。而一些学者对建立个人破产制度的反对可以促使立法者对社会因素进行深入考察，构建符合信用社会需要、有利于完善信用文化的个人破产制度。

在信用消费因素之外，还需要考虑促进创新创业的政策目标。世界经济自信贷危机以来增速受到影响，再加之疫情影响，世界经济的复苏被蒙上了一层阴影，市场主体在经营中陷入困境的情况已不鲜见。中国作为有担当的重要经济体，正将创新创业打造成为我国经济发展的新引擎，创新创业是具有一定风险的，但在失败之中孕育着新的机会，因此我国鼓励创新、鼓励创业，必然意味着对创业者的失败更加包容，并采取了诸多手段帮助陷入困境的市场主体尽早脱困，鼓励遭遇危机的创业者再次起航。在此背景下，我们的社会对失败者展现出了更加宽容的态度，但必须建立在诚信的基础上，对创业者的包容并不意味着对逃债行为的放任，社会在呼唤建立一个诚信的失败创业者能够顺利退出市场的渠道，对诚实但不幸的创业者予以鼓励，给他们重新开始的机会。对创业的鼓励与宽容对破产法律文化变革产生很大影响，要求我国建立更加行之有效的破产重整制度，并建立个人破产制度。

（二）心理要素对我国破产法律文化与破产法变革的影响

在现实生活中，人的因素对于破产法的实施有巨大影响，每一个个体都是鲜活的，有自身的想法和考虑，因此个人的心理态度对于破产法律文化的变革、破产法律的优化有着巨大的作用。破产作为一种法律制度本身不具有情感色彩，但却会对破产申请人、社会公众的心理产生影响，进而影响破产法律制度的实施。

对于陷入困境的个人与企业主而言，“破产”一词具有很强的负面色彩，破产耻辱文化在面临破产申请选择的人心理上表现为一种恐惧。无论是个人还是企业，都对破产怀有一种恐惧，破产不仅可能影响到市场信心，对今后的持续经营产生影响，还可能导致债务人作为申请人失去现有财产。即使是被视为企业拯救工具的破产重整制度也存在着一定的风险，若重整失败则同样有可能转入破产清算程序，债务人作为破产申请人同样可能丧失自身享有的财产。在这一前景下，陷入困境的企业与个人往往会拒绝进入破产程序，寄希望于以其他方式对企业进行拯救，但这种拖延可能会导致企业错过最佳挽救时机、损害债权人的利益，对破产法律制度的实施造成不利影响。

除了恐惧之外，破产耻辱文化还造成并加重了债务人的羞耻感。无论在哪个国家，债务人无法偿还所欠债务都会对其产生负面影响，其所受的教育、社会传统文化都会加剧这种羞耻心理。债权债务关系一直与道德观念交织在一起。不履行债务在传统上会受到社会的责难、内心的羞耻和外在的耻辱。① 即使破产程序终结，债务人在法律上不再负有债务，其内心的羞耻和社会压力也不会降低，这一心理要素成为阻碍困境企业与个人申请破产的因素，同时还阻碍了企业、个人在破产程序终结后重新回归市场与社会。

破产耻辱文化在债务人的身上体现为恐惧与羞耻，其在社会公众身上一体两面的体现是社会公众对破产的偏见。在社会公众的心中，申请破产意味着失败，即使是申请破产重整也意味着企业经营进入了僵局，往往会对申请破产的企业失去信任，影响企业在市场上的声誉，吓退商品和服务的潜在购买者。如果说大众的偏见对债务人的影响是间接、潜移默化的，那么债权人、职工等破产程序的参与者、企业的现有交易对象、潜在融资者也都受到这种偏见的影响，这对于破产程序的影响更大，尤其会对企业重整挽救产生阻碍，导致重整程序中寻找投资者、恢复经营、企业重新回归市场面临重重困难。

---

① Michael D. Sousa：*The Persistence of Bankruptcy Stigma*，26 Am. Bankr. Inst. L. Rev.，2019，Vol.3，p.217.

对破产法律文化的变革应当关注降低债务人的恐惧和羞耻，淡化社会公众对破产企业与个人的成见，优秀的上层制度设计和宣传工作将有助于改善我国破产法律文化，而对心理要素的分析是破产立法规则重构的重要前提。近年来，从社会大众到破产程序中的利益相关者都逐渐学会正视破产制度，心理变化也在悄然发生，从视破产为耻辱逐步发展到对债务人同情宽容，最终树立了破产拯救文化，越来越多的企业愿意主动适用预重整、重整与和解制度解决经营与财务危机，同时深圳经济特区还率先颁布了个人破产条例，浙江、山东等多地法院积极尝试个人破产的试点，探索个案适用，为未来全国范围内的个人破产立法做好储备。

第二节　我国破产法律文化的重塑与破产立法规则的重构

受我国历史变迁、政治经济体制发展、社会心理变化等要素影响，破产法律文化与破产法随之发生了变革，二者之间的因果机制运行效果日益显著。我国破产立法规则的重构必须以破产法律文化的最新发展理念为原则，并适度借鉴国际和西方发达国家破产立法例，基于破产拯救、宽容等理念，有必要从多元化企业破产程序构造、破产程序中权力重新配置与我国个人破产制度建立等方面对我国破产法进行重大变革，从而重塑我国破产法律文化。

一、基于破产拯救文化的多元化企业破产程序构造

为确立与弘扬破产拯救文化，我国需要构建多元化企业破产程序，尤其是需要在我国已有的清算、重整与和解三大程序之外增加中小微企业破产简易程序、预重整制度、ADR 程序、关联企业实质合并程序等，从而为陷入困境的企业提供多种破产程序以供选择适合自身的模式启动实施破产，最终实现企业高效率、低成本的“向死而生”或“涅槃重生”。

（一）设立中小微企业破产简易程序

目前世界上已经有多个国家对简易破产程序进行了规定，如美国破产

法律规定，在债务人满足一定条件的情况下，就应强制性地为中小型企业提供快速的计划批准程序。[①]2019 年 8 月 23 日美国国会专门颁布了《小企业重整法》（*Small Business Reorganization Act of 2019*，SBRA），并将其并入《美国破产法典》第十一章第五节。日本早在 1999 年的《民事再生法》中就规定，在法院裁定再生债务者进行简易再生时，再生债权的调查与确定程序环节就可以省略，从而简易、迅速地确定再生计划的程序。[②] 联合国国际贸易法委员会 2021 年第五十四届会议通过了《小微企业破产立法建议》，既是《破产法立法指南》的第五部分，也是联合国国际贸易法委员会关于中小微企业系列文本的一部分。该立法建议出台的目的是考虑到中小微企业的特点，并响应此类企业财务困境的特殊需要和情况。中小微企业的企业债务往往和个人债务混在一起，实行一种集中治理模式，所有权、控制权和管理权相互重叠。与大型企业不同，中小微企业在处理财务、企业管理、法律和破产事务方面并不成熟。此外，它们可能非常担心破产带来的耻辱名声，这可能影响它们在濒临破产时期的行为。中小微企业也可能在解决财务困难方面面临更多障碍，尤其在债权人认为自己的努力可能得不偿失时，往往袖手旁观，不愿施以援手。

但中小微企业在世界各经济体中却构成企业的大多数，它们为创造和维持就业机会、供应链发展、创业、创新以及社会的经济和社会福利做出了贡献。中小微企业的债权人、供应方和客户群较为单一，并且严重依赖客户的付款。因此，它们经常因为失去一个重要的商业伙伴或因为客户逾期付款而面临现金流问题和较高的违约风险。中小微企业还面临周转资金不足、较高的利率和较高额度的抵押品要求，这导致筹措资金困难。因此，它们可能比大企业更容易出现经营失败。处于财务困境的中小微企业可能本身就是其他中小微企业的客户，其后果是一个中小微企业经营失败可能造成中小微企

---

① 《美国破产法协会美国破产重整制度改革调研报告》，何欢、韩长印译，中国政法大学出版社 2016 年版，第 332 页。

② ［日］谷口安平主编：《日本倒产法概述》，佐藤孝弘等译，中国政法大学出版社 2017 年版，第 298 页。

业供应链中更多中小微企业经营失败。

标准的企业破产程序主要是为解决较大企业的财务困难而设计的，可能费用昂贵，过程复杂漫长，操作程序严格，因而令中小微企业望而却步，或对其不适合。由于既有未解决的财务困难又有旧的债务，中小微企业可能不愿承担新的风险，从而陷入债务循环。针对中小微企业的特点以及陷入财务困境的小微企业特殊需要与情况，特别是中小微企业需要更快捷、更简单、便利易行和负担得起的程序，并且需要利用此类程序的指导与帮助，这种指导与帮助应在破产程序启动之前和整个程序期间提供。立法建议包含了针对这些措施和其他措施的条款，旨在鼓励中小微企业及早解决它们的财务困难。目标是尽快对不具生存能力的中小微企业进行清算并解除其债务，同时帮助有生存能力的中小微企业就债务重组及业务和管理重组与其债权人达成可行的解决方案。同时，对债权人包括雇员的适当保护和防止滥用的保障措施贯穿始终。

《小微企业破产立法建议》规定各国应规定一种简易破产制度，并为此考虑以下关键目标：一是建立快捷、简单、灵活和低成本的破产程序，即简易破产程序；二是向中小微型企业提供方便易行的简易破产程序；三是通过简易破产程序使无生命力的中小微企业得以快速清算，并对有生命力的中小微企业进行重整，从而促进其重获新生；四是确保在整个简易破产程序中保护受程序影响的人，包括债权人、员工和其他利益关系者；五是提供有效措施，便利债权人和其他利益关系方参与简易破产程序，并处理债权人不参与的问题；六是实施有效的制裁制度，防止滥用或非正当使用简易破产制度，并对不当行为给予适当的惩罚；七是化解因为破产带来的耻辱名声担忧；八是在重整可行的情况下，维护就业和投资。

简易破产制度适用于所有中小微型企业、综合处理个人企业经营者的所有债务，类型包括简易清算与简易重整。简易破产制度具有时限短、手续少、简易破产重整程序中的债务人留任、在清算破产财产时债务人的参与、视同批准等主要特征。时限短主要指所有程序步骤规定短期限、加以延长时的有限理由，以及如果允许延长的话，最多可延长的次数。手续少是指所有程序步骤减少办理的手续，包括对申报债权、获得批准和发出通告和通知办理的手续。视同批准是指破产法规定简易破产制度的，应当具体指明需要债权人批准的事项，并规定相关的批准要求。还应具体指明，某些事项的批准视同已经获得，如主管机关已根据载有简易破产制度的破产法为此规定的或主管机关为此规定的程序和期限，将这些事项通知相关债权人；并且没有对这些事项提出的异议或足够的反对意见按载有简易破产制度的破产法为此规定的或主管机关为此规定的程序和期限向主管机关作出通报。①

我国《企业破产法》缺少简易程序的设计，破产程序耗时较长，不仅妨碍破产企业尽快了结债权债务关系退出市场，还导致债权人的债权获得清偿较迟，司法资源被占用，社会公众对于破产审判的信心受到影响。我国中小微企业数量庞大，推行简易程序乃必要之举。对简易程序的完善可以降低企业进行破产所需要的时间成本和金钱成本，提高大众对于破产的信心。这一设计既符合我国经济发展的未来方向，也能推动社会层面对破产程序的认可，着力发挥破产程序的正面作用，减弱其负面影响，对于破产法律文化的改善具有促进作用。

实践中，我国各地法院积极探索，已先后颁布了关于简易破产程序的相关规定，上海、深圳、南京等地方法院根据本地情况探索设立简易程序，但主要适用于破产清算程序。在制度设计上，首先应当确定简易程序的适用范围，综合考虑破产财产数额、债务数额、债权人人数等因素，确定破产简易程序的范围。而在具体措施上需要根据相关案件的特点，对简易程序的启动程序、案件审理期限、审理方式、收费额度进行具体设计，在保证公平的前提下略过不必要的环节，提高审理效率、降低对司法资源的占用，从而推行建立一种启动简单、审理快捷、审理方式灵活、费用低廉的程序。简易程序的设立有利于实现破产清算程序的简繁分流，为债权关系简单、审理难度低的案件提供高效率、低成本的审理方式。

① 《联合国贸法会小微企业破产立法建议》，见 https：//uncitral.un.org/sites/uncitral.un.org/files/media-documents/uncitral/zh/part_5_ch.pdf，最后访问时间：2022 年 3 月 5 日。

为支持中小微企业创新发展，加大困境企业救助力度，落实北京市培育和激发市场主体活力、持续优化营商环境实施方案工作部署，北京破产法庭于 2022 年 4 月 25 日出台了《中小微企业快速重整工作办法（试行）》，明确中小微企业重整价值识别、债权清偿、出资人权益调整等规则，以构建简易、快捷、高效的中小微企业重整程序，有效解决企业经营及债务危机，促进困境中小微企业重获新生。该办法适用于债权债务关系明确，财产状况清楚，且无财产担保负债总额不超过 1 亿元的企业或符合国务院相关部门制定的中小微企业划型标准规定的企业重整案件。而早在 2011 年，工业和信息化部、国家统计局、国家发展和改革委员会、财政部就发布了《关于印发中小企业划型标准规定的通知》，依据营业收入、从业人员等标准对中小微企业进行了划分，这一划型标准有助于破产简易程序适用主体的确定。

对中小微企业适用简易破产清算和重整程序，有助于加快破产案件处理，有利于提高社会公众、困境企业对破产程序的接受，减少破产企业为参与破产程序所承担的成本，降低债权人、交易相对人对破产程序的顾虑，帮助简易破产程序树立高效、公平的形象，消解企业、社会公众对破产程序的负面看法，培育正面、高效的破产法律文化。因此在未来的破产立法改革中需要总结地方经验对法律进行修改，在全国建立推广简易破产程序。

（二）构建预重整制度

由于重整制度涉及的利益关系复杂、相关主体多，破产重整所需要耗费的时间长、精力多、成本高，重整成功要求参与者付出更多努力以协调各方利益，寻求平衡点。但进入重整程序后当事人均受到程序制约，在庭内寻求重组难度相对较大。为了改善这一现状，越来越多的地方法院在探索利用庭外重组灵活、高效的特点预先做出非正式安排。

法庭外债务重组涉及在财务困境时改变资产和债务构成，避免完全的司法干预，促进效率、恢复增长，在债务人财务困难时最大限度地降低相关成本等内容；重组行动可以包括如下措施：重组债务人的业务（业务重组）和重组债务人的财务（财务重组）。庭外重组在整个破产制度中扮演了重要的角色，在大多数财务困境的情形下，如果适用一种非正式的解决方案，债务人和债权人能够更有效地保护各自的利益。① 重点需要注意如何将庭外重组与庭内重整结合，如果两者无法有效结合，司法程序不承认庭外重组达成协议的效力，则庭外重组的意义将大大降低，参与者也将缺少激励去参与庭外谈判，若不能保证庭外重组达成的协议合法合规，贸然承认其效力则庭外重组可能会损害当事人利益、影响破产法的公信力。因此，英美等破产法治发达国家经过实践探索发展出了一套将法庭外重组与法庭内重整优势相结合、有利于节约重整成本、提高重整效率的新型企业拯救模式，即预重整制度。

虽然我国《企业破产法》并未规定预重整制度，但实务界对预重整制度已经进行了相关实践，在总结实践经验的基础上，最高人民法院也在积极推广预重整制度、庭外债务重组的应用。《全国法院破产审判工作会议纪要》（文中简称《破产审判工作会议纪要》）第 22 条② 即对预重整作出了明确规定，迈出了制度探索的步伐。此后，各地法院在实务过程中不断进行探索。据不完全统计，全国 20 多家法院已经规定了预重整指引等规范性文件，最高人民法院于 2019 年 11 月 8 日印发的《全国法院民商事审判工作会议纪要》（文中简称《九民纪要》）第 115 条③ 关于“庭外重组协议效力在重整程序中的延伸”明确规定了预重整程序中的“禁止反言”规则。

因此，预重整制度的特点要求利害关系人在进入破产重整程序前即行

---

① 王卫国、郑志斌主编：《法庭外债务重组》（第 1 辑），法律出版社 2017 年版，第 41 页。

② 《全国法院破产审判工作会议纪要》第 22 条规定：“探索推行庭外重组与庭内重整制度的衔接。在企业进入重整程序之前，可以先由债权人与债务人、出资人等利害关系人通过庭外商业谈判，拟定重组方案。重整程序启动后，可以重组方案为依据拟定重整计划草案提交人民法院依法审查批准。”

③ 《全国法院破产审判工作会议纪要》第 115 条规定：“庭外重组协议效力在重整程序中的延伸”规定，“继续完善庭外重组与庭内重整的衔接机制，降低制度性成本，提高破产制度效率。人民法院受理重整申请前，债务人和部分债权人已经达成的有关协议与重整程序中制作的重整计划草案内容一致的，有关债权人对该协议的同意视为对该重整计划草案表决的同意。但重整计划草案对协议内容进行了修改并对有关债权人有不利影响，或者与有关债权人重大利益相关的，受到影响的债权人有权按照企业破产法的规定对重整计划草案重新进行表决。”

动起来，在司法程序之前，债务人、股东可与债权人进行初步谈判，就债务的处置达成协议。而重整程序启动后，可将前期达成的协议作为重整计划草案的基础，提请法院确认其效力，而在这一过程中需要注意如下几点：一是鼓励庭外债务重组，尽量减少司法干预；二是许多危机救助引入了资产管理公司作为财务投资人或者重整投资牵头方，使资产管理公司不再是传统意义上的不良贷款仓库，它们已经逐渐被视为困境企业重组的训练房。

在我国企业破产实务中，政府主导、法院主导与当事人主导模式下的预重整案件日益增多，有必要借鉴国外立法例并考虑现实发展状况，进行具体的制度建构。建议我国《企业破产法》修订时，应顺应实践发展需求，设专章规定预重整程序，对预重整程序的适用条件、申请人、预重整管理人的选任与报酬、预重整融资优先权①、预重整转正式的重整程序等内容做出详细规定，以使预重整程序在企业重整中发挥更大的作用。具体而言，预重整的适用条件除企业具备重整价值与重整可能之外，还要形成较为正式的债务人与债权人的沟通谈判机制②，则债务人、债权人均可提出申请。对预重整管理人的选任可以参照重整管理人的选任规则，并对预重整管理人成为正式管理人提供过渡渠道。在预重整程序转为正式重整程序的过程中，应当对前期预重整过程中的信息进行公示，保证正式重整程序中债权人的知情权，若预重整程序中达成的重整计划未做出对原有债权人不利的修改，在预重整程序中已表决同意该计划的债权人原则上不需要再重新投票，维持预重整中取得的良好结果，减少时间成本和经济成本。

（三）构建关联企业实质合并破产规则

对关联企业的界定是破产法对关联企业实质合并破产规则设计的出发点，但这种界定往往存在于破产法外的其他法律——公司法、会计法中。③关联企业实质合并破产规则是将债务人企业与其股东（母公司）、股东控制的其他企业的财产视为一体，将企业、股东、股东所控制的其他企业之间的

① 丁燕：《预重整融资法律制度的立法价值与规则构建》，《东方论坛》2021 年第 4 期。

② 张婷、胡利玲：《预重整制度理论与实践》，法律出版社 2020 年版，第 121 页。

③ 贺丹：《企业集团破产：问题、规则与选择》，中国法制出版社 2019 年版，第 51 页。

全部财产转让行为“一揽子”地“消灭”。① 我国《企业破产法》并未规定关联企业实质合并破产制度，但实践需求使实质合并破产案件日益增多，要求立法者对此作出积极回应。《破产审判工作会议纪要》明确规定了关联企业实质合并破产问题，河北、山东、广东省高院等一些地方法院先后出台了相关规范性文件，对关联企业实质合并予以明确认可。2021 年 9 月 14 日最高人民法院发布第 29 批 163—165 号共 3 件指导性案例，均为企业实质合并破产案例，供各级人民法院审判类似案件时参照。指导案例 163 号《江苏省纺织工业（集团）进出口有限公司及其五家子公司实质合并破产重整案》，对明确关联企业实质合并破产重整的条件及人民法院裁定企业实质合并破产重整后对各关联企业债权债务的处理等法律适用具有积极意义。指导案例 164 号《江苏苏醇酒业有限公司及关联公司实质合并破产重整案》，创设了人民法院在审理破产重整案时，允许投资人对具备条件的企业试生产的规则及标准，符合破产保护理念，对保护各方当事人权益等具有积极意义。指导案例 165 号《重庆金江印染有限公司、重庆川江针纺有限公司破产管理人申请实质合并破产清算案》，为正确适用法律，依法保护清算各方合法权益，确定实质合并破产清算进一步明确了基本规则。

《破产审判工作会议纪要》确立了实质合并破产的审慎适用。为防止实质合并规则的滥用，需要综合考量这一规则用的前提条件，避免关联企业不当合并。考察联合国国际贸易法委员会《破产法立法指南》、美国和日本理论与实务界关于实质合并适用标准的具体内容，我国有必要构建利益衡量方法论框架内的多元化标准规则，确立以“法人人格高度混同”标准、“债权人受益”标准与“信赖利益”标准为核心的判断原则，适度吸收“区分成本过高”标准。② 实质合并破产的效果是将纳入合并范围企业的资产均作为破产财产，实现不同企业债务人的统一受偿，对于企业成员间的债权债务，则

① 参见许德风《破产法论——解释与功能比较的视角》，北京大学出版社 2015 年版，第 371 页。

② 丁燕：《我国关联企业实质合并重整适用标准研究》，《山东法官培训学院学报》2021 年第 6 期。

予以消灭，保障债权人的利益。因此，实质合并破产规则可以有效解决关联企业破产引发的争议，从而保护债权人、关联企业的合法权益，既防止关联企业通过转移财产的方式造成利益的定向转移，又能够简化关联实体之间的债权债务关系，从而在保证公平清偿的前提下提高案件处理效率，填补制度空白、提高破产制度的运行效率。鉴此，我国《企业破产法》修订时，应当设专章规定关联企业实质合并破产规则，具体包括程度启动的模式、申请审查方式、可以提出申请的主体范围、利益相关方的受通知权保障、异议权利人的救济、司法地域管辖的确定以及实质合并的法律效果等内容。①

（四）建立破产程序中的非诉讼纠纷解决机制

法院支持当事人自行提出非诉讼纠纷解决机制，即 ADR 程序，“我们认识到 ADR 程序是一个正在不断发展的概念，也认识到一个新的纠纷解决机制，正在继承传统机制的基础上形成。尽管我们不愿意通过对抗、痛苦的庭审过程强行要求当事人达成协议、解决争端，但是我们也不希望禁锢具有创造性的，有利于当事人的 ADR 程序的发展。”ADR 的一些目标如何与破产程序的目标相衔接？最受普遍认可的目标就是维护当事人之间的关系。企业重组时，企业的财务危机可能破坏企业与部分或全部债权人、供货商、出租人和消费者之间的关系。其中任何一层关系的破坏，都可能对企业重组造成严重后果。另一个经常被提及的目标就是削减成本。这一点对破产案件中的企业来说也是很有必要的。第三个目标就是处理引发企业危机的事件——这是企业重组的根本挑战。如果处理不好，那么该企业也不太可能会重组成功。②

美国《民事诉讼法》第 16 条规定法院可以通过管控企业，促进和解协议的达成，从而解决争议。根据美国《破产程序法》第 7016 条，《民事诉讼法》第 16 条的规定也可以适用于破产程序中。美国《破产法》第 716 条也

① 王静：《实质合并破产法律制度构造研究》，法律出版社 2021 年版，第 181 页。

② ［美］伊丽莎白 · S. 斯当：《企业破产程序中的非诉讼纠纷解决机制——法官的视角》，毕莹译，载李曙光、郑志斌主编《危困企业并购艺术》（第 2 辑），法律出版社 2017 年版，第 93 页。

规定，第 16 条可以适用于破产程序的对质式诉讼中。1973 年咨询委员会对第 716 条的释义为：审判程序的庭前程序中采用的有利于降低时间、金钱成本和提高效率的做法，也可以适用于破产案件中的对质式诉讼。破产法院接受了法院附设 ADR 的概念。许多法院都采用了法院附设调解项目，从而减轻案件压力并提升结案率。一些法院已经为某些特定纠纷专门设置了 ADR 程序，如优先权诉讼。例如，特拉华州的破产法院有大量的破产案件，其在 2004 年发布了一个通令，即针对避免优先清偿的诉求，可以强制性调解。特拉华州破产法院的通令于 2004 年 4 月 7 日颁布。同年，特拉华州的地区法院也规定了针对破产申请的强制性调解，破产法院的上诉通常由特拉华州的地区法院审理。特拉华州的地区法院的通令于 2004 年 7 月 23 日颁布。①

日本企业倒产 ADR 程序包括特定调解——司法型 ADR 程序和事业再生 ADR——民间型 ADR 程序。债务人企业申请特定调解程序系基于如下考虑：一是为了对供应商债权人全额清偿；二是为与债权人就债务减免、分期还款达成协议并拟订重整计划草案。不过，该制度的设立目的为，仅有部分金融机构坚决反对以交涉的方式成立重整计划草案时，通过司法型 ADR 程序——借助法院内程序自身的事实上的影响力，促成和解。在日本的企业重整领域中，第一个民间型 ADR 程序为特定认证纷争解决程序，也称为事业再生 ADR。该制度产生于 2007 年修订的《产业活力再生特别措施法》。设立民间型 ADR 制度的目的在于使中立第三方的专家参与案件处理，协助倒产案件中的当事人拟定切实可行的重整计划草案。② 事业再生 ADR 发展至今，已成为能够与公司更生、民事再生等法庭内程序并驾齐驱的独立的制度。今后，事业再生 ADR 所要解决的课题则是如何确保事业再生 ADR 程序的有效运行以及在程序失败后如何与法定程序衔接等问题。

---

① ［美］伊丽莎白·S. 斯当：《企业破产程序中的非诉讼纠纷解决机制——法官的视角》，毕莹译，载李曙光、郑志斌主编《危困企业并购艺术》（第 2 辑），法律出版社 2017 年版，第 95—96 页。

② ［日］山本和彦：《日本倒产处理法入门》，金春等译，法律出版社 2016 年版，第 30—31 页。

我国目前只有破产和解与破产程序中自行和解制度，前者属于法庭内程序，后者属于自行达成的法庭外程序。但是与美国和日本相关法律相比，我国尚未构建破产程序中非诉讼纠纷解决机制。从传统文化视角分析，我国有着深厚的“和为贵”的传统文化与底蕴，民众普遍厌讼，偏好调解、和解的习惯根深蒂固。① 因此，适度借鉴美国和日本域外法，在破产程序前和破产程序中引入 ADR 模式，无疑对于我国破产程序的有效推进具有重要价值。在制度建构上，《破产法立法指南》设计的自愿重组谈判程序可为我国破产法律完善提供参考。破产程序中的非诉讼纠纷解决机制不同于传统司法程序，但这一机制仍然需要相应的框架和运行模式，债权人会议或债权人委员会的建立是必要的，便于债权人与债务人进行沟通；在纠纷解决的过程中，双方应当商定“暂停期”，在期间内债务人和债权人均需要暂停对对方不利的行为。在暂停期间内债务人应向债权人披露必要的资料，应当聘请居于独立地位的专业人员对债务情况、财产情况进行梳理。根据前期资料准备，债务人与债权人将就债务重组开展谈判。值得注意的是，这种解决机制并非仅仅是对债务的重组，还要保证债务人的还款能力，因此，往往需要重点解决债务人融资问题，以保证债务人可以继续经营，并增强债务重组协议的可实施性。

二、基于利益平衡理念的破产程序中的权力配置

与正常经营的企业相比，破产企业的权力发生了重新配置，从传统的股东会至上转变为债权人自治，从董事会与经理层负责经营决策与管理运行转变为破产管理人或自行管理的债务人负责破产企业的经营与财务事项。基于利益平衡理念，有必要对债权人会议、债权人委员会以及债务人自行管理制度进行设计，对破产程序中的权力重新安排，从而形成新的权力分配与制衡机制。

---

① 丁燕：《破产和解制度在我国的勃兴与发展》，《中国社会科学报》2022 年 5 月 18 日。

（一）债权人自治机制之实现

我国在世界银行《营商环境报告》中“办理破产”评价指标下“破产框架力度”指标部分表现较差的是“债权人参与”指数。在国际破产立法更为注重各方利益平衡的发展趋势下，我国基础性的债权人保护工作做得还不够扎实，落后于国际先进水平。在破产程序中，债权人实现自治的主要路径是债权人会议和债权人委员会。债权人会议的性质、职权、召开形式、决议的效力等问题以及债委会的选任和职权问题不仅仅关系到债权人自治机制能否落地，而且关系到债权人切身利益的实现与保障。

1. 我国债权人会议制度现行规定与运行之述评

债权人自治的基本形式为债权人会议。债权人会议是债权人全体参加破产程序的意思表示机关，它依法对破产程序中的专门机构实施监督。破产程序必须要有一个方便所有债权人参加破产程序的形式。债权人会议的设立，不仅使破产程序能够顺利进行，而且为每个债权人参加破产程序平等行使权利提供了保障。债权人会议代表了债权人的团体利益，是全体债权人的意思表示机关。债权人会议是债权人参加破产程序表达其意思、行使权利的基本形式。《企业破产法》对债权人会议的组成、召集、职权范围及其决议的执行等事项都做了专门规定，充分肯定债权人会议在破产程序进行中的不可或缺的地位。债权人在破产程序中有权成立债权人会议作为其表达共同意志的机关，债权人会议在破产程序中有独立的意思表示能力。

《企业破产法》规定债权人会议的职权包括核查债权、监督管理人、议决债务人财产的管理、议决重整计划、议决和解协议、议决债务人财产的变价和分配、决定债权人委员会的设置和选任等。《企业破产法》司法解释三进一步规定管理人处分债务人重大财产的，应当事先制作财产管理或者变价方案并提交债权人会议表决，债权人会议表决未通过的，管理人不得处分。该规定有效地补充了债权人会议职权的具体内容。但对管理人的选任是否属于债权人会议职权，实践中逐渐产生了变革迹象。《企业破产法》第 22 条规定债权人会议仅在认为管理人不能依法、公正执行职务或者有其他不能胜任职务情形时，可以申请人民法院予以更换。可见，债权人会议对管理人的任命仅享有申请更换权，并没有任命、批准或拒绝的权利，这与世界银行“办理破产”评价指标的要求相悖。近年来，各地法院积极探索并出台相关规定，赋予债权人参与管理人的选任。如北京破产法庭 2022 年 4 月 22 日发布了《北京破产法庭接受债权人推荐指定管理人的工作办法（试行）》，明确规定符合条件的破产案件受理前，合计代表的债权额占已知总债权额二分之一以上的债权人与债务人协商一致，可以以一家或者多家债权人的名义，在北京市企业破产案件管理人名册中向本院推荐一家中介机构或者两家中介机构联合担任该破产案件的管理人。北京破产法庭的上述规定对提升债权人自治程度具有非常重要的意义。实际上，只有债权人被真正赋予重整计划制定参与权、管理人选任权、异议救济权等，“债权人参与”指标的要求才在我国真正落地，作为债务人企业新控制者的债权人才能通过债权人会议行使职权，更好地监督破产程序。①

债权人会议在职权范围内实现自治，需要通过债权人会议决议这一法定形式实现。债权人会议决议是指债权人会议在职权范围内对会议议题进行讨论并经表决所形成的意见或者决定。债权人会议做出决议需要表决。《企业破产法》司法解释三第 10 条规定了债权人会议表决等内容，第 1 款扩充了债权人会议召开的方式，除现场表决外，还可以采取通信、网络投票等非现场方式，有利于节省费用、提高效率。第 2 款明确了权益未受调整或影响的利害关系人不参加重整计划草案表决，促进表决程序的高效性与结果的合理性，并在一定程度上有助于提高强制批准的门槛，减少适用强制批准的情形。②

《企业破产法》司法解释三第 12 条规定了债权人会议决议的撤销，明确了债权人会议决议可撤销的事由、撤销范围、债权人申请撤销的书面形式以

① 张钦昱：《中国企业破产法治环境的优化——对标世界银行〈营商环境报告〉之“办理破产”指标体系》，载李曙光、刘延岭主编《破产法评论》（第2卷），法律出版社2021年版，第 180 页。

② 最高人民法院民事审判第二庭编著：《最高人民法院关于企业破产法司法解释（三）理解与适用》，人民法院出版社 2019 年版，第 213 页。

及申请撤销期限的起算点等方面的内容。《企业破产法》第 64 条第 2 款规定原本就赋予了债权人申请撤销债权人会议决议的权利，司法解释三在此基础上进一步明确了如下事项：一是债权人会议决议可撤销事由包括债权人会议召开的程序违法、决议程序违法、决议内容违法以及决议事项超出职权范围等四个方面；二是债权人会议决议的撤销范围，决议可以全部撤销，也可以只针对部分事项的撤销；三是债权人申请撤销债权人会议决议的形式要件，即应当提出书面申请；四是债权人会议采取非现场方式表决的，申请撤销期限的起算点为自债权人收到通知之日起。①

综上，我国企业破产法适应技术的进步与实践的发展，认可了非现场参会和表决方式，提高了债权人的参与程度和会议举行的效率；同时允许债权人对债权人会议的决议进行监督和撤销，使债权人会议的运行机制更加规范，对于权利未受影响的债权人不参与表决的规定则在维护债权人合法权益的前提下提高了债权人会议的运行效率。整体上来说，我国的债权人自治机制已经初步构建，但仍存在诸多问题，亟待我国《企业破产法》修订时予以完善。

2. 我国债权人委员会制度规定与运行之述评

由于债权人会议不是常设机构，为了保证债权人充分行使权利，《企业破产法》规定了债权人会议代表制度，即在破产程序中设立债权人委员会制度，有重要的实践和理论意义。② 债权人委员会制度的设计目的在于：一是对破产管理进行日常监督；二是为了给予各方利益诉求以经常性沟通的机会。债权人委员会的成员人数以最多 9 人为限，主要由债权人会议选任；同时为了提高破产程序对职工的透明度，《企业破产法》还规定应有 1 名职工代表或者工会代表。③ 债权人委员会的职权包括监督债务人财产的管理和处

① 最高人民法院民事审判第二庭编著：《最高人民法院关于企业破产法司法解释（三）理解与适用》，人民法院出版社 2019 年版，第 230 页。

② 邹海林：《破产法——程序理念与制度结构解析》，中国社会科学出版社 2016 年版，第 233 页。

③ 王卫国：《破产法精义》（第 2 版），法律出版社 2020 年版，第 220—221 页。

分、监督破产财产分配、提议召开债权人会议等。债权人会议还可以在《企业破产法》第 61 条规定的职权范围内，授予债权人委员会行使其他职权，如监督管理人、申请人民法院更换管理人、审查管理人的费用和报酬、决定继续或者停止债务人的营业。但不得作出概括性授权，委托债权人委员会行使债权人会议所有职权。《企业破产法》司法解释三第 14 条规定明确了债权人委员会重大事项的决策机制，确定了债权人委员会决议通过的表决额度为全体成员过半数。

债权人委员会制度的出现在一定程度上解决了债权人会议成本较高效率较低的问题，我国法律对债权人委员会的规定也存在一定合理性，但综合考虑实践因素和域外先进立法，这一制度仍然存在进一步优化的空间。债权人委员会的设立既应当考虑充分覆盖不同的债权人类别，又应当避免各类债权人利益冲突过大导致无法做出有效决定。在现有债权人委员会之外，若不同类别的债权人间利益存在较大冲突，可以在考虑经济成本、时间成本和债权人自治机制的有效运行等因素后建立不同类别的委员会，从而提高债权人自治机制的运行效率。

鉴此，世界银行“办理破产”评价指标促使我国《企业破产法》司法解释三有针对性地出台，对我国破产立法变革，尤其是对债权人自治制度的影响较大。但立法上的改革并不完全是功利性的，从更深层次的因素分析，《营商环境报告》关于“办理破产”指标的评分本身就是破产法律文化的体现，其具体评分规则蕴含的价值取向即破产拯救优于破产清算，我国作出的相关立法变革既能在制度层面保持与国际发展趋势同步，又能推动破产拯救文化在我国逐步推广。

（二）债务人自行管理机制之实现

根据我国《企业破产法》的规定，公司实施破产重整时，“默认模式”为管理人管理，债务人依法申请并经法院审查后批准的，可以自行管理。但对于债务人自行管理的审批要件与撤销情形、债务人自行管理模式下债务人与管理人之间的职责分工，亦成为司法适用中的核心问题。

1. 实施债务人自行管理制度的正当性证成

重整期间控制权的归属模式主要有两种，一是“占有中的债务人”（DIP）模式，二是管理人模式。“占有中的债务人”是指在破产重整程序中债务人仍然拥有对企业完全的控制权，法院并未任命托管人。管理人模式是指进入破产重整程序后，债务人的管理层丧失对公司的控制权，而由外部的专业管理人行使的模式。

从美国破产立法变迁角度分析，1938 年钱德勒方案曾经存在第十章以破产托管人为中心的模式和第十一章的 DIP 模式，实务中许多债务人常常会绕过第十章，而根据第十一章来进行破产重整的申请，从而继续掌控对重整公司的经营管理权。因此，美国 1978 年《联邦破产法》最终选择了合并旧法的第十章和第十一章，统一采取 DIP 模式。1978 年的破产法改革得到了来自破产律师集团、破产法官、银行以及保险公司的热情支持。[①] 日本《公司更生法》颁布于 2002 年 12 月，该法的前身 1952 年旧《公司更生法》是以当时的美国《联邦破产法》第十章为蓝本，规定在更生程序中选任管理人。根据该制度，日本法院决定管理人选时，往往会从精通倒产案件的律师当中选任法律专家型管理人，或者选任以改善和重构公司业务内容的企业家型管理人，如此一来，原高管等就会被炒鱿鱼。但随着美国 1978 年《联邦破产法》第十一章规定了 DIP 制度以后，日本的《公司更生法》虽然仍将选任管理人作为必要条件，但是第 67 条第 3 项规定，法院可以任命公司原董事等人中没有被追究经营责任风险的人员成为管理人。这项规定考虑到了原经营者可以利用其经营手段，维持和重建公司，并能够促进早期的程序申请，防止公司出现损失。在最近的实践中，现经营管理层，且主要债权人对其经营参与没有反对意见时，从原管理层中选任管理人这种 DIP 型更生程序很多见。[②] 如金融行业的武士通、通信行业的 WILLCOM、地产业的日本

① [美] 斯基尔：《债务的世界：美国破产法史》，赵炳昊译，中国法制出版社 2010 年版，第 230 页。

② [日] 谷口安平主编：《日本倒产法概述》，佐藤孝弘等译，中国政法大学出版社 2017 年版，第 334—335 页。

综合地所等知名企业。①

DIP 模式是立法对债务人信任程度较高的制度，在美国、日本等市场化程度发达的国家运行良好，有利于促进效率，提高重整成功率。近年来，许多国家都采纳了特定形式的债务人自行管理模式，以取代接管人或监察人模式，或作为替代模式（取决于公司的选择）。这种趋势表明，允许诚实但不幸的公司债务人主导重整过程的潜在益处已经得到广泛认同。两相比较，强制指定管理人（或类似主体）接管债务人的潜在价值远低于剔除债务人的管理层可能造成的干扰、成本及无效率。②我国《企业破产法》第 80 条第 1 款规定了管理人管理模式，从立法技术层面将其确定为“默认模式”。第 73 条对债务人自行管理模式做了规定，主要源自美国破产法上的 DIP 制度③，但是与 DIP 制度不同，我国强调事前申请、法院批准及管理人监督。在我国实施破产重整的公司中，实施债务人自行管理的公司占比很低，在实践中并未得到应有的重视。

债务人自行管理是市场化破产语境下的必然产物，代表我国未来公司重整管理模式的发展趋势。从我国实践出发，债务人自我管理模式遭冷落的现状直接抑制了其优势的发挥，产生了如下弊端：一是在重整程序启动方面，容易延迟。在管理人管理模式下，由于公司控制权将移转至管理人，债务人及其股东往往怠于提起重整申请，导致程序拖冗延迟。二是重整计划的制订与执行方面无法发挥债务人的积极性、专业性。根据我国《企业破产法》第 80 条的规定，在管理人管理模式下，重整计划制订权归属管理人；在债务人自行管理模式下，重整计划制订权归属债务人。一方面，不采用债务人自行管理模式，就无法发挥债务人制订计划所拥有的专业性和熟悉公司情况等优势；另一方面，根据我国《企业破产法》第 89 条的规定，重整计划由债务人执行。在管理人管理模式下，重整计划制订人与执行人分离，加

① ［日］山本和彦：《日本倒产处理法入门》，金春等译，法律出版社 2016 年版，第 191 页。

② 《美国破产法协会美国破产重整制度改革调研报告》，何欢、韩长印译，中国政法大学出版社 2016 年版，第 26 页。

③ 李永军：《破产法：理论与规范研究》，中国政法大学出版社 2013 年版，第 348 页。

大了执行成本，增加执行不能几率，不利于重整取得最终成功。三是重整成功不仅取决于融资，还取决于公司的经营管理水平。倘若由不懂企业经营管理专业知识的管理人来经营业务，公司即使融资到位，仍难以起死回生。管理人虽可聘请第三方专家或者原经营管理层经营公司，但相关费用支出却列为破产费用优先受偿，徒增重整成本，不利于对债权人等利害关系人的保护。鉴此，无论从国际发展趋势进行宏观分析，抑或从我国破产重整实务微观视角剖析，债务人自行管理模式的实施都具有正当性。

2. 我国债务人自行管理制度的适用与完善

与美国破产法上的 DIP 制度不同，我国债务人自行管理不是“默认模式”，而必须在债务人的申请下，经法院审查批准后才可以实施。根据我国《企业破产法》第 73 条[①] 规定，债务人自行管理的构成要件和前提条件如下：一是“重整期间”，只有在重整期间才可以，在破产清算和破产和解程序中都不涉及；二是“债务人申请”，这里的债务人主要指的是公司的董事会成员——董事，即经营层；三是法院批准。满足了上述条件之后出现的效力是：第一，公司的原经营层重新从管理人手中接管该企业的经营控制权；第二，破产管理人由公司的实际控制人身份转变为监督人身份。[②]《九民纪要》第 111 条明确规定了债务人自行管理的条件，如债务人的内部治理机制仍正常运转、自行管理有利于债务人继续经营、债务人不存在隐匿或转移财产的行为、债务人不存在其他严重损害债权人利益的行为等。在司法实践中，往往经债务人申请，管理人在调查的基础上向人民法院提出债务人自行管理财产和营业事务的可行性分析报告，合议庭在审查申请时同时参考管理人的意见，符合条件的依法予以批准。[③]

何种情况下债务人自行管理应被撤销呢？美国《联邦破产法》第 1104 条规定，管理层存在欺诈、不诚实、不合格等情况发生时，法院可以发布任

---

① 《中华人民共和国企业破产法》第 73 条规定，在重整期间，经债务人申请，人民法院批准，债务人可以在管理人的监督下自行管理财产和营业事务。

② 齐明：《中国破产法原理与适用》，法律出版社 2017 年版，第 145 页。

③ 徐根才：《破产法实践指南》（第 2 版），法律出版社 2018 年版，第 192 页。

命托管人取代管理层的裁定。[①] 我国《企业破产法》未规定对债务人自行管理的撤销情形。有学者认为，有以下情形的，人民法院可以裁定撤销债务人自行管理：（1）债权人大会作出撤销债务人自行管理的决议，并向人民法院提出申请；（2）债务人提出申请，请求终止其自我管理；（3）单个或数个债权人提出申请，并提供充分的证据表明债务人存在欺诈、重大经营决策失误等行为，其经营、管理损害了破产财产的价值或债权人的利益。[②]《九民纪要》第 111 条规定，管理人应当对债务人的自行管理行为进行监督。管理人发现债务人存在严重损害债权人利益的行为或者有其他不适宜自行管理情形的，可以申请人民法院作出终止债务人自行管理的决定。债权人等利害关系人在管理人未申请情形下，有权向人民法院提出申请。

债务人与管理人之间的权力如何配置呢？首先，要处理好一般事权的合理分工。如果对《企业破产法》第 73 条的规定做文义解释，则债务人自行管理模式下，债务人行使管理人的职权，管理人对其进行专门监督。根据《企业破产法》第 25 条的规定，管理人履行的职责主要包括接管、调查、经营管理、处分、行使撤销权、代表债务人应诉等。[③] 但有些职权，如调查财产、行使撤销权和追回财产等由债务人行使并不合适，可能存在较大的利益冲突。因此，在《企业破产法》未明确划分债务人和管理人的职责时，受理重整案件的法院应做好司法适用的指导工作。在深中华破产重整案件中，深圳市中级人民法院发布了《关于深圳中华自行车（集团）股份有限公司重整案件管理人与债务人职责划分的通知》，将管理人与债务人的主要职责进行了明确分工，可供其他法院借鉴、参考。《九民纪要》第 111 条规定，经人

① ［美］爱泼斯坦等：《美国破产法》，韩长印等译，中国政法大学出版社 2004 年版，第 743 页。

② 许德风：《破产法论——解释与功能比较的视角》，北京大学出版社 2015 年版，第 499 页。

③ 《中华人民共和国企业破产法》第 25 条：管理人履行的职责主要包括：接管债务人的财产、印章和账簿、文书等资料；调查债务人财产状况，制作财产状况报告；决定债务人的内部管理事务；决定债务人的日常开支和其他必要开支；在第一次债权人会议召开之前，决定继续或者停止债务人的营业；管理和处分债务人的财产；代表债务人参加诉讼、仲裁或者其他法律程序；提议召开债权人会议。

民法院批准由债务人自行管理财产和营业事务的，企业破产法规定的管理人职权中有关财产管理和营业经营的职权应当由债务人行使。其次，应赋予管理人专司监督之职责。在债务人自行管理得到批准之后，管理人居于专门的监督地位。但如何监督，我国《企业破产法》并未明确规定，导致实务中无法操作。《全国破产审判工作会议纪要》明确要求，在债务人自行管理的重整程序中，人民法院要督促管理人制订监督债务人的具体制度。联合国国际贸易法委员会《破产法立法指南》建议，管理人可通过对重大交易批准、债务人现金流量监测的方式对债务人进行监测，如果发现债务人违背了限制，存在不当行为，管理人可撤销相应情形，法院可以将管理模式转为管理人管理模式。在具体立法中，可以对日常交易行为列出清单，明确需要经过管理人或法院同意的交易事项，划定债务人权力界限。在管理人发现债务人存在管理不善或者滥用权利的情形，可以申请法院或者债权人会议更换管理模式；同时，债权人也应当被赋予监督权，在发现破产财产流失或者债务人有不当行为时，通过债权人会议撤换自行管理的债务人，从而形成来自债权人、管理人和法院的三重监督。

债务人自行管理模式是市场化破产语境下的必然产物，我国有必要发展与完善债务人自行管理制度，融入未来市场化破产的国际环境中。但囿于我国目前破产立法设计之局限性，相关法律规则尚需不断修改、完善，才能符合司法实践之需求。

三、基于破产宽容文化的个人破产制度构建

对于诚实且不幸的个人债务人予以免责，给他们重新开始、崭新开始的机会，乃破产宽容文化应有之意。近年来，我国从理论层面、地方立法与司法层面多角度探索个人破产制度，如深圳出台了个人破产条例、各地法院纷纷探索创新个人破产案例，学者们也针对个人破产法律的构建制定了专家建议稿广泛征求社会意见，媒体宣传力度逐渐加大，普通公众对个人破产制度也开始有了初步认知。虽从破产惩戒、耻辱文化跨越到破产宽容、拯救文化需要的政治经济与社会心理变迁时间难以预料，但我国个人破产法律制度

的构建却如上弦的弓，刻不容缓。个人破产制度一旦得以建立，对破产宽容文化的确立与贯彻必将形成良性互动，相互促进与提升。

（一）对深圳个人破产立法之述评

经过广泛征求意见，《深圳经济特区个人破产条例》已于2020年8月31日正式发布，自2021年3月1日起施行。虽然在深圳之前一些地方法院已经有相关探索，但落实到地方立法上还是首次。深圳作为市场经济活跃地区，从事商事活动、进行创新创业的主体较多，是个人破产制度合适的试点城市，从立法情况来看，深圳也确实在制度上进行了一定的创新。

该条例对个人破产的受理条件、程序、效果和责任等作了规定，整体上的制度架构较为合理，从制度设计上为债务人安排了破产清算、重整、和解三种程序，与现行《企业破产法》的设计较为类似，但条例创新性地设计了简易程序，对满足条件的案件采用了简易快速的程序，突破了现有《企业破产法》规定的局限。在程序的设计前提下，条例还对于核心的自由财产制度、免责制度以及失权、复权制度进行了规定，对先期研究中的重点与难点问题进行了制度上的尝试，是本次立法的亮点。自由财产制度对破产申请人的正常生活予以考虑，保证了破产申请人的生存权和发展权；免责制度则为免除债务划定了界限，规定了具体的考察程序和免责效果，对因性质、法律规定等原因不可免责的情形进行了列举，防止不诚实或有其他情形的人通过个人破产制度而免责；失权和复权制度则对债务人的某些行为和从事某种职业进行了限制，既对债务人进行了合理规制，提供正向激励，又不会挫伤其偿债积极性。

社会公众对于个人破产制度最大的疑虑就是债务人可能会借助这一制度逃债，为避免部分人以个人破产之名行逃债之实，《深圳经济特区个人破产条例》就此设置了多道关口。首先，法院受理申请时应进行甄别，对于有不正当目的的申请会予以拒绝；其次，债务人在破产申请被受理后会受到种种限制，在法院做出裁定后方可免责。免责考察期的设立和法院对债务人的监督、追责都能够在一定程度上对不诚实者做出惩罚，增加逃债成本，从而阻止不诚信者的尝试，保持个人破产制度的公正和高效。

除了在程序方面的规定之外，《深圳经济特区个人破产条例》还创造性地规定了破产事务管理部门，探索个人破产中的行政权与审判权相分离，对于设立专门破产管理行政机关的呼声早已有之，此次对破产管理部门的规定较为简略，以专门的章节规定了机构的职能，其他规定则散见在各章之中。深圳关于个人破产立法不仅吸收现有经验和国外先进制度，同时也针对实践中的疑难问题进行了尝试与探索，为个人破产在全国的推广提供诸多有益经验。

（二）对各地法院关于个人破产规则探索之述评

我国多家地方法院先后开展了对个人破产制度的探索，虽然地方法院不具有立法权，但法院在职权范围内的尝试对于现实需求能够给出更及时的回应，相信这些尝试可以提供不同于深圳的思路，也最能体现法院的态度，现选取部分有代表性的探索进行评述。

温州属于较早进行尝试的城市之一，早在2019年来自温州的人大代表就在全国两会上呼吁中央政府允许温州进行个人破产的试点。由于温州当地民营经济发达，个人经营者为企业提供担保的情况屡见不鲜，担保链广泛存在，温州对个人破产的探索具有迫切性。虽然温州没有获批进行个人破产试点，温州市中级人民法院仍然做出了探索，出台了《关于个人债务集中清理的实施意见（试行)》。该意见以“财产清理”的方式对个人财产进行集中清理，并规定了管理人、债权人会议、失权与复权等制度。在制度创新上，该意见对“预清理”的规定较为新颖，对复权条件的分段划分也有一定借鉴意义。但限于文件性质的制约和篇幅的限制，这一意见没有对自由财产、考察期等进行规定，对于债权人会议的构成和表决规定较为简略，且该意见区分了不同的申请人分别由破产审判庭和执行局负责，既具有破产色彩又没有摆脱执行程序的约束，在缺乏立法支持的情况下温州的尝试注定具有局限性，但仍提供了有益的创新思路。

同在浙江省的台州也做出了自身尝试，台州市中级人民法院发布了《执行程序转个人债务清理程序审理规程（暂行)》。这一规程同样通过将执行程序与个人债务清理程序相连接，通过允许作为债务人的个人在执行和债务清理后退出执行程序而达成个人破产的部分效果。该规程所建立的管理人制度、债权人会议制度借鉴了破产程序，也进行了一定的制度创新，规定了简易清算程序、债务整理程序等，并结合了执行制度的规定，允许为债务人保留豁免财产，有助于个人真正脱困。台州市中级人民法院的探索经验值得借鉴，同时需要在信息披露制度、打击逃债和破产欺诈等方面加强制度建设，其现有制度在许多方面仍然是以执行制度为基底，如何捋清破产与执行之间的关系，优化两者之间的联系，做好法院内部的分工和配合需要进一步深入研究。

除了出台具体规程与相关意见之外，东莞市第一人民法院也在实践中进行了探索，既制定了指引性文件，又进行了实践运用，要求债务人申报个人财产，并签订诚信协议，每个年度债务人需要向管理人申报收入情况并提供证明。其他地方法院如山东高青、四川泸州、苏州吴江等地的法院都开展了个人破产探索，相关规定在整体上都能够借鉴企业破产程序和其他地方的经验，但是由于缺少立法权限，不得不借助执行程序来实现个人破产制度的目的。由此可见，我国个人破产法律制度的构建迫在眉睫。

（三）构建我国个人破产法律制度

个人破产法律制度作为维护市场秩序的社会手段，其价值在于反映出一种独特的文化，折射出一个国家的法律、历史、政治、文化环境的发展变革。虽然英国破产法开了破产免责之先河，但现代破产法的拯救文化却兴盛于美国，美国个人破产制度的发达在全世界范围内都独树一帜，对各国个人破产制度的构建产生了重要影响。近年来，信用消费在我国逐步普及，传统的消费观念发生变化，人们越来越接受通过借贷的方式进行消费，对借贷行为的评价也逐渐中立化甚至正面化；另一方面，金融机构、互联网公司也通过种种形式便利信用消费。但是许多信用消费者对于信用市场了解有限，缺乏风险意识，没有做好防范风险的准备工作。因此，在上述情形下，难免出现个人资不抵债的情形。

兰达尔·贾雷尔曾提出，“购买行为处于我们世界的基础位置”。人们也普遍承认，在日常生活中，消费文化正渐渐凸显，同时消费信贷在决定消费文化的性质，维持它的存在过程中起到了巨大作用。① 因此，对消费信贷在经济和文化方面的重要性，无论从什么高度对其评价都不为过。在我国破产立法进程中，曾多次出现过自然人破产立法的呼声，最终却都没有形成体系化的法律制度，对于是否应当立法的学理争议也普遍存在。持反对观点的学者主要担心个人破产制度与我国国情不适应，可能会导致逃债现象的发生，挫伤大众对于破产制度的信任。但我国大部分学者对构建个人破产制度是持肯定态度的，而这也是破产法律文化发展变革的必然趋势。尽管我国个人信用缺失的现状可能制约个人破产法的适用，但个人征信体系的完善与个人破产制度的构建可以同步进行，并行不悖。

综合考虑国内外经验，从破产法立法的发展历史分析，自然人破产制度的立法非但没有受到歧视，相反通常早于法人破产制度而产生。如美国破产法典专门设置第十三章破产程序对个人债务进行调整；英国 1986 年破产法、法国“善于预防和解决涉及个人和家庭过多债务困难的 1989 年 12 月 31 日法”、德国修订后的《破产法》第八章和第九章都对个人破产进行了规定；日本的破产法也同样设计了适用消费者的免责制度。基于破产制度保障全体债权人公平清偿的目的而言，无论是企业破产抑或个人破产，二者的差别仅仅在于具体的破产制度设置上，因破产制度的本身是针对债务人不能清偿多数债权人到期债务的解决机制，故自然人破产的理念和重要性应当得到充分的认识。世界各国都对个人破产制度进行了广泛探索，个人破产制度是各国破产法的重要组成部分。

我国现行法的规定已初步建立了个人破产制度，保护自己的某些财产不被债权人强制执行。《中华人民共和国民事诉讼法》（文中简称《民事诉讼法》）第 244 条规定了对执行财产的豁免，对被执行人及其所扶养家属的生活必需品予以保留。而对债务人未来的收入，《民事诉讼法》254 条则选择继续执行。除此以外，最高人民法院在《关于限制被执行人高消费的若干规

① ［美］伦德尔·卡尔德：《融资美国梦——消费信贷文化史》，严忠志译，上海人民出版社 2007 年版，第 11 页。

定》（法释〔2010〕8号）中“规定法院可以以‘限制高消费令’的形式禁止被执行人从事‘非生活和工作必需的高消费行为’（第3条）。被执行人若有违反，则可能根据《民事诉讼法》《中华人民共和国刑法》被处以拘留、罚款等处罚或被追究刑事责任。”①

从比较法视角观察，各国个人破产法旨在保护诚实不幸的债务人。何谓“诚实不幸”，需要法律通过规定具体适用要件、免责范围等内容予以界定。②各国个人破产法通常从两个维度予以保护：一是为债务人保留部分财产免于执行；二是鼓励破产自然人重新开始，在破产程序终结后，法院不再允许债权人就自然人此后获得的收入和财产受偿。因此，我国最终需要制订的个人破产法应包含两个层面的规则设计，即个人债权债务的清理与剩余债务的免除。

个人破产制度可以实现债务人经济康复，使其重新开始，保障债务人在宪法上的生存权。③在破产宽容文化的时代背景下我国个人破产法的制订是发展的必然，它不仅有利于实现破产法的功能和目的，也有利于维护破产法体系的完整，同时也适应了现代商品经济发展的需要。在我国现行实践探索中，各地都注重个人破产程序，在程序上初步形成了清算和重整并列的二元模式，通过失权、设立考察期、限制行为和保留豁免财产来保证对债务人进行一定的限制，并保证不侵害债权人的生存权，这一程序设计具有进一步完善的空间，未来的发展应当着眼于对其制度漏洞进行填补，防止债务人的欺诈行为和不诚实破产行为。同时，需要借鉴域外经验，如德国的相关制度设计对我国就具有重要的参考价值。德国法规定庭外和解、庭内和解程序是进入破产程序的前置程序，并将执行程序与前置程序相链接，形成执行、庭前和解与庭内和解、破产的制度架构。我国个人破产法未来构建时，为契合传统“和文化”理念，则可以通过建立工作指引，在庭前和解程序、庭内和解程序中化解自然人的债务危机，若不能在这一阶段达成一致，方可转入破

① 许德风：《破产法论——解释与功能比较的视角》，北京大学出版社2015年版，第515页。

② 丁燕：《现代个人破产法的基础、价值与选择》，《上海政法学院学报》2021年第4期。

③ 丁燕：《破产免责制度的合宪性考察》，《中国法律评论》2020年第6期。

产程序。而破产程序又有破产清算和破产重整两种选择，在两者的程序设计上，吸收我国《企业破产法》的相关规定，并考虑个人破产的特殊性对免责财产、行为限制等进行完善，降低司法成本、提高个人破产的成功率，形成有中国特色的个人破产制度。

第三节　破产法律文化变革背景下我国破产法律共同体的发展

在破产法律文化变革背景下，我国破产职业共同体亟待从专业能力、职业素养和伦理道德等多方面予以提升。破产程序的主导者——破产法官的专业能力与职业素养的提升极其重要，需要通过破产法庭的专业化设置、破产法官的专业培训和考核约束等多角度展开。为了让受理破产案件的法院专司其职，从大量繁琐无序的事务性工作中解脱，设置专门的破产管理机构是解决之道。针对管理人执业风险增大与滥权并存的情形，应加大破产管理人自治组织的监督、管理，并通过道德准则、伦理等予以约束。

一、破产法官专业能力与职业素养的提升

在破产法律文化变革中，如何定位破产法官的角色尤为重要。在英美法系中，诉讼构造为当事人主义模式，因而美国的破产法官行使有限的司法权，与联邦司法官相似。在很多问题上，只要没有双方当事人的同意，他们就只能提出建议，无权作出裁定。只有在直接涉及破产执行和破产财产管理等问题上，他们可以作出裁决，对破产法官的裁决，当事人可以向联邦地区法院提出上诉。① 由此可知，在美国，破产程序中的破产法官扮演着较为消极的角色。

考虑到我国主要适用职权主义诉讼模式，在具体制度设计中不仅应要求破产法官具备专业性，还要求法官在破产程序中处于主导地位，这主要体

① 何家弘：《当代美国法律》（修订版），社会科学文献出版社 2011 年版，第 172 页。

现在以下三个层面：第一，破产案件法官应当熟练掌握破产法，同时也需要掌握其他民商事法律。破产案件的复杂性和对利益相关主体的广泛影响要求法官熟悉破产相关法律，能够对法律做出解释和运用，以保证程序顺利进行。同时，对衍生诉讼的处理也要求法官熟悉其他民商事法律，以对债权确认之诉、撤销之诉等做出正确的判断，这种法律思维和法律知识上的综合性对法官的专业水准提出了极高的要求。第二，破产法官除具备相关法律知识外，还必须具备法学之外的相关学科知识。破产审判业务与普通司法实务相比，涉及的知识面更广，涵盖经济学、管理学及社会学等诸多领域的内容，这对于法官业务能力的要求更高，因此遴选法官时还应规定更高的准入门槛。如对法官的学历、学术背景、专业经验设置要求，充分考虑破产审判对知识和技能的实际要求。第三，破产审理是办事与办案相结合、开庭与开会相结合、裁判与谈判相结合，这明确了破产法官所应当具备的综合专业化程度，也进一步证明了破产法官在破产程序中的主导地位。

鉴于破产法官的能力绝不仅仅限于法律适用能力，更多的还体现在法官综合协调能力的提升上，因此，为增强破产审判的专业化程度，提出以下几点建议：一是加强破产法官的遴选培训，建立单独的考核惩戒机制，建立高素质的破产职业共同体。二是加强破产审判团队的多元化建设，即在拓宽申请信息通道的条件下，确保破产法官的申请人多元化。借鉴美国宪法为提升破产法官多元化提供的简要指南，结合我国破产法以及破产程序的复杂性，应当对我国破产法官多元化的知识体系提出更高的要求，法官不仅要精通破产法的相关知识，更应该掌握其他部门法及经济学、管理学的知识，申请人可以是知名法学院的教授，也可以是实务经验丰富的律师等，多元化有利于提高破产法官队伍的整体水平，一定程度上解决人才培养的难题。三是提升破产法官的专业化及规范化水平。对破产法官的审查与筛选机制应专业化，比如成立专门的评估小组进行审查，对法官所掌握的技能、知识进行综合考察，注重法官的专业知识水平和案件审理经验，淡化行政级别等方面的要求。在选拔结束后还要定期组织法官培训和经验交流，加强与学术研究机构的合作，保持破产法官的高度专业性。

二、专门破产管理机构的设立构想与职责定位

在司法机关之外还需要设立专门的破产管理机构以分担法院的部分职能，保证法院专注于对案件的处理。以监督破产管理人为例，目前，我国《企业破产法》所规定的对破产管理人享有监督权的主体主要有法院、债权人会议、债权人委员会及债权人。① 首先，法院对破产管理人的监督主要表现为：法院通过接受管理人执行职务行为的报告进行监督；法院针对管理人实施的对债权人利益有重大影响的行为行使许可权；法院听取其他主体对管理人的监督意见并居中裁判来监督管理人；破产管理人履行职务时，因故意或重大过失导致债权人利益受到损害的，人民法院可依职权决定更换管理人。其次，债权人会议对破产管理人的常规性监督以及在某些具体事项上，管理人须通过债权人会议的核查或许可。再次，债权人委员会对破产管理人的监督途径主要为：债权人委员会执行职务时，有权要求管理人、债务人的有关人员对其职权范围内的事务作出说明或者提供有关文件；破产管理人实施对债权人利益有重大影响的财产处分行为时，应当及时报告债权人委员会。最后，单个债权人对破产管理人的监督。尽管我国《企业破产法》并未明确提出单个债权人对破产管理人的监督权，但是一些法律规则间接认可了单个债权人对管理人的监督权。如《企业破产法》第 58 条规定：债权人对债权表记载的债权有异议的，可以向受理破产申请的人民法院提起诉讼。

上述多元主体的监督体系存在如下弱点：法官缺乏企业运营方面的专业知识和经验仍是不争的事实，法院在处理案件时是否应当介入市场机制下的有关商业判断和经营决策在实务中存在争议；债权人会议是债权人团体的意思表示机关，在会议闭会期间无法对破产程序实施日常性监督，且召开债权人会议耗时、费资，频繁召开既不经济又不利于破产程序的顺利进行；债权人委员会的委员们都有各自日常工作，也不大可能对管理人实施日常性的监

① 许德风：《破产法论——解释与功能比较的视角》，北京大学出版社 2015 年版，第 283—284 页。

督。[①]为进一步完善监督体制，有必要设立专门的破产管理机构。

我国《企业破产法》并未对设置专门的破产管理机构做出规定，而美国 1978 年《破产法》改革的核心是建立一个国家破产管理机构，该机构负责承担以前破产法官所承担的破产管理任务。借鉴美国的成功经验，我国一些学者主张可以直接由国务院或是其下属的部委如司法部等设立一个破产管理局，建立中央和地方三级垂直管理机构，与法院系统相对应。专门破产管理机构的设立具有重要意义，不仅有利于破产程序的公正与效益价值目标的实现，而且有利于对破产事务实施彻底、有效的日常监督。在未来的构想中，破产管理机构应当负责资格认证、对管理人进行选任、对有管理人资格的机构和个人定期进行考察，对管理人的薪酬进行计算和发放等。与此同时，我们有必要对法院的职能与破产管理机构的职权进行合理区分，既要建立二者之间合作沟通的渠道，也要明确职能划分，实现案件审理与破产管理的分离。同时对破产管理机构与破产管理人协会的职能进行区分，发挥管理机构的行政职能，使其起到监督作用，对破产管理人履行职能的情况进行日常考核与监督。

二、破产执业者的专业化发展与伦理道德约束

（一）管理人执业风险增大与滥用职权可能性并存

破产管理人制度起源于罗马法，并为两大法系共同继受，但现代各国对此称谓并不尽相同，英美法系一般将其称为破产信托人，而大陆法系国家则一般称为破产管理人或破产财产管理人。我国《企业破产法》以破产管理人制度取代原来的清算组，被认为是修法中的一大亮点。破产法是规范破产程序之法，而破产程序的首要问题就是加强对债务人财产的管理，于是一个中立的第三者——管理人就应运而生。

随着破产案件数量和复杂程度的增加，管理人所面临的压力和风险也越来越大，无产可破案件数量较多导致部分管理人难以从破产案件中获得足

① 许德风：《破产法论——解释与功能比较的视角》，北京大学出版社 2015 年版，第 285 页。

够的回报，却面临更大的法律风险。由于破产管理人处于中立的地位，导致债务人、出资人、债权人、企业职工等都可能对其做出的决定产生不满，并追究管理人的责任。我国《企业破产法》规定，管理人不仅应当履行对破产财产的接管、清理中的职责，更应当尽到勤勉、忠实的义务。破产管理人作为债务人企业的运营管理负责人，亦得承担忠实、勤勉义务，此时必须考虑破产管理人职责及履职时的特殊情况，特别是破产管理人所面临的企业危机决策环境以及巨大的时间压力。因此，如何对管理人应履行的义务进行界定就直接影响了管理人的负担程度和承受风险程度。

在管理人面临风险增大的同时，管理人也有可能享有过大的权力，存在滥用职权可能性。对管理人应负的忠实、勤勉义务界定不明确可能造成管理人未能尽到自身责任，造成部分利害关系人的权益受损。虽然破产法规定了管理人应履行的责任，实践中也存在针对管理人的诉讼，但信息披露机制的不完善和管理人义务的不明确使得债权人、出资人等对管理人的监督存在较高成本，信息不对称将阻碍监督者对管理人的行为是否构成滥用的判断。而作为指导、监督管理人的法院，也可能出于增加破产财产、加快重整进度的考虑而对管理人的滥权行为采取放任态度，在这一背景下，由法律对管理人的职责予以明确就是解决管理人风险和滥权问题的唯一出路。

（二）管理人的职责定位

在破产法律文化变革的背景之下，需要对破产管理人的忠实勤勉义务进行廓清，以便控制管理人面临的风险并防止管理人滥用权力。管理人主要有三大职责；一是管理人对资产的查找与追回；二是管理人对债权的审核；三是管理人合理运营债务人财产。关于管理人对债权的审核，目前各地法院或管理人协会也发布了相关工作规则与指引，逐渐趋于流程化、标准化操作，每一个案件也根据具体情况制定专门的债权审核标准，从而确保管理人审核债权更为专业高效。但管理人对资产的查找与追回则是各国的难题，而管理人合理运营债务人财务，也对管理人履职提出了巨大挑战。

1. 管理人对资产的查找与追回

2022年4月18—21日，联合国国际贸易法委员会第五工作组（破产法）

第 60 届会议在纽约召开，本次会议核心议题之一就是审议《破产程序民事资产追查和追回》。[①] 在破产案件办理中，如何避免破产财产之不当减损始终是重要问题，破产企业往往存在账簿缺失、资产混杂等客观问题，同时也可能出现出资人、董事等转移资产的情形。此外，涉破产案件的纠纷解决机制也可能严重影响案件审理进度，致使财产在程序中发生减损，特别涉跨国情形的破产案件中，国内外机制衔接、异国裁判认可所导致的阻碍资产追查和追回之问题更为突出。

资产追查和追回工具说明性清单列举了部分工具，如临时措施、披露令、确保调阅资料和证据的命令以及证据保存令、所有权或冻结命令 / 禁令，但从联合国国际贸易法委员会各代表前期讨论的情况可知，一些资产追查和追回工具具有普遍适用性，但需要根据作为集体执行程序的破产程序具体情况以及破产管理人的职责和权力，对其使用条件和对受影响人员的附带保障措施进行调整。各国破产法立法情况之不同能够影响相同财产追查方法的实际效果，故即便是普遍通行的做法，也要结合所在国家的司法实际情况，这不仅包括该国破产法立法与司法的现实状况，也包括该国与破产案件审理相关的其他法律制度之状况。以确保调阅资料和证据的命令以及证据保存令为例，若运用于我国企业破产实践中，便存在诸多问题。从实际操作层面而言，应是主要负责案件具体办理的管理人有权直接管控破产财产及债务人的经营记录，并采取一切必要步骤保全和保存、记录，包括防止擅自处置这些资产以及行使撤销权。但多数破产企业已经久不经营，管理人依法接管企业印鉴、账簿账册等相应材料时，常发生账簿账册灭失之情况，或是债务人企业之控制者有意逃避、拖延破产程序而为，或是企业本身的确存在管理失效之现实，而这一事实发生在被申请破产前多年，非为管理人职权所能及。实际上，对于这些工具在运用中的保障常常难以到位，如听审、复审制度容易形式化，对于违反规定者的制裁力度较小等，致使工具之效果降低。

---

① 《联合国国际贸易法委员会第五工作组（破产法）第六十届会议工作报告》，见 https：//documents-dds-ny.un.org/doc/UNDOC/GEN/V22/027/61/PDF/V2202761.pdf? OpenElement，2022 年 7 月 20 日访问。

但需要指出的是，从工具的现代性、高效性之角度出发，我国已经在破产案件信息化、智能化审理的实践中取得了一些成效，部分资产追查、追回工具通过大数据、区块链等智能化、数字化手段可以更好地实现。

在将资产追查、追回工具引入我国《企业破产法》时，应首先考虑我国管理人作为案件审理工作的实际操作者的现状，由管理人根据案件情况判断是否使用资产追查、追回工具，向法院提出申请并提交相应情况报告。报告中需要说明管理人认为应当使用资产追查、追回工具的理由，法院根据管理人提出的申请通过合法程序作出决定，并对此工具的使用提供相应救济。尽管不同工具在条款设计上必然存在差异，但它们在简化资产追查、追回程序，提升追查效率，扩大追查范围的大方向上是一致的。《企业破产法》在引入这些工具时，可以考虑赋予管理人申请使用工具的权利。具体原因如下：首先，从立法层面的维度来看，我国采取“管理人中心主义”的立法模式，管理人是破产案件审理的实际操作者，本身就有负责资产追查与追回之职权，如控制破产财产和商业记录，获取关于债务人资产、负债、过去交易和业务记录的信息等，管理人履职的情况将决定案件审理的质量与效率，故管理人应当成为资产追查、追回工作的核心。其次，实践经验显示，破产案件在审理中可能随时出现债务人财产动向的新线索、新证据，债权人或职工可能掌握债务人企业控制人的相关情况，而这些知情人本身难以自行调查，因此这些信息大多反馈给管理人，管理人也会主动从利害关系人处了解债务人企业及其控制人的财产、人身动向，部分情况下也会鼓励债权人提供相关线索。在面对这些线索时，亲自参与案件的管理人具备更强的快速反应能力与信息辨别能力，可以及时判断线索、信息的价值，并可以针对这些信息选择采用哪种类型的工具或进行多种工具的组合与新工具的设计，以期及时有效地维护债务人资产。再次，从主观能动性分析，管理人比其他破产案件参与主体具有更多经验与破产法知识储备的优势，管理人充分有效地运用工具的积极性较大，更有利于防止债务人财产的转移、减损。

如果说资产追查、追回工具是在我国破产实践中落地的保障，那信息化的运用就是依据本国优势得以对工具进行灵活性提升的重要方法，所谓灵活性旨在应对资产追查和追回在数字世界中的现代挑战，《民事资产追查和追回专题讨论会（2019 年 12 月 6 日，维也纳）的报告》（简称《维也纳报告》）指出，数字手段、现代调查方法和法证技术为资产追查包括跨法域资产追查提供了便利。数据和数字中介（服务器、云服务提供商和分布式分类账技术）在追查和追回实物和数字资产方面日益重要。同时《维亚纳报告》也提及数字手段的使用带来了新的挑战，包括与在线身份管理、电子证据以及处理个人数据和其他敏感信息有关的挑战。此外，可能掌握相关信息或被追查资产的中介（如电子平台运营商或云服务提供商）参与增加了另一层复杂性。分布式分类账技术所涉及的分散、匿名、自主和不可撤销的流程给某些数字资产（如加密货币）的追查和追回带来了独特的挑战。

破产信息化是近年来破产审判工作发展的重要趋势，目前的破产信息化主要围绕部分程序的信息化处理，例如债权线上申报、资产线上拍卖、债权人线上会议等，也有部分地方开始通过与银行系统联动进行资产处理，通过区块链固定证据，然而现有成果主要集中在部分破产审判相对发达的地区，作为当地破产案件审判的辅助工具予以使用，《企业破产法》并未对相关内容作出规定。正如《维亚纳报告》所言，信息化、智能化作为工具之功能实现的手段既存在优势也产生挑战，因此《企业破产法》在对工具进行规制时需要考虑追查追回效果与数据安全之间的平衡以及对信息获取的范围与数据隐私、信息秘密之间的平衡。建议在《企业破产法》中增加对破产信息化的专章规定，并在其中明确鼓励信息化、智能化辅助工具的应用，鼓励管理人在资产追查、追回过程中使用工具时采取信息化、智能化技术，同时规定各方应尽到信息安全保障义务。

2. 管理人合理运营债务人财产

在我国破产法将管理人管理设置为“默认模式”情况下，管理人合理运营破产财产的职责应特别值得关注。通常情况下可分为积极义务和消极义务。所谓积极义务是指对闲置资金进行适当投资的义务即属于积极义务；而竞业禁止义务即为消极义务，如在德国公司法上的忠实义务不仅要求相关人员承担竞业禁止的义务，而且须依据个案的具体情况判断公司董事是否履行了保护公司利益和防止公司损失的义务。也就是说，破产管理人在破产程序中合理运营破产财产的义务不仅仅是维持破产财团现状，而亦须积极经营，包括对破产财产以适当方式进行投资。我国学者亦认为，管理人应意识到积极经营破产财产是债务人财产增值的唯一路径，处于静止状态的破产财产非但不会升值，反而会因各种原因出现价值贬损，进一步损害债权人的利益。①

破产管理人的积极经营义务应遵循哪些规则呢？我国《企业破产法》并未对此做出规定。按照德国学界的主流观点，破产管理人的积极义务应遵循商业判断规则，而商业判断规则的适用又必须同时满足以下五个前提条件：第一，所涉及事项必须是有关企业经营决策的问题，即对企业未来前景所做的预测，其具有“后果不确定”以及“存在决策自主空间”的特点；第二，该决策行为必须出于善意，也即德国《股份公司法》第 93 条第 1 款第 2 句中的“公司董事基于合理理由曾可以相信”；第三，该决策行为是为了公司的利益；第四，公司董事与公司之间必须不存在利益冲突；第五，该决策行为是以适当信息为基础而做出的。② 可见，破产管理人积极经营义务的履行需要注意以下几点：一是破产管理人不仅在破产程序中受到更多的法定义务和程序规则的约束，而且作为专业人士须承担强化的信息获取义务以及对信息真实性的审查义务；二是破产管理人积极义务的履行适用商业判断规则，并且同时满足前述五项前提条件；三是破产管理人作出相应商业判断必须是为了实现债务人企业价值最大化的目标，如若存在利益冲突，那么商业判断规则不应予以适用；四是通过信息平台及时公开管理人履职信息和案件信息，借助互联网实现资源要素的流转，让市场机制在破产案件处理中发挥无可替代的作用，实现效益最大化。

① 何旺翔：《德国联邦最高法院典型判例研究 · 破产法篇》，法律出版社 2019 年版，第 178 页。

② 何旺翔：《德国联邦最高法院典型判例研究 · 破产法篇》，法律出版社 2019 年版，第 185 页。

（三）管理人协会等自治机构的发展

在设立专门的破产管理机构的前提下，以管理人协会为代表的自治机构将承担何种职责、如何更好发挥职能成为了自治机构所面临的问题，只有面向未来才能帮助自治机构更好地发挥自身作用、加强管理人队伍建设。

近年来，全国各地管理人协会成立数目较多，许多地市级城市都建立了自己的管理人协会，但管理人协会的职责还有待明确。对管理人的管理包括管理人的选任、考核、日常培训等，但若成立破产行政管理机构，属于行政机关的职能可能会被分配给新成立的行政机关，管理人协会应当明确自身自治机构的定位，与行政机关职能进行区分，找到适合自身发展的模式。

首先，应当在全国范围内建立统一的管理人协会体制。现有管理人协会存在职能不统一、不成体系的问题，建立全国性的破产管理人协会，对各地管理人协会的建立和权限统一规定，有助于规范化管理人协会的工作。其次，要发挥协会优势，与本地的商协会、律师、会计师、评估等行业协会建立合作联系，利于破产工作的推动，发挥协会的协调作用。各级管理人协会也要做好与其他地方管理人协会的交流工作，就制度建设、协会管理工作经验进行交流和分享。

在具体工作上，管理人协会要参与管理人的考核和培训，建立完善的考核培训体系，与法院、破产行政管理机构进行配合，做好管理人评价和选任工作。重点加强破产管理人队伍建设，为专业人才组织定期培训，并对适合管理人工作的新技术新模式进行培训。若在将来破产管理人需要进行资格认证，培训和考试工作也应当由管理人协会负责，可以将这一工作与现有培训制度结合。同时要制定统一的工作指引，为破产管理人的履职提供标准化流程规范，在案件接管、日常管理、债权申报及审核、债权人会议的召开等方面总结经验教训，提高管理人履职效率，降低工作风险。管理人协会还可以对案例进行总结，构建案例数据库，提高本地破产案件的办理水平。负责对管理人的监督和保障，探索由管理人协会建立基金，对办理无产可破案件的管理人提供补贴。管理人协会的未来发展应当与破产法律文化与破产法的变革相融合，既做好管理人的管理、培训工作，又要对管理人履职提供保障和便利，并对外做好破产拯救文化宣传工作，当好管理人的管家。

（四）破产执业者的道德准则与伦理约束

国际破产协会专家组是致力于研究不同司法辖区内破产与重整法律制度的立法和执行工作研究机构，第十专家组长期关注破产职业领域道德准则的发展。他们的研究报告指出，道德准则的主要宗旨是：为破产执业者的实践提供最佳建议；向国际破产协会破产执业者介绍最佳行为方式；通过提供专业指导和道德指引，帮助破产执业者开展最佳实践；为利益相关方和职业道德监督机构提供参考性指导。该准则不是对现行法律、法规和司法审判规则的重述。相反，它建构了破产执业行为的国际标准。准则中的部分内容相较于部分地区现行法律有更高的标准。当法律就某些问题没有规定或条文模棱两可的情况下，准则可以更好地阐释最佳执业实践行为。如果准则与当地的法律法规冲突，并不意味着准则能够凌驾于这些法律法规之上。建立该准则的目的是加强和保护破产执业者的正直，建立一个公平、有效、实用和易于理解的准则框架。准则不对破产执业者施以强制性要求，但是希望破产执业者在专业实践中能够发现准则的实用价值，在其指导下开展执业实践。

根据当地法律、法规和司法实践被任命或聘用为破产执业人士的所有国际破产协会会员，均应当遵守该准则。准则的具体内涵如下：一是正直。除遵守法律外，破产执业者应当竭尽所能地坦率、诚信和真诚，以实现最大程度的正直；以较高的道德准则约束自己在专业实践的方方面面。二是客观、独立和公正。破产执业者在行使权力和履行义务的过程中，应当展现出最高层次的客观、独立和公正。破产执业者应当避免任何可能导致利益冲突的情形。除法定报酬外，被任命管理财产的破产执业者不应当索取或侵占债务人财产或者现金。破产执业者应拒绝不当得利。三是专业技术能力。破产执业者及其所在的专业机构应保持合格的专业能力水平。这可以通过以下方式实现：与法律、法规修订保持同步；参加持续的职业教育；参与足够的案件积累经验。四是执业行为。破产执业者应当及时与利益相关者沟通，告知案件的进展。破产执业者应努力做到准确、诚实、清晰、简洁和及时。与其他破产执业者和裁决机构开展专业合作和沟通交流符合破产执业者的职业发展的内在要求。但是，破产执业者的首要责任是保护和管理破产财产。破产执业者在提升自己及其公司而开展工作时，应当诚信行事，并避免专业声誉受损。五是报酬。破产执业者有权根据必要有益和适当履行标准获得报酬。破产执业者应提供并持续、充分地向破产专业人员薪酬主管机构披露有关薪酬信息，该机构以此为基础就薪酬是否合理做出决定。实际薪酬应仅根据该机构的实际批准情况提取。六是执业管理。采取下列合理和适当的措施，有利于保障符合破产执业者及其代理人和服务提供者的利益、落实相关社会政策、促进破产法律系统的有效运转：记录存档、质量控制、风险管理、合规管理、投诉管理和专业赔偿 / 雇员忠诚保险（如有）。①

破产执业者的道德准则和伦理在实践中往往最不受重视，却能对破产法的实施产生直接而重大的影响。破产法律制度的设计无论多么完善和精妙，在法律实施过程中，均需要具有道德准则的执业者实施，道德准则和伦理作为软性规范，为破产职业共同体提供了充分的约束。但对我国破产实践进行检视，可以发现我国破产职业共同体的建设成果有限，对破产执业者的道德准则和伦理规范不足，影响了我国破产法实践。我国对破产执业者的道德准则和伦理的落实应当兼具强制性和教化性，对破产执业者的约束应通过破产自治机构与管理人选任规范完善同步进行，破产自治机构应当将破产执业者的道德准则和伦理具象化、规范化，制定执业者行为规范，既规定正直、客观、独立、公正等原则，也对执业者的具体行为做出规定，对执业者违反规范的，自治机构可在权限内对成员进行处罚；同时，法院在选任管理人时，也应当将违反上述规范作为考察点，降低违反规定的执业者在评选中的得分。在规范与处罚的同时，自治组织也应当重视对执业者的培训，建立完善的培训体系，将道德规范融入日常培训之中，并根据法律的修订和实际案例及时对道德规范和伦理培训的内容进行扩充和更新，为破产执业者高水平发展提供支持。

---

① 国际破产协会专家组：《破产执业者道德准则》，李正洋译，载李曙光、刘延岭主编《破产法评论》（第 3 卷），法律出版社 2021 年版，第 284—290 页。

第五章　破产法律文化变革与跨境破产法发展

第一节 《欧盟破产程序条例》视角下破产法律文化与跨境破产法发展

文化对于法律的重要性不言而喻，通常扮演着基础性的角色引导法律的发展，注重契约精神的西方国家更强调法律规则的理性，欧洲各国拥有着十分悠久的发展历史。受历史文化这一因素的影响，欧洲在破产法律文化上长期较为保守，英国最早的破产法序言甚至将破产债务人描述为不道德并且不怀好意利用别人的人。欧洲独特的历史、经济和文化塑造了欧洲国家对待债务人相对严格的态度，也使得美国而非欧洲成为了破产拯救文化的重要发源地。破产耻辱文化影响欧洲各国多年，但近代以来欧洲也是经济、政治变革的起源地，在法律文化和制度发展上走在世界前列，欧洲文化的复杂性在破产法律文化上也得到了体现。随着欧盟的发展，欧洲各经济体之间的交易日渐密切，跨境破产逐渐成为新的法律问题，不同立法主体之间在法律制度、破产法律文化之间都存在激烈冲突。为解决这一问题，欧盟先后以条约或条例的订立、通过与修订等方式对跨境破产问题进行规制，《欧盟破产程序条例》的立法与修改也在一定程度上打破了欧盟各经济体之间的制度、文化藩篱，将包容、以拯救为目的的破产法律文化在各国传播，除了对各国国内法的影响之外，跨境破产法律制度的完善使得欧盟破产制度多年以来在破产法律文化上的发展与变革彰显了破产拯救文化，破产耻辱文化在欧盟及其成员国的努力下逐渐趋于淡化。

一、《欧盟破产程序条例》彰显的破产法律文化分析

《欧盟破产程序条例》是跨境破产领域的优秀立法模范，代表了跨境破产领域的最新发展，新《欧盟破产程序条例》对旧《欧盟破产程序条例》的不足进行了修正，强化了确定性与可操作性。它的修订不仅为欧盟统一跨境破产法做了立法铺垫，也为世界上其他国家与地区跨境破产领域法律制度的构建与发展起到了重大促进作用。

（一）欧洲跨境破产制度发展历程与破产法律文化的影响

破产耻辱文化对欧洲各国破产企业的拯救制度形成了负面影响并且严重阻碍企业选择重整程序积极求生，欧洲各国早已意识到这一现象，尤其是在欧洲大陆许多国家中，企业重整的成功率并不理想，在很大程度上是普遍存在的破产耻辱文化导致的，如债权人、债务人的董事及高管都不愿意参与重整程序。在这样的破产法律文化背景下催生的破产法较为消极，不愿意接受新的立法设计，不同法系、不同破产法律文化的复杂性造成了欧洲各国在破产立法上的较大差异，在欧洲经济一体化的背景之下，跨区域的法律适用往往给当事人、法院造成了困扰。为了解决这一法律适用难题并改变破产法律文化，自 20 世纪 60 年代以来，欧共体以及后来成立的欧盟就不断尝试制定统一的跨境破产法律制度。早期的尝试多以公约的形式出现，如 1970 年《欧洲破产公约草案》、1982 年《欧洲经济共同体破产公约》、1982 年《关于特定国际性破产的欧洲公约》以及 1995 年《欧盟跨国破产公约》，这些公约虽然先后制定，但均因种种原因未能付诸实践，并未给实践中的操作难题提供解决方案。为攻克这一难题，避免上述公约沦为一纸空文，欧盟理事会做出了积极应对，缔结了 1999 年《阿姆斯特丹条约》，欧盟立法机构于 2000 年 5 月 29 日正式通过并颁布了《欧盟破产程序条例》，对成员国直接产生法律效力（丹麦除外）。该条例作为欧洲乃至全世界跨境破产法发展史上的标志性成就，有着十分重要的意义，真正开始协调欧盟成员国间的破产法律适用，打通各国破产法律之间的藩篱，促进破产法律文化的传播。在这一规则

的长期适用中，立法设计的诸多不足逐渐显现，欧盟委员会认为规则整体运行良好，但个别条款尚待改进。在此基础上，欧盟立法机构于 2015 年 5 月 20 日通过修订的《欧盟破产程序条例（第 2015/848 号）》，即新《欧盟破产程序条例》，为旷日持久的欧洲跨境破产法改革画下了一个圆满的句号。

法律塑造文化抑或文化塑造法律？这是一个值得深入思考的问题。欧洲跨境破产法律制度的发展可以对此问题做出初步回答，即破产法律制度是社会治理的工具，它具有很强的实用价值，同时在法律的制定与实施中也必须慎重考虑到文化的特定价值，这一特性在欧洲地区跨境破产法律的悠久历史中得以体现。资本主义发达的欧洲各国对建立跨境破产制度的追求源远流长，早在 1302 年，商品经济发达的地中海地区就出现了正式被记录在案的跨境破产案件。意大利的皮斯托亚共和国的阿曼纳提银行破产案是欧洲最早正式记录的跨境破产案件，该公司在罗马的分公司经营不善面临倒闭，企业财产也被转往皮斯托亚。银行的破产涉及债权人众多，而在罗马的债权人也包括罗马教廷，由于企业财产被转移，债权人的利益面临损失。为了维护罗马教廷的利益，当时的罗马教皇博义八世首先发布谕令禁止银行的所有者瓜分银行资产，并且责成所有的债务人在未经教廷批准的前提下严禁擅自分配财产；同时向位于欧洲各国的债务人们承诺其在罗马的安全，以换取债务人与债权人合作的机会，最终教廷凭借其超越国界的权力，将位于国外的破产财产集合在了一起，并在债权人之间分配。这是欧洲乃至世界范围内首例有案可查的跨境破产案件，也依赖于“破产管理人”巨大的权力方能妥善解决，不具有可复制性。

二战之后几十年间，随着欧洲一体化进程的不断推进，欧洲跨境破产制度不断发展，各国在签署跨境破产多边条约上付出了诸多努力。早在 1960 年，欧共体针对各国民商法起草裁定承认和执行条约，但破产法律制度较为复杂，各国法律规定冲突较大，因此破产法没有被纳入条约的起草范围内。1963 年欧洲另行组成委员会开始起草跨境破产条约，并于 1970 年完成了第一版法语版草案，1973 年对外发布英文版草案。这份草案的初衷是制定欧共体各国可以统一适用的破产法，但统一破产法的制定存在诸多困难，立法者的经验和当时的环境不足以支持草案的实施，导致草案的制定无果而终。1980 年，欧共体各国又完成一份新的草案，并在两年后对外正式发布，但草案未能解决原有草案存在的问题，很快也销声匿迹了。20 世纪 80 年代，欧洲各国破产法迎来革命性的变化，建立统一跨境破产规则的呼声越来越强，在此背景下欧洲各国在跨境破产领域达成 1990 年《伊斯坦布尔条约》草案，为复杂的跨境破产提供了更为灵活的处理机制。遗憾的是，在签署期届满前，只有 8 个国家签署该条约，通过该条约的国家也只有塞浦路斯，草案最终亦难逃厄运。5 年后，各方在 1990 年草案基础上提出 1995 年草案，但草案受当时疫情的影响错过了签署期。

欧洲在过去几十年的跨境破产机制建设中经历的坎坷历程彰显了建立跨境破产制度面临的种种困难，除了破产制度的复杂性之外，各国破产法律文化的限制也是重要原因。受传统的破产耻辱文化影响，破产企业大多走向清算，跨境破产制度的意义也仅在于对分布于各国的破产财产进行统一处置，对不同国家的债权人进行清偿。但是出于对本国债权人的保护，各国往往不愿意将本国的破产财产向其他国家的债权人进行分配，此时的跨境破产类似一种零和游戏，因此在破产耻辱文化背景下，各国都不具备充分的动力推进跨境破产制度的建设。

随着欧洲破产法律的发展，破产拯救文化也在各国出现，即在社会普遍认可当债务人已经破产或者接近破产的时候，应尽可能地鼓励其避免破产或者清算，挽救不堪重负的债务企业，使其恢复生机，从而有利于社会的稳定及进步。企业的重生既有利于债务人，也有利于债权人，使其在重整程序中的清偿率高于清算状态下的清偿率。在破产拯救文化背景下，各国的破产制度也发生了变革，制度的主要目的是使陷入困境企业摆脱困境、重新恢复正常生产运营或者将其中有价值资源注入新的企业重新构成生产要素，同时也使企业家从原有企业羁绊中解放出来，实现企业与债权人、企业家的共同保护。而以企业重生和挽救为主要目标的法律制度与传统以清算为目的的法律制度有较大区别，对于破产程序的参与者来说，维持企业运行和重生将为自身带来更多的利益。而在跨境破产之中，各国对于本国债权人进行保护的方式也不再是避免破产财产向国外债权人进行分配，而是共同发挥重整制度优势，为全体债权人争取利益最大化，从而为本国经济发展、国民利益带来更多的好处。

因此，欧洲跨境破产制度的建立与破产拯救文化的传播是区分不开的，破产重整、破产和解制度重在对有经营价值的危困企业实施破产拯救，从而实现破产保护，保存社会就业机会，促进市场主体的设立、重组、拯救、复苏或退出的良性循环。在此背景下，各国对于建立跨境破产制度的动力也更加强劲，《欧盟破产程序条例》的颁行和生效离不开破产拯救文化的传播，而对新《欧盟破产程序条例》进行分析，可以发现其对破产法律文化也具有开放、包容的态度，是破产拯救文化的传播者。

（二）新《欧盟破产程序条例》提倡尊重多样性的破产法律文化

为实现欧盟跨境破产法律制度统一适用的目标，同时考虑欧盟各成员国文化、历史、习惯及法律制度的多样性，新《欧盟破产程序条例》采取了主从程序并行的平行破产结构。规章序言第 20 条解释了采用此种结构的初衷如下：由于各成员国国情及法律制度方面存在着巨大差异，制定统一的欧盟破产法是不切实际的，为此新《欧盟破产程序条例》只能在维护各成员国现有的破产机制的前提下，强化及完善跨境破产案件中不同破产程序的协调。因此，一方面，对某些特别重要的权利和法律关系（比如物权、雇佣合同），规定在准据法方面应制订特别规则；另一方面，规定主破产程序在欧盟范围内普遍有效，而任何成员国国内的从破产程序仅对程序启动国境内的财产有效。

欧盟跨境破产的基本制度框架为：在债务人“主要利益中心”（Center Of Main Interests，简称为 COMI）所在地启动主破产程序（Main Insolvency Proceedings），主要收集债务人所有的财产，该程序在欧盟范围内普遍有效；为了尊重各方利益的多样化，该规章还允许从破产程序（Secondary Insolvency Proceedings）与主破产程序平行运行，但只在债务人有产业的成员国启动，而且其效力也仅限定在其成员国。平行程序的设计兼具合理性与效率性，可以在尊重各国主权的基础上推动跨境破产程序的顺利完成。新

《欧盟破产程序条例》在尊重各国破产制度多样性和提倡互信破产法律文化上做出了如下努力：

第一，新《欧盟破产程序条例》同样以“主要利益中心”（通常将公司或法人的注册办事处推定为债务人主要利益中心所在地）及营业所（债务人以人力、货物进行某种非临时性的经济活动的任何营业场所）为标准，确立了独具特色的管辖权制度，实行“债务人就近”原则，相比其他模式更具灵活性，是跨境破产管辖权制度的一种创新模式。债务人“主要利益中心”所在地的成员国具有启动主破产程序的管辖权，而另一成员国只有在债务人在该国拥有营业所的情形下，才能对债务人启动从破产程序，这种限制可有效防止平行破产程序给主破产程序普遍性的效力造成损害。在主要利益中心规则的基础上，新《欧盟破产程序条例》还设计了强制性的自动承认、允许平行破产程序、多方交流合作机制为跨境破产承认与协助建立一套行之有效的法律制度，解决了欧盟成员国之间在跨境破产问题上的分歧与矛盾。

“主要利益中心”规则着重强调主破产程序的普遍性效力，该规则决定了哪个国家可以启动主破产程序并拥有主要管辖权。据此，任何根据新《欧盟破产程序条例》第 3 条规定拥有管辖权的成员国法院所做出的关于启动破产程序的判决，从其在程序开始国生效时，就应得到其他所有成员国的自动承认。自动承认是新《欧盟破产程序条例》的一项基本原则，不仅将程序启动国破产法律的程序效力延伸至其他成员国，而且无须通过预备程序宣告其效力，从而“体现了成员国之间的互信原则”。因此，对于主破产程序，法院作出启动程序的判决无须其他手续。根据新《欧盟破产程序条例》第 25 条第 1 款的规定，主程序进行中及程序中止的判决、程序开始后采取的保全措施、衍生自破产程序中的判决以及与破产程序直接相关的判决等也都无须其他任何手续即可获得其他成员国的自动承认。在跨境破产问题上，案件的管辖权至关重要，新《欧盟破产程序条例》的首要追求目标就是区分主从破产程序并赋予主破产程序核心地位，这在主程序管辖法院拥有一系列主要权利以及在从破产程序管辖法院所受到的诸多限制上有充分体现。由于《欧盟破产程序条例》仅适用于债务人“主要利益中心”位于欧盟成员国境内的情形，成员国与非欧盟成员国之间发生的跨国破产案件的处理由成员国国内法调整，为避免本国在跨国破产的法律适用上产生冲突的状况，欧洲多个成员国与非成员国为了能适用《欧盟破产程序条例》，也积极进行立法改革。

第二，普遍主义与地域主义之争在平行破产程序中得到平衡与协调。新《欧盟破产程序条例》规定主破产程序的启动并不意味着其他成员国不能启动破产程序，一个附属程序即从程序的启动仍然是可以进行的，此设计考虑到了各国的主权地位，尊重各国的司法权力。从破产程序的效力被条例所认可，是普遍主义和地域之争的第一个调和尝试。新《欧盟破产程序条例》设计的平行程序相关制度不仅仅是对地域主义的让步及对从破产程序开始国的保护，而且还能对程序的协调与整体推进起到作用。在跨境破产程序中，债务人的财产往往位于不同国家，而各国的破产程序设计也存在较大不同，为解决这一问题，直观的想法是将某一国家的法律在整个程序中适用，但政治的需要和各国主权意味着此想法并不现实。因此，条例允许从破产程序在各国的启动，以解决法律适用的难题。新《欧盟破产程序条例》为实现主从破产程序之间的协调，防止各程序产生冲突，还建立了专门的沟通、配合机制。为了更好地实现多个破产程序的协调与合作，最大限度地推进跨境破产顺利进行，不同清算人必须要实现互助合作与信息共享，保证主破产程序的支配性地位。条例赋予主破产程序清算人较为广泛的对从破产程序的介入权，如提出拯救计划、和解等措施而非清算终结从破产程序或申请变现资产等权利。此外，条例还规定从破产程序中的剩余财产应移交给主程序清算人，解决了剩余财产归属的问题。新《欧盟破产程序条例》通过平行程序的设计较成功地解决了普遍主义与地域主义间的冲突，建立了主从程序的有机协调机制，使不同国家、不同程序能够在保持必要独立性的基础上合作推进跨境破产程序。

第三，放弃互惠原则的限制并最大化便利承认与协助制度。新《欧盟破产程序条例》第 25 条第 1 款规定，应根据关于民商事管辖权及承认与执行《布鲁塞尔条例》原则和相关规定得到强制执行。《布鲁塞尔条例》是关于民商事管辖权及判决承认与执行的欧盟统一国际私法规范。在判决的承认与执行方面，其坚持不对实体问题进行审查的基本原则。一般情况下，某成员国作出的并可在本国执行的破产判决，经利害关系人向被申请执行国相关法院或有关机构提出申请，在另一成员国作出执行决定时可得到执行。根据《布鲁塞尔条例》第 41 条规定，判断一项外国破产判决是否可被执行的条件并不苛刻，因为，执行申请审查阶段几乎是一项自动程序（无须根据公共政策、缺席判决、是否与其他有关法院判决冲突、是否享有管辖权等理由对执行申请进行程序上的审查），在向被申请法院提供判决复印件和法院证书等法律文件后判决即可被宣布予以执行。

（三）新《欧盟破产程序条例》强调合作与交流的破产法律文化

强调参与破产程序各方的合作与交流是新《欧盟破产程序条例》的首要任务之一，破产程序本来就涉及到复杂信息沟通与程序推进问题，在多个平行程序存在的情况之下，各程序交流协调的必要性更是大大增加。根据新《欧盟破产程序条例》的设计，多个破产清算人之间有义务对破产实务进行交流与信息共享，但在实践中，各方主体出于对自身利益的保护对信息交流往往有所顾虑，若没有具体的制度予以细化和保护，将导致交流不通畅、合作不彻底。因此，新《欧盟破产程序条例》重点推进建立全方位的合作与交流机制。这一点在序言第 48 条中得到了说明，即所有参与跨境破产程序的主体都要进行适当的合作与交流，加强主从破产程序的破产执业人之间与各个法院之间的合作与交流，从而有利于总资产的有效管理和利用。全方位的合作与交流意味着不同程序、不同角色都需要进行交流，合作主体包含破产执业人与管辖法院等，不同程序涉及的破产执业人之间、法院之间以及破产执业人与法院之间，都有义务依照条例的规定展开适当的合作与交流。新《欧盟破产程序条例》序言部分特别声明了这一合作的意义，即如果所有平行程序中涉及的角色之间有恰当的合作，主破产程序与从破产程序能极大促进债务人破产财产管理的效率或总资产的高效变现。破产执业者与管辖法院之间有效合作，充分进行信息共享，为主破产程序顺利推进保驾护航。为充分发挥主破产程序对全局的主导作用，相关破产执业者也应该介入从破产程序，在从破产程序中发挥制定并提交重组计划、申请和解或者申请暂停破产程序进行。具体而言，新《欧盟破产程序条例》从以下三个方面凸显了交流与合作的重要性及必要性：

1. 破产执业人之间的合作与交流

旧《欧盟破产程序条例》已对破产清算程序中的交流与合作进行了基本规定，新《欧盟破产程序条例》中的跨境破产制度则涉及到更多的企业重整拯救程序，对破产执业人的要求大幅度提高，破产执业人之间合作与交流的必要性也进一步凸显。按照新条例的法律框架，对于同一跨境破产案件的数个破产执业人，应该在不违背实体法规则的前提下建立合作，具体而言可以通过开展签订协议或协议书等合作方式完成合作，破产执业人可以从多个方面对案件展开沟通与交流。首先，破产执业人之间如实、高效、便利共享与破产程序相关的所有信息，如申报、核实债权的相关信息，力求对债务人企业实施重整拯救措施或者程序终止。为保障交流顺利高效，各方应制定并实施相应的机密信息保护机制安排。其次，深入挖掘债务人实施重组的可能性，一旦发现该可能性存在，就应当立即制作切实可行的重组方案并开展合作。最后，充分协调债务人资产变现事宜以及债务人管理的其他事宜。为充分发挥主破产程序的主导作用，从破产程序的破产执业人，应当尽早向主破产程序的破产执业人提供从破产程序资产变现与利用的方案。新《欧盟破产程序条例》还规定，前述关于不同破产程序间破产执业人的合作条款准用主从破产程序或其他区域性破产程序。

2. 法院之间的合作与交流

新《欧盟破产程序条例》提供了一个合作与交流的框架，其中就包括法院与法院之间的交流。根据新条例规定，为促进涉及同一债务人的主破产程序与从破产程序之间的协调，拟启动或已启动相关程序的法院，应在相关国家程序规则允许的前提下，与其他任何法院在拟启动或已启动程序前展开合作；法院可以在不违反强制性法律规定的前提下根据实际需要任命专业人士或者机构，并根据专业人士的指导开展合作。在新《欧盟破产程序条例》的序言中，就强调了这种合作的具体方式："不同成员国的法院在协调破产执业人的任命方面，亦可展开合作。在这方面，在不违反适用于相关程序的规则，尤其是涉及破产执业人资格和执照的要求的前提下，他们可以为多个涉及同一债务人或者集团公司不同成员的破产程序任命单独的破产执业人。”基于此原则，相关法院、被任命的独立人士或机构可以在尊重相关各方程序性权利和保密信息的前提下，以他们自己的名义，直接展开交流、索要信息或获取协助。具体而言，不同法院、被任命的独立人士或机构之间的合作，可以通过如下方面实现：第一，在破产执业人的任命上互相协调；第二，通过法院认为合适的任何方式交换信息；第三，在债务人的财产及其他事务管理和监督方面互相协调；第四，在庭审进展方面互相协调；第五，必要情况下，在议定书的批准方面互相协调。

3. 破产执业人与法院之间的合作与交流

除了执业人之间、法院之间的合作，加强不同破产程序中破产执业人与法院之间的合作与交流，也是新《欧盟破产程序条例》的新机制要求，为促进针对同一债务人的主破产程序、从破产程序和地区性破产程序之间的协调，主破产程序的破产执业人，应该与拟启动或已启动从破产程序的任何法院合作与交流。同时，从破产程序或者地区性破产程序的破产执业人，应与拟启动或已启动主破产程序的法院合作与交流。另外，从破产程序或地区性破产程序的破产执业人，在不涉及利益冲突且不违反详细程序规则的前提下，应与拟启动或已启动从破产程序的法院展开合作与交流。作为一项基本原则，新条例规定，任何债权人都可以在主破产程序和从破产程序中进行债权申报。另外，主破产程序与从破产程序中的破产执业人，应被授权以债权人身份参与其他程序，尤其是出席债权人会议，以便了解其他程序进程。

（四）新《欧盟破产程序条例》凸显耻辱文化与拯救文化并存

当今欧盟的破产耻辱在性质和程度上都与过去不同，现代破产法律制度所带来的破产耻辱与以往相比温和了许多。几个世纪以前，破产的个人不仅要被世人贬低和羞辱，甚至还可能会被刑法制裁，严重者可能失去自由和生命。而耻辱文化与拯救文化均在新《欧盟破产程序条例》中得到了彰显，可想而知，这种复杂的破产法律文化对债务人企业将继续产生深远的影响。在破产耻辱文化的影响下，一旦债务人企业连续处于亏损状况，陷入资不抵债的情形，交易相对方和大众就会对企业抱有疑虑，如果企业不能及时扭亏，其面临的破产风险将会带来一系列的不良后果，如产生销售量下降、合同解约等情形，使原本经营困难的企业雪上加霜，因为合作伙伴或者购买者可能会怀疑销售者能否如期交货，能否保证产品质量。濒临破产的企业也会面临前所未有的信用危机，回收应收账款可能会变得更加困难和耗费时间，因为应付款方会认为可以拖到企业破产从而免于支付款项。同样，消费者与客户可能会由于担心不稳定的备件供应和不可实现的保修请求而转向债务人企业的竞争对手。即将来临的破产通常也会对企业成员的士气造成不利的影响。债务人很快就会发现，如果在市场上存在竞争对手或其他适合的工作，那么雇佣新员工几乎不可能。同时，优秀的专家、管理人员以及技术工人可能都会离职。① 即使债务人破产后，回归市场与社会也很困难。2007 年欧盟委员会的调研结果可以印证上述内容，接受调查的市场参与者中有 47% 的人表示他们永远不会再向一家曾经破产的企业订购任何商品或者是服务，51% 的参与者声称他们永远不会投资这些企业。

考虑到信贷机构、保险公司和其他金融机构的破产程序往往受制于特殊的法律制度，在某种程度上，国家监管当局对金融机构的破产有非常广泛的干预权，欧盟法规将金融机构的破产排除在适用范围之外。然而，欧洲联盟理事会为填补金融机构跨境破产的立法空白，先后制定了《关于保险机构重组和清算的指示》和《关于信贷机构重组和清算的指示》。但是，与新《欧盟破产程序条例》不同的是，上述指令充分体现了母国控制原则（母国的行政或司法当局拥有决定和执行一项或多项重组措施或启动清算程序的唯一权力），并将从破产程序完全排除在外，其域外效力也遵循不完全普遍主义，在法律适用上允许诸多例外。这种例外无疑受到欧盟规则的影响（法律冲突规则是欧盟规则的一个重要成功典范）。不过，与欧盟条例直接适用于成员国不同的是，该指令不具有直接的法律约束力，其最终实施需要得到

① ［美］蒂伯·塔基提：《破产耻感与再生政策》，李泽民译，载李曙光、刘延岭主编《破产法评论》（第 1 卷），法律出版社 2018 年版，第 61 页。

成员国国内立法的确认。欧盟条例直接适用于每个成员国，无须国家行政立法，更有利于统一各国在跨境破产管理方面的做法。虽然欧盟条例大力追求普遍主义目标，但主破产程序的普遍性仍在一定程度上受到属地程序的限制，此限制并未从根本上损害欧盟条例的普遍主义目标，因为如果一个成员国要启动从破产程序，必须首先证明债务人在本国有营业地，而欧盟法规也赋予了主破产程序的清算人干预从破产程序的权力。这反映出欧盟条例试图在普遍主义的基础上，以平衡、务实的方式处理跨境破产问题。这种灵活性有助于各国进行合作，因为各国在破产法得到一定尊重的前提下更容易合作。欧盟条例被认为是迄今为止在制定适用于许多国家的具有国际效力的准则方面最重要的成就。它们在欧盟以"超国家法"的形式实施，从而为涉及两个或两个以上成员国的跨国破产提供了一套相互接受的法律框架。与欧盟此前制定的几项破产程序公约均以失败告终相比，《欧盟破产程序条例》无疑代表了欧盟国家在跨国破产领域漫长斗争的最终胜利。

从欧盟政治、经济结构分析，欧盟跨境破产制度的根本出发点在于其内部市场，为充分发挥内部市场的作用，跨国破产程序必须有效运作。鉴于欧盟内部企业经营行为中的跨境因素越来越多，这些企业的破产必然影响内部市场的正常运行，这也是欧盟需要对潜在的跨境破产做出制度性回应的原因。欧盟跨境破产的主要目的是促进内部市场的正常运行，防止破产程序的参与者通过将资产从一个成员国转移到另一个成员国或选择司法程序来寻求更有利的法律地位，损害债权人的整体利益。为了实现上述目标，同时考虑到欧盟成员国法律制度的多样性，新《欧盟破产程序条例》提供了一个平行的破产结构，其中包括平行的主从破产程序。由于成员国国情和实体法的巨大差异，制定统一的欧盟破产法是不现实的，在这种情况下，新《欧盟破产程序条例》只能在维护成员国破产机制的前提下，加强跨国破产案件中不同破产程序的协调。因此，一方面，对于一些特别重要的权利和法律关系（如财产权、劳动合同等），条例明确规定应当在适用法律方面制定专门的规则；另一方面，该条例明确规定主破产程序一般在欧盟有效，而任何成员国的从破产程序仅对启动程序所在国的财产有效。由此可知，欧盟各国受到破产耻辱文化的影响并未根本改变，但随着跨境破产制度的建立，破产拯救文化的作用越来越重要，两种文化的混合给未来跨境破产的法律适用带来挑战的同时也带来更多机遇。

二、《欧盟破产程序条例》对成员国跨境破产法的影响

（一）跨境破产发展态势分析

在当今全球经济中，商业、贸易和国际金融呈现高度统一的态势，随着经济全球化程度的提高，跨国破产案件数量急剧增加。然而，由于扩张战略失误、经营决策失误和全球经济危机，许多跨国公司陷入经营困境，破产倒闭，跨国破产案件越来越频繁。目前，各国破产法律制度存在很大差异，当债权人、债务人以及债务人的财产分别位于多个国家时，上述法律的差异会引起它们之间的矛盾和冲突，如跨国破产案件管辖权的争夺、是否承认外国破产程序等。为了处理跨国破产案件，促进国际司法协助，世界各国都寻求通过双边协议和国际公约来协调各自的跨国破产法律制度。区域性跨国破产法统一运动取得了巨大成就。2000 年 5 月通过的《欧盟破产程序规则》成功地实现了欧盟地区跨国破产立法的统一，对世界其他地区的跨国破产制度建设产生了重大影响。该条例生效后的几年被欧洲学者称为跨国破产法的“成就年”。德国、奥地利、西班牙、波兰等欧盟成员国都不同程度地受到欧盟破产程序条例的影响，纷纷对本国跨境破产进行立法或修正。该条例采用法规的立法形式，而不是双边或多边条约的形式，改变了只有欧洲英美法系国家的“礼让”规则和大陆法系国家法院颁布的“执行令”才能解决跨境破产重大法律冲突的传统模式，协调成员国在破产程序上的不同立法规定，从而有效地促进欧盟跨国破产法的统一进程，具有一定的现实意义。同时，欧盟破产程序条例在欧盟的成功实施，为区域性跨国破产的统一立法提供了模式，对世界其他国家或地区的跨国破产立法产生了深远的影响。

（二）新《欧盟破产程序条例》为成员国提供的立法启示

新《欧盟破产程序条例》决定放宽破产程序的适用范围，旨在给企业重生的机会，通过重整公司业务，帮助债权人回收债务。如果以破产耻感程

度作一个图谱的话，那么欧洲很有可能会处在该图谱的最顶端。欧盟破产法律文化给成员国带来的影响渗透到理论和实践的方方面面，新条例的出台为成员国破产企业提供了有效救济，主要包括以下变化：

1. 条例适用范围扩大

旧条例将适用范围限定在欧盟境内发生的集体破产程序，并规定在破产程序中应当剥夺债务人全部或部分对其资产或事务的控制，以及需要任命破产清算人。然而，近年来，许多成员国倡导给予债务人企业第二次生存机会，纷纷将破产前程序和混合程序纳入其国内破产立法中，允许对短期内无法清偿债务但尚未破产的企业进行重整，以拯救这些在经济上有望但暂时陷入困境的企业。同时，成员国还改进了国内破产程序来处理与消费者或自雇人士有关的涉及债务豁免或债务调整的程序，例如减免债务人应偿债务数额或延长债务人偿债期限的程序。显然，这些程序不符合旧条例对破产程序的定义，因为其不必然需要任命破产清算人，且债务人能够全部或部分保留对其资产和事务的控制，此时的债务人被称为“占有中的债务人”。因此，传统破产观念下的旧条例无法对上述新型破产程序予以规范。

为适应破产立法与实践的发展，新条例第 1 条在旧条例的基础上扩大了破产程序类型。无论是基于相关破产法律旨在重整或清算的临时性程序，还是法院为同意债权人与债务人进行谈判而许可的并能采用有效措施保护整体债权人利益的、个体债权人执行程序中的临时中止程序，或是为体现公开性而启动的其他相关破产程序，都被纳入了新条例的适用范围。可以看出，欧盟立法者已经意识到实践中破产程序多样化的发展趋势，传统破产程序的变化和扩展使得旧条例对破产程序的限制不合时宜。为了对新产生的程序进行调整，充分利用这些有活力、有价值的程序，新条例对适用范围进行了扩张，这一做法试图允许新条例尽早对破产程序进行规范，降低企业陷入破产清算的可能性，推动企业的拯救与重生。同时，新条例废除了旧条例第 3 条第 3 款对从破产程序必须是清算程序的限制性规定，取而代之的是第 51 条的规定，即可以将从破产程序转换为本条例附件中的任何类型的程序，消除了当主从破产程序是不同类型的破产程序时可能产生的矛盾与冲突。

新条例还进一步强调了破产程序的“公开性”，将一些涉及秘密的、不宜公开的破产程序排除在其适用范围之外，避免相关债权人或法院因信息流通不畅难以知晓该破产程序的相关信息，进而影响债权人主张权利或法院启动破产程序等正常程序的实现。而欧盟境内保险公司、信贷机构、投资公司或投资集团公司等金融机构的破产，因其行业的特殊性以及政府监管机构的广泛干预，也被排除在新条例的适用范围之外。新条例被认为是在旧条例基础上的“革命性进步”，能够满足现代需求的同时在债权人与债务人之间以及普遍性与地域性之间保持平衡。不管是旧条例自身规定的不足，还是自旧条例生效以来实践中出现的各种新型跨境破产问题，新条例都予以了积极回应，进一步完善了欧盟跨境破产制度，有效应对了实践中日益复杂的跨境破产案件，并对世界其他国家或地区跨境破产制度的改革具有重要指导意义。

2. 主从程序的相互协调与衔接

根据欧盟破产规则，公司在别的成员国有营业所，就无法阻止其在该国开始单独的从破产程序。从程序是在继主程序之后，仅清算位于该国境内的财产。这种对当地程序的尊重适应了成员国的需要，同时可以避免外国程序过多地干预本国的破产体制。但处理营业所分支机构的当地债权人在特殊情况下甚至能在主程序开始前发动从破产程序，而不是必然对财产进行清算。这表明在主程序前开始从程序是限于一定的范围和场合。但无论发生哪一种情况，主程序与从程序的财产清算人都要加强相互合作并沟通信息，旨在确保两个程序为保护所有债权人的利益而存在。

（三）新《欧盟破产程序条例》对成员国跨境破产法律制度的影响

新《欧盟破产程序条例》在除丹麦以外的成员国内自动生效，任何成员国现存的本国法律条款，包括案例法、先例、任何程序规则以及实践，如果与该规范相冲突，自动停止适用。新条例旨在使跨国破产程序能够高效运行，对破产债务人的财产采取相同的措施，为所有破产债权人利益进行的破产管理不应考虑债权人的属国因素，各国债权人都应该得到平等对待。由于新条例在欧盟成员国内的效力，英国、德国、法国在跨境破产问题上均要适用这一规范，其关于跨境破产的立法也受新条例影响。

1. 对英国的约束力分析

在欧盟经济一体化中，当欧盟居民选择一个成员国作为其跨国公司的“主要利益中心”时，将优先考虑国内破产法对债务人更为有利的国家。英国凭借破产法的优势，吸引众多跨国公司在英国设立主要利益中心或注册地，以促进英国经济发展。然而，2016 年 6 月 24 日，英国通过公投宣布脱离欧盟，其对跨境破产的影响值得探讨。

首先，根据《里斯本条约》第 50 条，每个成员国有权根据其宪法规定决定退出欧盟。因此，英国决定脱欧并不违反《里斯本条约》。在做出脱欧决定后，英国必须尽快与欧盟展开双边谈判，讨论脱欧的后果，特别是双方未来的关系。通常的谈判期限是两年，如有必要，双方可决定适当延长。一旦谈判期结束，所有欧盟法律将不再适用于英国。在跨境破产领域，英国与欧盟的善后谈判将产生两种不同的结果：

其一，若所有欧盟成员国同意英国可以继续适用欧盟破产程序条例（第 2015/848 号）。届时，英国与欧盟成员国继续实行新条例下的破产程序启动自动承认机制和破产判决自动承认与执行机制。英国仍然可以凭借破产法的优势，在跨国公司主要利益中心的备选名单中占据一席之地，减少英国脱欧对其本国经济发展的影响。

其二，若英国与欧盟不能就此达成协议，新旧欧盟破产程序条例均将不再适用于英国。届时，英国破产判决将不会自动得到欧盟成员国的承认和执行；破产从业人员与法院之间没有强制性的沟通和交流义务，因此，英国法院及其破产从业人员难以了解海外破产程序的相关重要信息；当其他欧盟成员国启动主破产程序时，英国将无法启动从破产程序以保护当地债权人的利益等。与此同时，承认并执行民商事案件判决的欧盟第 1215/2012 号条例也将失去对英国的影响。除非英国与其他欧盟成员国达成新的双边或多边跨境破产协议，否则英国债权人将需要向债务人财产所在的欧盟成员国法院提交一份又一份申请。显然，这种方式将大大增加英国债权人的维权成本，英国在跨境破产案件中也将处于非常被动的地位。

在过去的几年里，破产拯救文化在世界范围内快速发展。近年来，许多国家的企业救助立法经历了一个改革与发展的过程，它们都试图通过立法为公司克服财务困难提供更多的机会。英国 1986 年《破产法》自适用以来经历了漫长的历史，然而，它在企业救助领域的效果却令人失望。2002 年《企业法》标志着英国企业破产法的方向发生了转变，这意味着英国已经意识到 1986 年《破产法》的弱点，并迈出了英国发展救援文化的第一步。

2. 对德国破产法的影响

欧盟破产法律文化给成员国带来的影响是巨大的，无论在司法抑或立法上均有体现，如在跨境破产管辖权方面，德国破产法对于管辖权的规定既有与欧盟一脉相承的倾向也有其自身特色的保持。德国国际破产法广泛吸收了《欧盟破产程序条例》的规定，但立法者有意不完全吸收这一条例，因为对于第三国来说，条例包含的对法治国和司法效力的信赖并非在每个案件中都是正当的。①

德国颁布关于企业集团破产的立法草案时，创新地引入了集体管辖与移送管辖相结合的制度，并在确立合并管辖连接点时采用了“受理优先”原则。即便草案中的合并管辖并非强制性的制度，但新的机制仍然可以为司法实践提供指引，从而避免陷入以往司法实践中“于法无据”的尴尬境地。在欧盟，新的破产规则出台之前，理论界主要试图通过解释“主要利益中心所在地”为合并管辖提供依据，具有代表性的两大理论分别为“管理中心理论”与“经营活动中心理论”。在司法领域内，裁判者继续坚持《欧盟破产程序条例》第 3 条第 1 款设定的推定规则，即将公司的注册登记地推定为主要利益中心所在地，当且仅当存在客观的、第三人可以辨别的因素表明公司的主要利益中所在地其实并不在公司的注册登记地时，推定规则才可以被推翻。在具体判断“主要利益中心所在地”的过程中，欧盟法院渐渐地放弃了原有的“管理中心理论”，而是明确地采用了更为客观的“经营活动理论”标准。司法实践日益完善了“主要利益中心”标准，但仍存有较大的裁

---

① ［德］乌尔里希·福尔斯特：《德国破产法》（第 7 版），中国法制出版社 2020 年版，第 363 页。

量空间。新《欧盟破产程序条例》出台后，“主要利益中心”标准进一步被细化，针对恶意“挑选法院”现象的防御措施也进一步完善，欧盟的立法者还专章规定了企业集团破产并将重点放在了企业集团内部的合作方面。虽然建立合并管辖的前景很美妙，但还是有很多难以克服的问题隐藏其中，故无论是德国法还是欧盟法最终都没有采取“实质性企业合并管辖”方案。因为该方案一方面与“独立法人人格”原则有着无法调和的矛盾，另一方面不考虑企业形式多样性的合并管辖方案在现实中也并非总是受欢迎的。就具体方案而言，首先，德国的立法者以一种非常新颖的方式引入了集体管辖制度，同时允许法院在特定情况下移交管辖。该草案中的集体管辖制度并非是强制性的，换言之，其规定的集体管辖仅仅是为破产实践提供一种解决方案。其次，草案在确定集团管辖的时候还采纳了“受理优先”原则，从而可以保障破产程序顺利进行。最后，为了消除或减少“受理优先”原则本身隐藏的“管辖权时间赛跑”问题，立法者也规定了与之配套的防御措施，从而促使立法者追求的效力和法律的安定性两大价值可以较好地融合在一起。

由于欧盟成员国当然适用《欧盟破产程序条例》关于跨境破产的规定，因此在德国国际破产法中，主要针对第三国进行了跨境破产认可和协助的制度建构。在启动程序上，德国破产法第335条借鉴了新《欧盟破产程序条例》第7条第1款的规定，对启动国破产程序及效力进行判断。德国法律还规定德国可以对外国破产程序进行认可，但认可并不意味着放弃对国内财产的管理，法律同时允许德国法院启动从破产程序处置国内的破产财产，对于主从程序之间管理人合作、沟通及剩余财产规定方面的法律设计，德国国际破产法同样借鉴了新《欧盟破产程序条例》的规定。①

总之，欧盟若建立统一的企业集团合并管辖将带来更多的问题，鉴于该问题的复杂性，欧盟并没有像德国一样引入集团管辖制度，取而代之的是在法案修正案里增加“企业集团破产”一章，这在企业破产领域其实是迈出

① ［德］乌尔里希·福尔斯特：《德国破产法》（第7版），中国法制出版社2020年版，第363—365页。

了很大的一步，至少应视为一个良好的开端。本次改革的关注点在于如何完善破产法院与破产管理人的合作机制。总体而言，新法案并没有进行变革性的修改，而只是在原法的基础上借鉴了近些年来学界和司法界的主流意见并进行了稳妥的过渡。德国立法对于新《欧盟破产程序条例》的借鉴也意味着新条例蕴含的破产法律文化理念得到了德国立法者的认可；同时，德国立法在对待第三国上也吸收了新条例的主要制度设计。

第二节 《跨境破产示范法》视角下破产法律文化与跨境破产法的发展

一、《跨境破产示范法》彰显的破产法律文化分析

不同法律体系的个人受法律环境的影响可能会对自己国家的法律存在“消费者偏好”，实体商法的统一过程不可能是自我执行的。由于商法反映了一个社会所做的分配选择，各国在商法上的协调统一注定是一个艰巨的过程。事实证明，各国往往无法建立统一的实体商法，此时，它们就会把注意力集中在解决跨境经济活动所带来的法律冲突方面。跨境破产面临的基本问题就是债权人、债务人及债务人资产不在一个法域，故跨境破产法聚焦解决债务人在不同国家或地区持有资产所产生的法律冲突。各国跨境破产法通常主要在属地主义与普遍主义之间做出选择。根据属地主义，每个国家对位于其管辖范围内的跨国公司资产适用本国的实质性破产法。根据普遍主义，跨国公司拥有其“主要利益中心”法域的实体破产法适用于跨国公司在世界范围内的所有资产。属地主义与普遍主义的根本区别在于，属地主义原则下，各国有权保证对位于其管辖范围内的资产适用本国破产法；而在普遍主义原则下，各国需要接受外国法律可适用于位于其管辖范围内的资产。

随着跨国公司的崛起，寻求一种共同的法律方法来解决跨国破产问题的呼声越来越高，一些区域层面或国际层面先后发出倡议以制定一种统一的办法来处理跨境破产。值得注意的是，1997 年 5 月 30 日，联合国国际贸易

法委员会通过了《跨境破产示范法》，各国可直接将其纳入本国法律。《跨境破产示范法》体现了“修正后的普遍主义”，为法院依法公平、有效管理跨境破产提供了一个完全普遍主义的制度先例。在理论层面，赞成普遍主义的学者取得了胜利，但在实践中完全实现普遍主义仍然面临较大的困难。国家间经济相互依存的外生力量对跨国破产法的发展产生影响，而一个国家倾向于适用本国破产法而不是跨国破产法则主要基于以下两种原因：第一，它降低了参与跨境交易的成员学习外国破产法的成本；第二，即使没有学习成本或交易成本，放弃本国破产法优先分配结果的不可估量成本也会减少。普遍主义者已经认识到想建立一个全球都认同的公约难如登天，但一些普遍主义者始终坚持认为国际商法的任务就是制定无摩擦、冲突的国际法律制度，通过提高可预见性和降低事前与事后的交易成本来高效配置全球资本。然而全球化市场与自由贸易在 2008 年经济危机中受到冲击，因此，建立世界范围的破产法律制度以支持全球贸易与信贷市场的前景并不乐观。的确，在经济全球化与地缘政治的背景下，普遍主义理论的理想进度与实际推进速度并不匹配。但目前为止，普遍主义在跨境破产合作方面的进展也不容小觑，在规模较大的跨境破产案件中，普遍主义原则指导下的国际合作取得了较大的进展，如麦克斯韦[①]、雷曼[②]、北电[③] 破产案件。

虽然《跨境破产示范法》一定程度上成功促进了各国国内法对国外破产程序的承认与协助，但可以预见的是，当《跨境破产示范法》作为指导框架，并让各国立法机构在执行细节上拥有广泛的自由裁量权时，往往会出现不一致的裁判结果。最终，司法实践会受到国内法律制度与文化的制约，当法官遇到棘手的问题时，这些法律制度与文化将潜移默化地发挥重要作用。普遍主义者敦促法官从修正的普遍主义中汲取灵感，以一种系统导向的方式，根据普遍主义的目标来解释《跨境破产示范法》。目前修正的普遍主义还不是一个统一的理论，美国学者理解的普遍主义是指，法官应尽可能地遵

① In re Maxwell Comm'n Corp.，93 F.3d 1036（2d Cir. 1996）.

② In re Lehman Brothers Holdings，Inc.，422 B.R. 407（Bankr. S.D.N.Y. 2010）.

③ In re Nortel Networks，Inc.，532 B.R. 494（Bankr. D. Del. 2015）.

守外国破产程序的法律，以模仿“一院一法”，支持司法实践尽可能地实现普遍主义，但英国的普遍主义者认为法院的主要作用是协调破产程序，在无具体的国内法定授权的情况下，便无协助协调破产程序的义务。英国最高法院2012年在Rubin诉Eurofinance SA一案[①]及其后的案件，包括司法委员会裁决的英国其他类似案件均表明英国修正的普遍主义发展倾向为：第一，符合英国普通法关于附属清盘的概念，在跨界案件中提供协助的管辖权本质上是国内管辖权；第二，如果请求的协助没有具体列举的国内成文法或普通法依据，法院就不应在特定案件中进行合作。

（一）《跨境破产示范法》的历史发展变迁

《跨境破产示范法》的起源可以追溯到联合国国际贸易法委员会和国际破产协会于1994年在维也纳举办的一次联合学术讨论会。在各组织（如国际律师协会）以前拟订的案文基础上，贸易法委员会成立了一个工作组，由贸易法委员会成员国的代表与包括国际破产协会和国际律师协会在内的专业组织观察员组成，在1995年11月至1997年1月的四次会议期间商定并起草了《跨境破产示范法》条文。人们对示范法的认同速度可归因于如下因素：第一，工作组的审议工作是根据欧洲的事态发展进行的，在经过30年起起伏伏的过程之后，欧洲联盟的成员国最终就破产公约的内容达成了一致；第二，工作组借鉴了专业组织，主要是国际律师协会提出的最新倡议；第三，工作组的许多成员参与此法制定，付出了巨大努力；第四，工作组选择起草一项示范法而不是一项公约，其前提是不具强制约束力的示范法比具有强制性的公约更容易起草和商定。

《跨境破产示范法》具有如下三个特点：第一，赋予外国代表直接进入采纳国法院的权利。外国代表是受委托管理外国程序的一方，根据《跨境破产示范法》，这一主体有资格担任外国程序的代表，包括申请承认外国程序的权利，此外还促进基于不歧视原则的外国债权人参与权。第二，规定在采纳国给予救济以协助外国程序。法院可酌情决定在承认之前提供临时救济，

① [2012] UKSC 46，[2013] 1 A.C. 236（UK）.

基本形式的救济（例如中止针对外国债务人或债务人资产的个别强制执行行动，以及中止债务人转让或抵押资产的权利）在承认外国主要程序时自动生效。在承认外国主要程序与附属程序之后，也可提供自由裁量权救济，法院还可以利用其自由裁量权扩大对承认主要破产程序适用自动救济，或对外国附属破产程序提供救济。第三，《跨境破产示范法》提供了一个合作与交流的框架，允许法院之间建立交流，并允许不同国家建立同一债务人破产的并行协调程序。此框架具有高度的实用性和普适性，其运行不依赖于司法上的承认，能够为跨境破产协议的谈判、使用和法院批准提供法律基础，允许各国对各种诉讼机制进行协调。

《跨境破产示范法》虽然不是国际公约，无法对各国产生强制拘束力，但这种非强制性反而塑造了其独特的立法精神，示范法具有客观中立性，为各国跨境破产提供了立法借鉴，并且促进各国破产法在跨境破产领域内的发展。《跨境破产示范法》并未试图对破产法进行实质性的统一，也没有统一的法律选择规则，与《欧盟破产程序条例》形成了鲜明对比，后者是一部更为完整的程序性国际私法法典，构成欧盟法的一部分。该法是根据欧盟创始条约直接适用于欧盟成员国的超国家法，它确立了一个互惠的法律框架，包括管辖权、适用法律、破产程序的承认以及与破产有关的判决的承认和执行的统一规则。《欧盟破产程序条例》为执行留下的余地较小，因为它直接适用于成员国，而且欧洲联盟法院在其解释中发挥的集中作用进一步加强了其具有约束力的法律性质。而《跨境破产示范法》更注重各国适用的灵活性而非确定性，其目的是通过各国柔和、不具有约束力的手段实现跨境破产实践之间的协调。《跨境破产示范法》第 8 条的意义在于，各国适用《跨境破产示范法》时应当考虑国际渊源以及适用统一的必要性，从而促使法院考虑适用国内案文以外的法律来源。《跨境破产示范法》排除了互惠原则的要求，相反，它更支持礼让原则，赞成对承认、救济与合作做出先行礼让。

（二）普遍主义彰显的破产法律文化分析

《跨境破产示范法》很明显地采取了普遍主义的立法立场，决定了《跨境破产示范法》在破产法律文化领域扮演的角色。学术界一致认为，普遍主义的特点是由一个主要法院适用单一破产法来管理跨国破产，是在全球市场环境下管理跨国破产的理想制度。将“统一破产”（管理、解决全球资产和债权的单一、排他性与排除性破产法院）与“普遍破产”（具有全球效力的单一破产法）相结合的“纯粹普遍主义”制度，在政治上一直被认为是不可行的。普遍主义的理想模式是在债务人的原判国启动单一的主要破产程序，其他地方的法院协助原判国法院完成对其世界范围内的财产的统一管理。因此，在没有一个世界政府体系的情况下，将存在一个占主导地位的法院，而其他国家或地区的附属法院将服从于它，以促进对不动产和债权的集中、集体管理。从规范角度分析，建立在普遍性和尊重原则基础上的主导法院和辅助法院制度几乎实现普遍主义者所期望的一切，即在跨国范围内复制国内破产制度的福利，用一个价值最大化、低成本、纳入单一程序的集体程序取代一个成本高昂、发挥有限价值的国际程序，在世界范围内为处境相似的债权人提供平等待遇，使跨境破产法决定性地脱离属地主义。

现代普遍主义作为一种知识范式，具有如下特征：第一，现代普遍主义认为全球化是理所当然的，并假定法律的工作是通过使全球市场在法律上尽可能趋同和无摩擦来促进全球市场。它提出了这样一个世界，债权人的期望是在全球范围内而不是在当地形成的，并驳斥了领土主义者对当地债权人合法期望的担忧，认为这是对既得权利旧观念的回溯。由此可见，它代表了一种思维方式，在这种历史观中，世界正朝着自由国际秩序的完善方向发展。第二，现代普遍主义的定位是北美，在其领先的现代倡导者韦斯特布鲁克教授理念中，普遍主义相当于美国破产法的全球化版本，它保留并集体化了美国多个主权国家的非破产法下产生的债权，以期实现清算或重组。

研究者普遍认为，《跨境破产示范法》是一项体现修改的普遍主义原则的文书，或者说是普遍主义和属地主义之间的巧妙妥协，采纳了一个主要程序的概念，即在债务人主要利益中心的法域内管理债务人的全球破产，但同时又为法院不合作或限制其合作提供了理由，考虑到当地公共政策或利益相关者的关切，也允许同时进行地方诉讼。《跨境破产示范法》采纳国的法院在任何可能的情况下都有接近普遍主义结果的余地，并推动修正后的普遍主义走向普遍主义本身。由于主要利益中心法院有权在全球范围内控制财产的管理和债权债务的了结，这使“主要利益中心”原则成为法律选择与法院地选择规则，为在现实世界中实现普遍主义模式的线性发展创造条件。虽然《跨境破产示范法》的中立性为从破产程序法院提供了选择，但实际上却掩盖了最根本的法律选择问题，此种折中办法将有可能会造成判决结果不一致的局面。就《跨境破产示范法》规定的具体内容而言，法官尚有回旋的余地。迄今为止，至少已有46个法域根据《跨境破产示范法》颁布了相关法律，在不同时期被北美自由贸易协定国家（加拿大、墨西哥和美国）采纳，亚太地区的四个国家（澳大利亚、日本、新西兰和新加坡）以及中美洲和南美洲的两个国家（智利和哥伦比亚）采纳。然而，值得注意的是，很少有欧盟成员国采纳《跨境破产示范法》。对此，也有一部分人认为《跨境破产示范法》在许多重要的贸易法委员会和经合组织成员国中普遍得不到采纳是一种软弱的迹象。即使在采纳《跨境破产示范法》的国家，在具体制度设计方面也表现出相当大的差异，有些国家按照《颁布指南》鼓励的做法严格遵守《跨境破产示范法》的相关规定，但有些国家则以各种方式偏离了《跨境破产示范法》，认为其充其量只是不具约束力的程序性文书。

《跨境破产示范法》的普遍主义立场及其在各国的境遇映射了其蕴含的破产法律文化在各国的推广，普遍主义很大程度上与破产拯救文化的追求相一致，都是为了追求整体利益的最大化，但是破产拯救文化在跨境破产上的应用难度更大，毕竟在跨境破产问题上，各国之间的利益冲突则更加复杂。虽然普遍主义的适用可以解决跨境破产中的许多问题，但各国在面对判决结果的不确定性、司法主权问题时往往不会为了追求整体利益的最大化而径行接受《跨境破产示范法》的规定。在跨境破产问题上，各国、各地区的立法者之间存在着广泛的博弈，利益冲突的复杂性意味着《跨境破产示范法》的构想被普遍接受注定是需要更多时间的。《跨境破产示范法》的推广历程表明只有破产拯救文化不断革新、不断推进，才能解决包括跨境破产发展所面临的诸多困难，只有破产拯救文化嵌入普遍主义之中，且被世界各国所认可，才能为示范法在各国的推广铺平道路，此时，破产法律文化的重要性再次得到了体现。

（三）国际司法合作彰显的破产法律文化分析

跨境破产管辖法院处于司法实践的第一线，因此，在跨国界破产案件中分配治理权的主体是法院，对法院在国际司法合作中角色的研究将有助于对跨境破产领域中的破产法律文化进行观察。在实务中，法院的决策通常具有双重性质，既要对自身的管辖权做出判断，又要决定如何处理外国法院的管辖权、外国判决的效力问题。法院需要对案件的管辖权进行判断，还需要决定是否承认外国破产程序，在对当地资产进行分配上也要决定是适用当地优先权规则抑或外国优先权规则。此外，法院还面临是将外国破产法院的判决本土化还是拒绝执行的选择。因此，法院在跨境破产领域的国际司法合作中面临着纷繁复杂的选择，所有这些选择都会影响国家间如何分配和行使治理权力，对于跨境破产司法实践产生深远的影响。

法院的做法在不同法系之中又有明显的区别。在英美法系国家中，法官具有较大的自由裁量权，在普通法传统中法官在一定程度上是一个决策者，他们根据法律和司法誓言，通过决定案件来解决争议，并适当考虑先例。但实际上法官不应在制度设计的理论层面上成为决策者，因此通过普遍主义长久地维护债权人的利益并不具有说服力。相反，法官有权决定是否在适用法律范围内给予他们回旋余地，从而在具体案件中进行合作。为了理解“修正普遍主义”作为指导司法决策的一项原则的实际效用，需要关注法官及其参照系，并超越迄今为止国际破产法文献中对司法机构的描述。学者在讨论相关问题时往往会简单地认为“国家”具有意志，但实际上，法官的裁量权、法院对跨境破产的态度则会对跨境破产合作产生巨大的影响。

《跨境破产示范法》的性质是国际性的，但其本身不具有对各国的强制约束力，必须由各国对其进行吸收、采纳才能产生任何法律效力。任何具有法律约束力的规范的来源都是国内法以及国内法院根据国内法作出的命令。在二元论体系中，即使是在国际层面上产生国家间权利与义务的公约，也不是国内法中可直接执行的权利与义务的来源。因此，示范法是国际规范的来源，只有通过移植到国内法律秩序中才能生效，而从示范法到国内规范的过程即涉及到各国的实际情况，即使示范法是相同的，不同国家的法律文化、司法环境也将影响规范的内化过程。

当一国采纳示范法时，主要通过内化示范法规范的方式得以实现。在赋予法院拥有个别案件自由裁量权的框架内，法官如何平衡国内法与示范法将成为现实难题。为控制法官的自由裁量对法律适用的影响，《跨境破产示范法》的规范性命令对司法自由裁量权做出了较大限制，如国内法律秩序既制约国内法院，又作为其法律权威的主要来源；国际破产合作的规范性命令是建立在国际共识的基础上——由法院内化示范法，而法官需要在各国规范中寻找各方利益的平衡点。《跨境破产示范法》“高度普遍性”的合作规范可能会朝某个方向推进，而地方颁布的案文及其所包含的更广泛国内法律秩序则会朝相反的方向推进。在发生这种“法律制度与目的”冲突通常表现为法院是否应服从本国破产法院 / 法律以及礼让与法律选择问题。地方立法很可能要求法院注意《跨境破产示范法》的国际渊源及其立法目的，并允许超越地方案文进行解释，这将影响国内法对国际准则的接受，规范性的命令可以通过竞争、协调进行调整与适应，并最终塑造跨境破产在国际司法合作中的样貌。

在此过程中，破产法律文化的重要性得到了体现，《跨境破产示范法》无法直接影响各国立法与司法实践，但其蕴含的理念往往比强制性规范具有更强大的影响力。在各国立法者将《跨境破产示范法》规则内化本国的过程中，在法官实际运用相关规则时，破产法律文化而非强制力决定着他们的取舍。而如果《跨境破产示范法》所设计的规则能够与一国破产法律文化相契合，能够适用于该国的破产实践，那么立法者将会很乐意将规范予以内化，法官在适用法律时也不会面临困难。若无法达成这一目标，则即使示范法的相关规范已经内化为国内规则，但在具体适用时效果也不会理想。普遍主义具有双重性质，一方面，其对于利益最大化的追求、对可行制度框架的搭建能够得到一部分立法者与法官的认可，将《跨境破产示范法》吸纳进本国法律，并通过实践践行其蕴含的拯救文化；另一方面，世界各国破产程序发展存在不平衡，普遍主义立场具有一定的理想化色彩，在实际运用中可能造成破产制度较为成熟的国家认可立法较为落后的外国破产法律，部分立法者与法官对《跨境破产示范法》体现的普遍主义心存疑虑，使得《跨境破产示范法》的落地效果大打折扣。普遍主义的双面性造成了《跨境破产示范法》在各国的不同境遇，不同国家立法者与法官在破产法律文化之上的分歧决定了《跨境破产示范法》及其建立跨境破产法律制度的不同命运。

法官在一定程度上是处于国际规范的驯化者与塑造者的地位，而法官自身在破产法律文化领域的多元化立场使得跨境破产法律文化领域的国际司法合作更加复杂。支持普遍主义的法官呼吁重视《跨境破产示范法》立法目的所包含的国际合作准则，以克服国内障碍。尽管《跨境破产示范法》通过第 8 条、第 131 条的软授权和贸易法委员会发布的非规范性实践指南进行统一解释，但许多法官仍努力使这种一般规范优先于高度具体的国内规则。一般规范和软性授权不会凌驾于那些在国内具有权威的规则之上，在示范法创造司法回旋余地的问题上，其法律中立性的选择并未提供具体的决策指南，为此某些制度中的一些法官可能倾向于对当地法规遵循普遍主义原则进行解读。而对《跨境破产示范法》所代表的普遍主义心怀疑虑的法官会担心，由于法律上没有任何明确的规范性等级制度要求他们优先考虑普遍主义形式的合作，则他们会倾向于适用本地法律。因此，正如一些法律统一怀疑论者在一开始所预测的那样，从普遍主义的角度来看，《跨境破产示范法》适用产生的喜忧参半结果也就不足为奇了。

从国际司法合作的角度分析，破产法律文化对于《跨境破产示范法》的实施效果产生了十分直接的影响。在跨境破产领域，世界各国在破产法律文化上的分歧可能远远大于国内破产法律制度。破产法律文化的不契合造成《跨境破产示范法》未得到各国广泛使用的尴尬局面，与《破产法立法指南》的影响力形成了鲜明的对比，这也说明了破产法律文化在法律移植中的重要作用。但《跨境破产示范法》的推广和被采纳现状并不意味着普遍主义的破产，而是再次验证了破产法律文化与破产法变革之间的复杂关系，说明相关破产法律文化在现阶段未被各国所接受，而随着世界经济一体化的发展，这一状况很可能在将来发生改变。若追求现阶段的适用，《跨境破产示范法》

可能会选择更加保守的立场，但保守的立法可能会使各国错失普遍主义的推广机会，因此《跨境破产示范法》在破产法律文化上选择更加具有先进性的普遍主义以促进其传播，即使这一过程是漫长的，但也是通向全球跨境破产制度的有效手段。显然，这是跨境破产领域立法与国内立法的明显不同之处，也是立法者希望通过立法传播、推广破产法律文化的典型样例，希望立法者的这一设计能够成为未来全球跨境破产制度的起点，成为推动复杂、全球化破产法律变革的有效方式。

二、《跨境破产示范法》对各国跨境破产法的影响

（一）《跨境破产示范法》为各国实践提供统一范式

跨境破产在国际上尚未有统一的法律规范，各国司法实践存在的诸多矛盾导致案件处理效率低下，债权人利益因制度上的不健全而遭受损失，联合国国际贸易法委员会为了解决困境并协助各国参照立法完善国内破产法律制度，进一步促进跨境破产程序的统一与协调，在国际统一案文的基础上留出了自由修改的空间，采取了能被各国所接受的灵活示范法形式，统一协调各国实践，并作为各国法律的组成部分予以施行。与国际公约不同，各国对《跨境破产示范法》的采纳适用不需要与其他国家协调或通知。《跨境破产示范法》为跨国界破产案件当事人的权益维护和采取补救措施创设了更大的确定性，最大限度避免各国司法或行政程序的重叠与冲突，促进各法域之间的合作与礼让，以较低的成本实现判决承认和执行目的，保全破产财产价值的最大化。在《跨境破产示范法》和以该法作为蓝本制定的各国跨境破产国内法之中，关于外国破产程序的承认与协助的内容占据条文篇幅的绝大部分，均包含承认的要件、效果以及与国内程序的平行与协调等核心问题的处理规则。

在《跨境破产示范法》引领跨境破产法统一发展趋势下，各国加快了制定与完善跨境破产法律制度的步伐，相继修订或重新制定国内破产法，形成并完善了各自的跨境破产法律制度。如德国 1994 年颁布了新的破产法；美国 1999 年的破产法第十五章合理借鉴了《跨国破产示范法》的规则。英国 2000 年《破产法》第 14 条允许国务大臣签署《跨国破产示范法》并更改

现有的规则。日本进行破产法改革时也与时俱进地废除了严格的地域限制并引入了以联合国《跨国破产示范法》为基础的程序。日本2003年4月修改的《公司更生法》对跨境破产问题做了相关规定，在承认外国倒产程序在国内效力的同时，遵从了国际趋势与《跨境破产示范法》的立法理念，带有轻微的普遍主义以及有限的属地主义之特点。①

适用《跨境破产示范法》的国家来自于不同的法系，其破产制度发展程度存在较大差异，考虑到欧洲大陆国家对《跨境破产示范法》的复杂态度，英国和美国对《跨境破产示范法》规则的内化具有较大的观察价值。美国作为破产法律制度最为完善的国家之一，是世界各国学习的重要立法榜样，也是破产拯救文化的策源地，其对《跨境破产示范法》规则的内化具有较强的可借鉴性；而英国在破产法领域的地位同样不容忽视，其与欧盟、英联邦国家、美国的特殊关系使得英国在跨境破产领域具有更加特殊的地位，破产耻辱文化与破产拯救文化并存的英国比美国更具代表性。鉴此，对英国与美国在跨境破产法方面吸收《跨境破产示范法》的情况进行观察，对《跨境破产示范法》规则内化与破产法律文化的关系将有更直观的认识。

（二）《跨境破产示范法》对美国跨境破产的影响

美国作为破产法律制度的重要开拓者，对于建立跨境破产制度付出了较多的尝试。1978年美国《破产法典》即采取了全球视野，1999年的破产法改革法案将《跨境破产示范法》编入《破产法典》第十五章。②2005年10月17日改革法案正式生效，《美国破产法》第十五章“辅助及其他跨境程序”（Ancillary and Other Cross-Border Cases）为改革最新成果的主要体现，该章是美国版的《跨境破产示范法》，几乎通篇吸收采纳了《跨境破产示范法》的文本规定，取代了旧破产法的第304条，但保留并发展了原有跨境破产法规中保护本国债权人利益，促进国际合作等原则。

美国破产法第十五章借鉴《跨境破产示范法》，在诸多方面取得了新的

① ［日］山本和彦：《日本倒产处理法入门》，金春等译，法律出版社2016年版，第238页。

② ［日］山本和彦：《日本倒产处理法入门》，金春等译，法律出版社2016年版，第238页。

发展。第十五章全部采纳《跨境破产示范法》的法律条文，将破产程序管辖权划分为主要破产程序、辅助破产程序以及平行破产程序。其中，区分主要与辅助破产程序的关键在于判断债务人主要利益中心所在地，债务人主要利益中心所在地并不等同于债务人的注册办事处或其个人的惯常居所，但根据第 1516（c）规定，如不能举出相反证据，则推定债务人的注册办事处或其个人的惯常居所为其主要利益中心所在地。因为主要与辅助破产程序在获得救济方面有所区别，仅仅主要破产程序得到认可才可以获得法院的自动救济，所以如何判断债务人主要利益中心所在地就至关重要，虽然法规推定注册办事处为债务人利益中心，并允许提供相反证据推翻假定，但法规并未做出需要提供何种证据的说明。实践中，存在大量债务人主要财务或主要利益关系不在注册办事处的案例。由于第十五章缺乏关于“债务人利益中心”这一核心概念的明确规定，造成了债务人恶意“挑选法院”的可能，成为本次立法改革中被众多学者专家诟病最多的一点。第十五章关于承认外国破产程序的条件，秉承《跨境破产示范法》简洁、快速、高效的精神。根据第 1517 条规定，外国管理人只需提供符合条件的外国程序存在证明及其身份的真实性证据、相关外国程序的司法解释，如不存在明显违反本国公共秩序情形的前提下，美国法院将在最短的时间内承认外国破产程序。由于法规采取假定提交信息证据真实的前提，故对于提交资料的方式以及文本规定也相对宽泛，并给予利益相关人提前通知，赋予其一定时限提出任何相反的证据。

关于承认外国破产程序后的法律效果是体现美国破产法在跨境破产规定方面进步的表现之一，原第 304 条规定，法官对承认外国破产程序后，是否宣判债务人进入自动中止状态享有自由裁量权。而第十五章明确规定，一旦外国破产程序得到承认，债务人在美国管辖权内资产进入自动冻结状态，即停止对债务人资产的追偿以及诉讼请求。此规定无疑在更大程度上保护了债务人资产总额，限制了破产程序开始后债务人的清偿，保障了债权人利益和公平受偿。关于适用以违反公共政策为由排除应有效力也得到了限制，第十五章在违反公共政策前增加“明显”作为程度条件，防止法院滥用该原则。其他限制自由裁量权、增强法律后果预期性的举措还包括明确外国代表拥有直接向美国法院提出一项请求承认外国程序的申请、启动相应辅助程序的权利。第十五章在关于促进不同地域法院协调合作、有效且快速交流信息方面也取得了长足进步。[①] 该法规赋予法院及法院指定破产管理人相互之间直接交流的权利，而无须事先取得向授权法院的许可，破产管理人可以协助出示有关本国破产法律程序的司法解释，并且与对方管理人制定具有法律约束力的资产分配协议。

由此可见，美国破产法第十五章保留了原第 304 条规定的遵从普遍主义原则，强调保护本国债权人为前提，努力寻求国际合作的特性；增强了承认外国法律程序后的强制性规范，减少司法机构的自由裁量权，增加对于法律后果的可预期性。此外还通过设立承认平行破产程序，解决了法律适用不一致的问题。但很遗憾对于如何判断债务人利益中心所在地的问题上，没有制定详尽的规范，造成了司法实践中如何准确区分主要破产程序与辅助破产程序时标准不一。

值得注意的是，在跨境破产领域，迄今为止美国从未加入任何破产法国际条约，美国法学会虽然在 2000 年发起了一项“跨境破产合作项目”，提议在北美自贸区中开展跨境破产领域的新合作，但其性质终究仅仅是立法建议而非条约。[②]1952 年，美国破产法进行了修订，对债务人的资产行使管辖权，无论债务人位于何处，由何人持有。这意味着美国启动的破产案件原则上是一个普遍程序，这样美国的破产法院就可以主张域外管辖权。自 1952 年起，《破产法》要求美国法院在美国为本国管辖权的情况下，对跨国破产案件采取普遍主义做法。如果美国的这种普遍主义原则得以实现，那么其他国家就必须对美国实行单边普遍主义。1978 年《破产法》第 304 条和第 305 条规定了美国在破产案件中进行跨国合作的相关内容，这些法典条文以及所

---

① 石静霞：《跨国破产的法律问题研究》，武汉大学出版社 1999 年版，第 30 页。

② ［美］杰伊·劳伦斯·韦斯特布鲁克、查尔斯·布斯、［德］克里斯托弗·保勒斯、［英］哈里·拉贾克：《商事破产：全球视野下的比较分析》，王之洲译，中国政法大学出版社 2018 年版，第 209 页。

附判例法对《跨境破产示范法》产生了重大影响。1995 年联合国国际贸易法委员会破产法工作组成立之时，国家破产审查委员会就建议采用《跨境破产示范法》作为《美国破产法》第十五章，声明“示范法将对美国破产法作出相对较小的实质性修改”，并且“其中许多修改对目前的实践几乎没有影响，但将纳入判例法中目前的成文规则，需要系统地遵守”。2005 年《破产改革法》废除了第 304 条，并将《跨境破产示范法》作为第十五章纳入美国破产法。

美国对《跨境破产示范法》的制定产生了很大的影响，而美国对于《跨境破产示范法》相关规定的吸收也就不足为奇了。美国希望通过对《跨境破产示范法》的推广和吸纳在全世界建立起有效的跨境破产制度。作为破产拯救文化的策源地，美国在跨境破产上也对普遍主义和属地主义进行了平衡，根据第十五章，破产法官愿意尊重其他国家与地区的实体破产法，但法律也设置了一些限制，允许在重整计划不符合美国国内法的情况下驳回依据其他国家法律制定的重整计划。[①] 美国在跨境破产领域的规则设计与其本国对于破产拯救文化的追求密不可分，跨国企业的增加使得仅仅在国内法层面贯彻破产拯救文化往往难以保障跨国企业的全部利益，在企业陷入危机时，美国仍然希望能够对企业进行破产拯救，而为实现此目标，则需要借助《跨境破产示范法》为各国之间就破产法律事务的合作搭建有效制度。美国在跨境破产领域的积极态度不仅体现了包容性，而且与其国内的破产拯救文化和对普遍主义原则的遵从相一致。美国对于《跨境破产示范法》的吸收证明了示范法的生命力，对于示范法在跨境破产领域的广泛适用具有极强的推动作用。

（三）《跨境破产示范法》对英国跨境破产的影响

英国在跨境破产领域内综合运用多项合作机制，1986 年《破产法》规定英国法院可以协助英联邦国家确定管辖区；而未退出欧盟时，英国还受

---

① ［美］道格拉斯·G. 贝尔德：《美国破产法精要》，徐阳光、武诗敏译，法律出版社 2020 年版，第 18 页。

《欧盟破产程序条例》规范，《跨境破产示范法》的规则内化使得英国有可能在更广泛的范围内建立跨境破产框架。① 虽然英国在英联邦、欧盟内的跨境破产合作机制能够为其提供指引，但随着经济全球化的发展，英国与这一范围外的国家交往越来越密切，小范围的合作机制无法应对实际需求。为了在更广阔的范围内解决跨境破产问题，更为保障英国企业和个人在国外作为债权人的利益，英国希望通过对《跨境破产示范法》的规则内化建立起普遍的跨境破产合作机制，既给予其他国家相应的权利，也希望能够借此保障英国管理人、企业和个人在其他国家享受相同的权益。英国对《跨境破产示范法》吸纳的重要目的在于展现自己在跨境破产领域的合作诚意，并希望其他国家能够加入到适用《跨境破产示范法》的行列中，若采纳《跨境破产示范法》的国家数量增加，英国破产管理人在处置破产案件时将有更大的可能性在财产处置、债权分配上得到外国法院的合作，与其他国家建立平等互惠的合作关系。

为达成这一目标，进一步完善英国跨境破产方面的立法，扩大跨境破产领域的合作范围，英国 2000 年《破产法》第 14 条规定，通过采纳《跨境破产示范法》并以颁布立法的方式付诸实施，国务大臣有权在不经更改或仅作少许变动的情况下以条例的方式颁布《跨境破产示范法》，同时可对第 426 条有关法院间合作的规定进行修正（实际上并未对其进行任何修改）。② 根据这一立法，英国立法机构组织专家对《跨境破产示范法》的规则内化进行了论证，在多方参与下，英国通过《跨国破产条例》（*Cross-Border Insolvency Regulations 2006*）（2006 年 4 月 4 日生效）将《跨境破产示范法》进行了本地化，内容包括 8 个颁布条款以及 5 个附录，附录 1 是经修正的英国版《跨境破产示范法》条款，共 32 条；附录 2 及附录 3 规定了《跨境破产示范法》在英格兰与威尔士以及苏格兰适用时涉及的程序问题；附录 4 及

① ［英］费奥娜·托米：《英国公司和个人破产法》，汤维建、刘静译，北京大学出版社 2010 年版，第 424 页。

② ［英］费奥娜·托米：《英国公司和个人破产法》，汤维建、刘静译，北京大学出版社 2010 年版，第 429 页。

附录 5 则规定通知的送达以及可供使用的有关申请及法院命令的形式。

根据英国《跨国破产条例》第 2 条的规定，该条例仅限于在英格兰、威尔士与苏格兰适用，而在一年后的立法中，北爱尔兰的跨国破产法律空白也得到了填补。英国《跨国破产条例》明确赋予法院参照《跨境破产示范法》及破产法工作组历次报告等立法资源对附录 1 中的相关条款进行解释的权力，并要求相关的解释应具有国际化视野，这对《跨境破产示范法》的统一适用具有明显的促进作用。与美国破产法改革相同，英国跨国破产立法改革也是将《跨境破产示范法》移植入本国破产法律体系中，只不过英国是以单行法的方式予以颁行，而美国则将《跨境破产示范法》移植为本国破产法的独立章节。根据英国《跨国破产条例》第 3 条规定，当国内破产法的规定与条例的规定存在冲突，则后者优先适用。尽管英格兰、威尔士与苏格兰在《跨境破产示范法》的适用尤其是程序方面存有差别，但英国《跨国破产条例》第 7 条规定，英国不同地区（法域）法院作出的命令在英国全境具有普遍的执行力，但与财产有关且要求财产所在地法院做出单独命令的除外，这一规定与第 426 条第 1 款及第 2 款甚为相似。

英国对《跨境破产示范法》的吸收较为积极，与英国的国际地位、对跨境破产的态度以及本国破产法律文化有关。英国作为老牌世界强国，在世界上众多国家有广泛的投资，与许多新兴经济体也有密切的经济往来。对于英联邦、欧盟范围内的国家，英国可以以原有合作模式推进跨境破产工作，但随着新兴经济体数量增加，了解国外破产法律、一对一达成跨境破产方面的协议成本较高，英国为维护本国企业和个人的自身权益，选择采纳《跨境破产示范法》，示范法蕴含的普遍主义原则较为符合英国利益；同时英国独特的历史、社会因素也为英国对普遍主义的接受提供了文化基础。在相当长的一段时间内，英国在世界范围内拥有着支配地位，英国对于《跨境破产示范法》的接受也有为诸多国家提供示范并加快《跨境破产示范法》推广普及的考虑。相较于欧洲大陆各国对于承认外国法律的疑虑，英国立法者将本国企业和公民可以在外国获取平等待遇作为更优先的考虑，这一思路更为实际，且给予外国企业平等待遇不会损害本国利益，因为对于大多数发达国家来说，互惠基本上不是问题，几乎所有的法律制度都规定同等对待外国人和本国人。① 在对《跨境破产示范法》进行吸收时，英国对普遍主义的追求压过了对本国利益的考量，然而近年来英国在政治上日趋保守，普遍主义对英国的吸引力减弱，跨境破产法在英国的未来发展方向如何，仍然值得其他国家所关注，《跨境破产示范法》所体现与传播的破产法律文化对英国的影响也不应被忽视。

第三节　破产法律文化全球变革背景下我国跨境破产法的发展

跨境破产制度在我国受到关注的时间较短，且其中有 20 多年处于停滞阶段，整体上仍呈现出不完善、不发达的特点。我国跨境破产的实践较少，相关立法发展较为缓慢，然而我国学界与实务界追求建立体系化、国际化之跨境破产制度的呼声从未停止。近年来，随着改革开放进一步深化，“一带一路”倡议等国际合作平台发展，国内企业与海外的经济往来不断增长，我国也开始在寻求构建自身的跨境破产制度并推出了一系列重要举措。在破产法律文化全球变革背景下，尤其在倡导贯彻对跨国企业破产重整挽救、加强各国法院交流与合作机制理念下，我国跨境破产法的理论与实务方面都得到了较大发展。

一、我国跨境破产的基本理论构建

我国《企业破产法》第 5 条规定了跨境破产的处理方法，该条规定依照《企业破产法》开始的重整程序对债务人在中华人民共和国领域外的财产发生效力；对外国法院作出的发生法律效力的破产案件的判决、裁定，对其中符合条件的裁定承认和执行，代表跨境破产制度正式得到了立法层面的承认。然而仅一条法规很难高效处理复杂的跨境破产实务，此后十几年间，

① 王晓琼：《跨境破产中的法律冲突问题研究》，北京大学出版社 2008 年版，第 27 页。

《企业破产法》及其司法解释都未对跨境破产规则进行补充，跨境破产规则发展再次陷入停滞。

而在理论学界，自20世纪80年代以来，我国学者便开始关注跨境破产理论。跨境破产的核心问题之一便是对域外破产效力之认定，对此，学界长期以来有“普遍主义”与“属地主义”两大阵营。随着理论进一步演进以及实践的进一步发展，有学者发现，纯粹的属地主义和普遍主义因为过于保守或过于开放而不适应复杂国际经济环境的需要①，“新实用主义”下的“合作的属地主义”以及“有限的普遍主义”逐渐占据一席之地。同时，跨境破产制度中的重要规则也日益重要，如依据国际条约或互惠原则的审查制度、公共秩序保留制度等，具体规则的探究使得我国跨境破产理论拥有了相对完整的框架，为我国《企业破产法》第五条规则的制定等立法与司法活动提供了学理支撑。

国际规则对我国跨境破产理论的发展起到了巨大的借鉴作用，随着《欧盟破产程序条例》《跨境破产示范法》以及《破产法立法指南》等一批跨国破产的国际性法规、文件的相继出台，以国际法律文件为标本的注释研究②陆续在国内开展，相比国别立法例而言，国际法律文件并非是为了达成在某个区域内跨国破产制度的完全一致，而是在承认各国立法存在差异的基础上，试图建立一个国际合作的框架，接受这一框架意味着其可以与其他接受同一框架的国家一样，建立求同存异的跨境破产制度。以《跨境破产示范法》为例，其在吸收国家及地区性立法经验的基础上提供了一个旨在促进有效的跨国破产国际协调与合作的法律框架，目前已得到越来越多国家的接受，极大地推动了跨国破产领域国际合作的进程。③国际合作理论为我国跨境破产制度的发展提供了新思路，学者开始着重对这些国际法律文件所提供

① 刘瑶：《中国跨境破产国际合作的法律问题研究——以韩进破产案为例》，《中国海商法研究》2018年第3期。

② 解正山：《跨国破产立法及适用研究——美国及欧洲的视角》，法律出版社2011年版，第200页。

③ 张玲：《跨国破产国际合作趋势研究》，《政法论坛》2003年第4期。

的框架进行解读，并呼吁立法者应借鉴这些框架进行制度设计，以顺应国际潮流，尽早让我国破产法国际化。

尽管《企业破产法》第5条从未修订，但学者对我国立法的反思已有许多成果。相当一部分学者呼吁引入“外国代表人”制度，让域外案件的参与主体能够在我国司法程序中获得相应参与资格；修正现有的互惠原则，改严格互惠为推定互惠，对于尚未对我国破产程序明确拒绝承认的国家或地区，在出现需要判断我国是否应当承认其破产判决、裁定效力之情形时，推定该国家或地区承认我国破产程序等等。从基本理论建构到前沿理论的引入再到对国内制度的反思，30多年的时间里，诸多学者筚路蓝缕，跨境破产理论已经逐步国际化，跨境破产法律文化得以弘扬，从而对我国跨境破产规则未来的修订与完善大有裨益。

二、我国跨境破产规则的发展与变革

虽然我国《企业破产法》第5条规定了跨境破产的处理方法，但是由于法条过于简单，更多的跨境破产规则主要通过实践推动发展与变革。实践中的跨境破产案例主要分为两大类别：其一是我国法院认可域外破产案件裁判文书效力；其二是域外法院承认我国破产程序。外国代表人请求我国法院对域外破产法律文书予以承认的案件，关于是否承认域外破产判决、裁定之判断标准存在混乱。有的案件并未依照《企业破产法》而是依照《民事诉讼法》的相关规定，这容易导致《企业破产法》第5条被架空。同时，对《企业破产法》第5条规定的“判决、裁定”解释过于狭窄，由于域外破产制度、司法制度与我国存在较多不同，故实质上具有司法强制力的域外法律文书并不完全只有判决、裁定，但有的案件中法院过分强调文书的形式。相比而言，域外对我国破产程序的认可案件相对较多，较为典型的如在舜天船舶重整案中，新加坡高等法院批准了境内管理人提出的破产保护申请，并承认域内破产程序为外国主要程序，同时认可境内管理人身份。此外，美国以及我国香港地区法院对法院破产程序予以承认的情形较多，如2014年“尖山光电案”、2019年“洛娃案”、2020年“上海华信案”以及2022年“华晨电力案”。总体而言，国内跨境破产制度的适用频率较低，且《企业破产法》规定过于简单、粗略，仅涉及司法文书效力认定问题与财产问题，而不曾涉及主要程序的选择、对外国代表人行为的规制等重要内容，可操作性较差。

2018 年，最高人民法院印发《全国法院破产审判工作会议纪要》，其中第九章专门规定跨境破产。《纪要》指出“要妥善解决跨境破产中的法律冲突与矛盾，合理确定跨境破产案件中的管辖权。在坚持同类债权平等保护的原则下，协调好外国债权人利益与我国债权人利益的平衡，合理保护我国境内职工债权、税收债权等优先权的清偿利益。”《纪要》明确了债务人境内财产优先清偿境内优先债权的规则，为后续跨境破产地方试点工作打下制度基础。随后，北京、上海、深圳等地成立了破产法庭，根据最高人民法院的批复，破产法庭有权管辖跨境破产案件，这为跨境破产的管辖规则之确立提供了重要参考。2019 年 12 月，最高人民法院发布《关于人民法院进一步为“一带一路”建设提供司法服务和保障的意见》，其中第 31 条指出：“完善跨境破产协调机制，探索主要破产程序和主要利益中心地制度的适用，依法保护债权人和投资人权益。”2020 年 7 月 22 日，最高人民法院联合国家发展和改革委员会共同发布《关于为新时代加快完善社会主义市场经济体制提供司法服务和保障的意见》，再次强调完善跨境破产规则，推动解决跨境破产等司法难题。2021 年 5 月 11 日，《最高人民法院与香港特别行政区政府关于内地与香港特别行政区法院相互认可和协助破产程序的会谈纪要》发布，5 月 14 日，最高人民法院签署《关于开展认可和协助香港特别行政区破产程序试点工作的意见》，同日，香港律政司同步发布《内地破产管理人向香港特区法院申请认可和协助的程序实用指南》，标志着我国跨境破产制度试点工作正式开始。

《关于开展认可和协助香港特别行政区破产程序试点工作的意见》（文中简称“《意见》”）共 24 条，在《企业破产法》的基础上进行了大量内容的扩充，并对此前进行的立法与司法实践探索予以总结，既有对跨境破产基本原则的选取，也有对其他国家立法例以及国际法律文件的借鉴。《意见》第

5 条规定，依据本意见审理的跨境破产协助案件，由试点地区的中级人民法院管辖。《意见》吸收了国内各地跨境破产管辖处理方式，规定试点地区中级人民法院管辖破产案件，与前期各地已构建的破产案件审理流程能够顺畅对接。《意见》设置了“兜底条款”，第 18 条规定人民法院认为应当不予认可或者协助的其他情形时，应当裁定不予认可或者协助香港破产程序。《意见》规定了“异议 + 听证会”的救济模式，在我国破产案件审理中，许多制度可能涉及利害关系人的异议救济，如对关联企业进行实质合并裁定时，应当及时通知相关利害关系人并组织听证，对于债权债务关系复杂、债务规模较大或者涉及上市公司重整的案件，人民法院在审查重整申请时，应组织申请人、被申请人听证等，但该《意见》并未将听证会作为一项必需的前置程序，而是将是否进行听证的裁量权授予人民法院。

《意见》的亮点之一在于其突破了《企业破产法》第 5 条的规定，采用以认可或协助香港破产程序为原则，以不予认可或协助为例外的制度，可以发现其已然采用“新实用主义”的立法思路，不完全偏向属地主义原则或普遍主义原则，而是在普遍主义原则的基础上，采纳“有限的普遍主义原则”。《意见》明确规定了通过设置负面清单对不予认可或者协助香港破产程序的情形进行明确。《意见》第 18 条指出，债务人主要利益中心不在香港特别行政区或者在香港特别行政区连续存在未满 6 个月的；不符合《企业破产法》第 2 条规定的；对内地债权人不公平对待的；存在欺诈的，违反内地法律的基本原则或者违背公序良俗的，应当不予认可或者协助。对比《企业破产法》第 5 条规定，《意见》第 18 条保留了对内地债权人权益维护的规定以及对内地法律基本原则的维护之条款。而在其他方面，《意见》第 18 条与《企业破产法》第 5 条的规定区别明显。首先，同样是认可公共秩序保留制度，《企业破产法》第 5 条从国家主权、安全和社会公共利益出发对公共秩序加以阐释，而《意见》第 18 条却用公序良俗代替；其次，《意见》第 18 条不再强调运用国际条约或互惠原则对是否认可或协助进行评判；再次，《意见》第 18 条强调了主要利益中心的时间与空间要求，债务人的主要利益中心应当在香港特别行政区，且需要连续存在满 6 个月；最后，《意见》第 18 条明确表示对内地债权人需公平对待。

《意见》对适用或协助香港破产程序的流程进行了设计，对案件的申请、管辖、异议救济、裁定以及裁定认可后的法律后果等方面做出安排。《意见》对香港管理人在内地的履职做出规定，在承认香港管理人司法主体地位的同时，允许内地与香港存在双管理人共同履职，对于人民法院认可的香港破产程序案件，人民法院可依照申请指定内地管理人，内地管理人的职权与事务须依照《企业破产法》的规定进行，而香港管理人的职权范围则受到《企业破产法》与香港特别行政区法律规定的双重规制。尽管《意见》目前只是一项司法政策，但属于我国在建构跨境破产程序上的首次尝试，相比《企业破产法》第 5 条而言已经具有了较强的可操作性，能更好地在实践中为我国提供案例样本。

此外，《意见》对适用或协助香港破产程序的实体性问题也做出了规定。一是对适用案件类型的规定。《意见》第 2 条指出，适用的案件首先应当是依据香港特别行政区《公司（清盘及杂项条文）条例》进行的集体清偿程序，包括公司强制清盘、公司债权人自动清盘以及由清盘人或者临时清盘人提出并经香港特别行政区高等法院依据香港特别行政区《公司（清盘及杂项条文）条例》第 673 条批准的公司债务重组程序，这意味着内地认可与协助的只是企业破产程序而不包括个人破产程序。内地认可或协助的程序性质为“集体清偿程序”，并非个别或者部分债权人单独申请强制执行的程序，也并非调整公司股权结构等其他集体性程序。[①] 二是对认可或协助香港破产程序的法律效力进行细化。在内地认可香港破产程序后，个别清偿行为即告禁止；已经开始而尚未终结的有关债务人的民事诉讼或者仲裁应当中止，在香港管理人接管债务人的财产后继续进行；有关债务人财产的保全措施应当解除，执行程序应当中止。三是《意见》明确对内地优先债权的支持，第 20 条规定，债务人在内地的破产财产清偿其在内地依据内地法律规定应当优先清偿的债务后，剩余财产在相同类别债权人受到平等对待的前提下，按照香

① 袁泉：《内地与香港跨境破产合作机制前瞻》，《法律科学》2022 年第 3 期。

港破产程序分配和清偿，内地优先债权不受域外破产程序的影响。

鉴此，《意见》的出台体现了最高人民法院和香港律政司对最新跨境破产文化的吸收，是我国拥抱破产法律文化全球变革的重要一步，《意见》采取“有限的普遍主义原则”是我国破产文化中本位主义逐步消解的体现，意味着我国跨境破产法律制度在向更加包容化、多元化的方向发展。与境外法院的沟通交流、对境外破产程序进行认可和协助可以为破产法律文化的交流搭建新的渠道，使跨境破产成为破产法律文化全球变革向我国传播的重要窗口，对破产法律文化的更新与弘扬有着不可或缺的作用。我国《企业破产法》修订时，应设专章规定跨境破产法，具体明确跨境破产承认申请的主体、法院的管辖、债务人主要利益中心的认定规则、法院审查规则、救济制度、国际合作机制等内容。

参 考 文 献

1. 安建：《中华人民共和国企业破产法释义》，法律出版社 2006 年版。

2. 陈计男：《破产法论》，台北三民书局 1992 年版。

3. 陈荣宗：《破产法》，台北三民书局 1986 年版。

4. 陈夏红、闻芳谊主编：《破产执业者及行业自治》，法律出版社 2018 年版。

5. 陈夏红主编：《中国破产法的现代化，从〈大清破产律〉到〈企业破产法〉（1906—2006）》，中国大百科全书出版社 2018 年版。

6. 丁文联：《破产程序中的政策目标与利益平衡》，法律出版社 2008 年版。

7. 丁燕：《上市公司破产重整计划法律问题研究：理念、规则与实证》，法律出版社 2014 年版。

8. 付翠英：《破产法比较研究》，中国人民公安大学出版社 2004 年版。

9. 范健、王建文：《破产法》，法律出版社 2009 年版。

10. 韩长印主编：《破产法教程》，高等教育出版社 2020 年版。

11. 贺丹：《企业集团破产：问题、规则与选择》，中国法制出版社 2019 年版。

12. 何家弘：《当代美国法律》（修订版），社会科学文献出版社 2011 年版。

13. 洪荞主编：《法律文化研究 · 英国法律文化专题》第 14 辑，社会科学文献出版社 2020 年版。

14. 黄希庭、郑涌：《心理学导论》，人民教育出版社 2015 年版。

15. 何旺翔：《破产重整制度改革研究》，中国政法大学出版社 2020 年版。

16. 黄圆圆：《跨界破产承认与救济制度研究》，对外经济贸易大学出版社 2020 年版。

17. 李飞主编：《当代外国破产法》，中国法制出版社 2006 年版。

18. 梁慧星：《民法解释学》，中国政法大学出版社 1995 年版。

19. 林立树：《美国文化史》，中央编译出版社 2014 年版。

20. 刘静：《个人破产制度研究——以中国的制度构建为中心》，中国检察出版社 2010 年版。

21. 李曙光、刘延岭主编：《破产法评论》（第 1 卷），法律出版社 2018 年版。

22. 李曙光、刘延岭主编：《破产法评论》（第 2 卷），法律出版社 2021 年版。

23. 李曙光、刘延岭主编：《破产法评论》（第 3 卷），法律出版社 2021 年版。

24. 李曙光、郑志斌主编：《危困企业并购艺术》（第 2 辑），法律出版社 2017 年版。

25. 陆晓燕：《“市场化破产”的法治内蕴》，法律出版社 2020 年版。

26. 李永军：《破产法：理论与规范研究》，中国政法大学出版社 2013 年版。

27. 李永军、王欣新、邹海林、徐阳光：《破产法》（第 2 版），中国政法大学出版社 2017 年版。

28. 吕一民：《法国通史》，上海社会科学出版社 2019 年版。

29. 刘作翔：《法律文化理论》，商务印书馆 1999 年版。

30. 潘琪：《美国破产法》，法律出版社 1999 年版。

31. 齐砺杰：《破产重整制度的比较研究》，中国社会科学出版社 2016 年版。

32. 齐砺杰：《债务危机、信用体系和中国的个人破产问题》，中国政法大学出版社 2017 年版。

33. 齐明：《中国破产法原理与适用》，法律出版社 2017 年版。

34. 沈达明、郑淑君：《比较破产法初论》，对外经济贸易大学出版社 2015 年版。

35. 孙海龙、司伟、邬砚主编：《破产法律报告》，人民法院出版社 2021 年版。

36. 石静霞：《跨国破产的法律问题研究》，武汉大学出版社 1999 年版。

37. 王静：《实质合并破产法律制度构造研究》，法律出版社 2021 年版。

38. 王卫国、郑志斌主编：《法庭外债务重组》（第 1 辑），法律出版社 2017 年版。

39. 王卫国：《破产法精义》（第 2 版），法律出版社 2020 年版。

40. 王晓琼：《跨境破产中的法律冲突问题研究》，北京大学出版社 2008 年版。

41. 王欣新：《破产法理论与实务疑难问题研究》，中国法制出版社 2011 年版。

42. 王欣新主编：《破产法原理与案例教程》，中国人民大学出版社 2015 年版。

43. 王欣新：《破产法前沿问题思辨》，法律出版社 2017 年版。

44. 王欣新：《破产法》（第 4 版），中国人民大学出版社 2019 年版。

45. 王欣新：《破产法司法文件解读》，法律出版社 2021 年版。

46. 王振锁：《日本近现代政治史论》，江苏人民出版社 2019 年版。

47. 谢邦宇：《破产法通论》，湖南大学出版社 1987 版。

48. 吴传颐：《比较破产法》，商务印书馆 2013 年版。

49. 许德风：《破产法论——解释与功能比较的视角》，北京大学出版社 2015 年版。

50. 徐根才：《破产法实践指南》（第 2 版），法律出版社 2018 年版。

51. 徐建新：《破产案件简化审理程序探究》，人民法院出版社 2015 年版。

52. 许世宦：《债务清理法之基本构造》，（台湾）元照出版有限公司 2008 年版。

53. 徐阳光：《中国破产审判的司法进路和裁判思维》，法律出版社 2018 年版。

54. 徐阳光：《英国个人破产与债务清理制度》，法律出版社 2020 年版。

55. 徐阳光、王静主编：《破产重整法律制度研究》，法律出版社 2020 年版。

56. 谢振民编著：《中华民国立法史》，中国政法大学出版社 2000 年版。

57. 叶建平：《涅槃之道——破产的应然思考与实然探索》，法律出版社 2019 年版。

58. 晏立农：《图说古罗马文明》，吉林大学出版社 2009 年版。

59. 杨忠孝：《破产法上的利益平衡问题研究》，北京大学出版社 2008 年版。

60. 邹海林：《破产程序和破产法实体制度比较研究》，法律出版社 1995 年版。

61. 邹海林、周泽新：《破产法学的新发展》，中国社会科学出版社 2013 年版。

62. 邹海林：《破产法——程序理念与制度结构解析》，中国社会科学出版社 2016 年版。

63. 周枏：《罗马法原论》，商务印书馆 2001 年版。

64. 张善斌主编：《民法典时代破产制度的革新》，武汉大学出版社 2021 年版。

65. 张婷、胡利玲：《预重整制度理论与实践》，法律出版社 2020 年版。

66. 赵万一主编：《商法》（第 5 版），中国人民大学出版社 2017 年版。

67. 郑有为：《破产法学的美丽新世界》，（台湾）元照出版有限公司 2006 年版。

68. 张昭军：《中国文化史学的历史与理论》，人民出版社 2022 年版。

69. 张中秋：《中西法律文化比较研究》（第 5 版），法律出版社 2019 年版。

70. 最高人民法院民事审判第二庭编著：《最高人民法院关于企业破产法司法解释（三）理解与适用》，人民法院出版社 2019 年版。

71. 白田甜：《个人破产立法中的争议与抉择——以〈深圳经济特区个人破产条例〉为例》，《中国人民大学学报》2021 年第 5 期。

72. 陈根发：《债务人处罚的历史性考察》，《中外法学》1997 年第 2 期。

73. 陈国奇：《日本破产法最新修改》，《厦门大学法律评论》2005 年第 9 期。

74. 程霖、周艳：《近代中国家族企业债务重组制度思想及其现实镜鉴》，《财经研究》2017 年第 7 期。

75. 陈明珠：《台湾地区〈消费者债务清理条例〉之评析——兼展望中国大陆之个人破产制度》，《中国政法大学学报》2008 年第 6 期。

76. 池伟宏：《困境企业拯救的破产重整路径效率优化》，《中国政法大学学报》2021 年第 4 期。

77. 陈夏红：《欧盟新跨境破产体系的守成与创新》，《中国政法大学学报》2016 年第 4 期。

78. 杜军：《中、英企业破产拯救制度的比较研究》，《法律适用》2017 年第 21 期。

79. 丁燕：《世行“办理破产”指标分析与我国破产法的改革》，《浙江工商大学学报》2020 年第 1 期。

80. 丁燕：《破产免责制度的合宪性考察》，《中国法律评论》2020 年第 6 期。

81. 丁燕：《现代个人破产法的基础、价值与选择》，《上海政法学院学报》2021 年第 4 期。

82. 丁燕：《预重整融资法律制度的立法价值与规则构建》，《东方论坛》2021 年第 4 期。

83. 丁燕：《我国关联企业实质合并重整适用标准研究》，《山东法官培训学院学报》2021 年第 6 期。

84. 范志勇：《从单向走向互动的破产府院联动机制——以我国法院的破产能动司法为中心》，《中国政法大学学报》2021 年第 1 期。

85. 龚家慧：《论我国关联企业实质合并预重整制度的构建》，《当代法学》2020 年第

5 期。

86. 顾培东、张卫平、赵万一：《浅析破产法实施的文化——心理环境》，《学习与探索》1998 年第 6 期。

87. 郭兴利、成中英：《个人破产与民间借贷的文化分析——成中英教授访谈录》，《南京林业大学学报》（人文社会科学版）2014 年第 1 期。

88. 韩长印：《破产理念的立法演变与破产程序的驱动机制》，《法律科学》2002 年第 4 期。

89. 贺丹：《破产实体合并司法裁判标准反思——一个比较的视角》，《中国政法大学学报》2017 年第 3 期。

90. 胡利玲：《预重整的目的、法律地位与性质——基于对我国预重整地方实践的反思》，《东方论坛》2021 年第 4 期。

91. 胡健：《德国破产法：历史发展、现实状况和制度创新》，《德国研究》2005 年第 4 期。

92. 何骧：《文化语境下的我国个人破产制度建构之路——以美国相关立法为研究视角》，《贵州社会科学》2013 年第 1 期。

93. 金春：《外国破产程序的承认与协助：解释与立法》，《政法论坛》2019 年第 3 期。

94. 蒋大兴、王首杰：《破产程序中的"股转债"——合同法、公司法及破产法的一揽子竞争》，《当代法学》2015 年第 6 期。

95. 雷雨清、王欣新：《跨国界承认和执行与破产有关判决的示范法与我国相关立法的完善》，《法律适用》2019 年第 19 期。

96. 林安源、粟宝珍、黄强：《从绝对破产债务清偿到破产拯救理念的发生学分析》，《湖南省社会主义学院学报》2019 年第 2 期。

97. 刘冰：《论我国个人破产制度的构建》，《中国法学》2019 年第 4 期。

98. 李曙光：《新破产法的制定与中国信用文化和信用制度》，《法学家》2005 年第 2 期。

99. 李曙光、王佐发：《中国〈破产法〉实施三年的实证分析——立法预期与司法实践的差距及其解决路径》，《中国政法大学学报》2011 年第 2 期。

100. 李曙光：《论我国〈企业破产法〉修法的理念、原则与修改重点》，《中国法律评论》2021 年第 6 期。

101. 梁伟：《制度、文化、经济视角下执破衔接障碍与破产法本位重塑》，《内蒙古社会科学》（汉文版）2017 年第 3 期。

102. 梁上上：《利益的层次结构与利益衡量的展开——兼评加藤一郎的利益衡量论》，《法学研究》2002 年第 1 期。

103. 刘瑶：《中国跨境破产国际合作的法律问题研究——以韩进破产案为例》，《中国海商法研究》2018 年第 3 期。

104. 李永军：《我国〈企业破产法〉上破产程序开始的效力及其反思》，《法学杂志》2011 年第 2 期。

105. 马哲：《论个人破产余债免除制度在我国的适应性及其构建》，《中国政法大学学报》2019 年第 4 期。

106. 聂晶、方资：《供给侧改革背景下破产审判存在的问题及对策研究》，《河北法学》2018 年第 2 期。

107. 齐明：《论我国构建自然人破产制度的必要性》，《当代法学》2007 年第 4 期。

108. 沈芳君：《个人债务集中清理司法探索与个人破产立法设想——以浙江省为主要视角》，《法治研究》2021 年第 6 期。

109. 石静霞：《联合国国际贸易法委员会〈破产法立法指南〉评介及其对我国破产立法的借鉴》，《法学家》2005 年第 2 期。

110. 石静霞、黄圆圆：《论内地与香港的跨界破产合作——基于案例的实证分析及建议》，《现代法学》2018 年第 5 期。

111. 宋锡祥：《论欧盟跨国破产法》，《法学评论》2007 年第 4 期。

112. 王利明：《破产立法中的若干疑难问题探讨》，《法学》2005 年第 3 期。

113. 王卫国：《论重整制度》，《法学研究》1996 年第 1 期。

114. 王小梅：《法律移植与本土文化的融合——1930 年代南京国民政府〈破产法〉考察》，《河北学刊》2007 年第 3 期。

115. 王欣新、王健彬：《我国承认外国破产程序域外效力制度的解析及完善》，《法学杂志》2008 年第 6 期。

116. 王欣新、李江鸿：《论破产重整中的债务人自行管理制度》，《政治与法律》2009

年第 11 期。

117. 王欣新、周薇：《关联企业的合并破产重整启动研究》，《政法论坛》2011 年第 6 期。

118. 王欣新：《论破产程序中担保债权的行使与保障》，《中国政法大学学报》2017 年第 3 期。

119. 王欣新：《以破产法的改革完善应对新冠疫情、提升营商环境》，《法律适用》2020 年第 15 期。

120. 王欣新：《建立市场化法治化的预重整制度》，《政法论丛》2021 年第 6 期。

121. 王佐发：《预重整制度的法律经济分析》，《政法论坛》2009 年第 2 期。

122. 吴在存：《美国破产重整及管理人制度的考察与启示》，《人民司法》（应用）2018 年第 28 期。

123. 许德风：《论担保物权在破产程序中的实现》，《环球法律评论》2011 年第 3 期。

124. 谢琳：《地方政府债务的司法化解》，《中国政法大学学报》2021 年第 1 期。

125. 徐阳光、殷华：《论简易破产程序的现实需求与制度设计》，《法律适用》2015 年第 7 期。

126. 徐阳光：《论关联企业实质合并破产》，《中外法学》2017 年第 3 期。

127. 徐阳光：《破产程序中的税法问题研究》，《中国法学》2018 年第 2 期。

128. 徐阳光：《个人破产立法的英国经验与启示》，《法学杂志》2020 年第 7 期。

129. 徐阳光、武诗敏：《企业拯救文化与破产法律制度的发展——基于英国破产制度最新变革的分析》，《山西大学学报》（哲学社会科学版）2021 年第 1 期。

130. 徐阳光：《困境企业预重整的法律规制研究》，《法商研究》2021 年第 3 期。

131. 郁琳：《关联企业破产整体重整的规制》，《人民司法》（应用）2016 年第 28 期。

132. 郁琳：《破产程序中管理人职责履行的强化与监督完善——以管理人的法律地位和制度架构为视角》，《法律适用》2017 年第 15 期。

133. 袁泉：《内地与香港跨境破产合作机制前瞻》，《法律科学》2022 年第 3 期。

134. 邹海林：《我国企业再生程序的制度分析和适用》，《政法论坛》2007 年第 1 期。

135. 张玲：《跨国破产国际合作趋势研究》，《政法论坛》2003 年第 4 期。

136. 张艳丽：《破产重整制度有效运行的问题与出路》，《法学杂志》2016 年第 6 期。

137. 张钦昱：《破产和解之殇——兼论我国破产和解制度的完善》，《华东政法大学学报》2014 年第 1 期。

138. 张钦昱：《软预算约束视角下破产清算程序之反思及重构》，《法商研究》2016 年第 3 期。

139. 张善斌、翟宇翔：《破产和解制度的完善》，《河南财经政法大学学报》2019 年第 5 期。

140. 赵万一：《我国市场要素型破产法的立法目标及其制度构造》，《浙江工商大学学报》2018 年第 6 期。

141. 杜军、全先银：《公司预重整制度的实践意义》，《人民法院报》2017 年 9 月 13 日。

142. 丁燕：《构建与完善多层次企业债务重组法律机制》，《中国社会科学报》2019 年 8 月 28 日。

143. 丁燕：《破产和解制度在我国的勃兴与发展》，《中国社会科学报》，2022 年 05 月 18 日。

144. 贺小荣：《供给侧结构性改革背景下破产审判的重点问题及未来走向》，《人民法院报》2017 年 6 月 7 日。

145. 王富博：《破产重整制度的发展与完善》，《人民法院报》2018 年 3 月 28 日。

146. 王欣新：《紧抓破产难点 · 把握审判走向》，《人民法院报》2017 年 7 月 13 日。

147. 徐阳光：《破产案件审判庭设置的正当性证成》，《人民法院报》2016 年 5 月 25 日。

148. 郁琳：《关联企业破产制度的规范与完善》，《人民法院报》2018 年 4 月 11 日。

149. [德] 波克：《德国破产法导论》（第 6 版），王艳柯译，北京大学出版社 2014 年版。

150. [德] 乌尔里希 · 福尔斯特：《德国破产法》（第 7 版），张宇晖译，中国法制出版社 2020 年版。

151. [法] 让 – 弗朗索瓦 · 艾克：《战后法国经济简史》，杨成玉译，中国社会科学出版社 2020 年版。

152. [美] A.E. 门罗：《早期经济思想》，蔡受百译，商务印书馆 1985 年版。

153. [美] 爱泼斯坦等:《美国破产法》,韩长印等译,中国政法大学出版社 2004 年版。

154. [美] 保罗 · 卡恩:《法律的文化研究》,康向宇译,中国政法大学出版社 2018 年版。

155. [美] 查尔斯 · J. 泰步:《美国破产法新论》(第 3 版),韩长印、何欢、王之洲译,中国政法大学出版社 2017 年版。

156. [美] 道格拉斯 · G. 贝尔德:《美国破产法精要》,徐阳光、武诗敏译,法律出版社 2020 年版。

157. [美] 杰伊 · 劳伦斯 · 韦斯特布鲁克,查尔斯 · 布斯,[德] 克里斯托弗 · 保勒斯,[英] 哈里 · 拉贾克:《商事破产:全球视野下的比较分析》,王之洲译,中国政法大学出版社 2018 年版。

158. [美] 理查德 · A. 波斯纳:《法律理论的前言》,武欣、凌斌译,中国政法大学出版社 2003 年版。

159. [美] L.M. 弗里德曼:《法律制度——从社会科学角度观察》,李琼英、林欣译,中国政法大学出版社 1994 年版。

160. [美] 理查德 · A. 波斯纳:《法律的经济分析》,蒋兆康译,中国大百科全书出版社 1997 年版。

161. [美] 伦德尔 · 卡尔德:《融资美国梦——消费信贷文化史》,严忠志译,上海人民出版社 2007 年版。

162. [美] 乔 · B. 史蒂文斯:《集体选择经济学》,杨晓维等译,上海人民出版社 2014 年版。

163. [美] 小戴维 · A. 斯基尔:《债务的世界——美国破产法史》,赵炳昊译,中国法制出版社 2010 年版。

164. [日] 谷口安平主编:《日本倒产法概述》,佐藤孝弘等译,中国政法大学出版社 2017 年版。

165. [日] 山本和彦:《日本倒产处理法入门》,金春等译,法律出版社 2016 年版。

166. [日] 石川明:《日本破产法》,何勤华、周桂秋译,上海社会科学院出版社 1995 年版。

167.［日］伊藤真：《破产法》，刘荣军、鲍荣振译，中国社会科学出版社 1995 年版。

168.［英］费奥娜·托米：《英国公司和个人破产法》，汤维建、刘静译，北京大学出版社 2010 年版。

169.［英］弗兰西斯·斯奈德：《欧洲联盟法概论》，宋英编译，北京大学出版社 1996 年版。

170.［英］罗杰·科特雷尔：《法律、文化与社会——社会理论镜像中的法律观念》，郭晓明译，北京大学出版社 2020 年版。

171.［英］罗杰·斯克鲁顿：《牛津通识读本：康德》，刘华文译，译林出版社 2013 年版。

172.［英］伊恩·拉姆齐：《21 世纪个人破产法：美国和欧洲比较研究》，刘静译，法律出版社 2021 年版。

173.［意］F. 卡尔卡诺：《商法史》，贾婉婷译，商务印书馆 2017 年版。

174.［意］罗道尔夫·萨科：《比较法导论》，费安玲等译，商务印书馆 2014 年版。

175. 自然人破产处理工作小组起草：《世界银行自然人破产问题处理报告》，殷慧芬、张达译，中国政法大学出版社 2016 年版。

176.《美国破产法协会美国破产重整制度改革调研报告》，何欢、韩长印译，中国政法大学出版社 2016 年版。

177. Charles J.Tabb，Ralph Brubaker，*Bankruptcy Law-Principles*，*Policies and Practice*，Anderson Publishing，2003.

178. David B.Young，*Preference and Fraudulent Transfers*，*Commercial Law and Practice Course Handbook Series*，Practising Law Institute，2008.

179. Gottschalk，Michaels，Von Hein，*Conflict of Laws in a Globalized World*，Cambridge University Press，2007.

180. Jonathan Hill，Adeline Chong，*International Commercial Disputes*：*Commercial Conflict of Laws in English Courts*，Hart Publishing，2010.

181. M.Goode，*Principles of Corporate Insolvency Law*，Sweet&Maxwell，1997.

182. Margaret Howard，*Cases and Materials on Bankruptcy*，West Group，2005.

183. Michael J.Holleran，Donna Larsen Holleran，John D.Mcmickle，John B.Corr，

Bankruptcy Code Manual，West Group，2003.

184. Reinhard Bork，*Rescuing Companirs in England and Germany*，Oxford University Press，2012.

185. Stephen C. Ainlay，Gaylene Becker，Lerita M.Coleman，*The Dilemma of Difference*，Plenum Press，1986.

186. Stephen C.Mccaffrey，Thomas O.Main，*Transnational Litigation in Comparative Perspective*，OUP Higher Education Division，2010.

187. Stephen L.S，Linda J.R，Gregory M.D. *Problems and Materials on Bankruptcy Law and Practice*，West Academic Publishing，2013.

188. Charles Jordan Tabb，"The History of the Bankruptcy Laws in the United States"，*Am. Bankr. Inst. L. Rev.*，1995，Vol.9.

189. Michael D. Sousa，"The Principle of Consumer Utility：A Contemporary Theory of the Bankruptcy Discharge"，*Kansas Law Review*，2010，Vol.3.

190. Gerard McCormack，"Apples and Oranges? Corporate Rescue and Functional Convergence in the US and UK"，*Int.Insolv.Rev.* 2009，Vol.18.

191. Ian F. Fletcher，"The European Union Regulation on Insolvency Proceedings，in Cross-border Insolvency：A Guide to Recognition and Enforcement"，*INSOL International*，2003，Vol.17.

192. Jason J. Kilborn，"The Rise and Fall of Fear of Abuse in Consumer Bankruptcy：Most Recent Comparative Evidence from Europe and Beyond，*Texas Law Review*，2018，Vol.3.

193. Mann，Ronald J.，"Credit Cards and in the United States and Japan"，*Vanderbilt Law Review*，2002，Vol.1.

194. Michael D. Sousa，"Bankruptcy Stigma：A Socio-Legal Study"，Am. *Bankr. L.J.*，2013，Vol.6.

195. Michael D. Sousa，"The Persistence of Bankruptcy Stigma"，Am. *Bankr. Inst. L. Rev.*，2019，Vol.3.

196. Michelle Maroto，"The Scarring Effects of Bankruptcy：Cumulative Disadvantage

Across Credit and Labor Markets", *Social Forces*, 2012, Vol.1.

197. Nathalie Martin, "Common-Law Bankruptcy Systems: Similarities and Differences", Am. *Bankr. Inst. L. Rev.*, 2003, Vol.11.

198. Nathalie Martin, "The Role of History and Culture in Developing Bankruptcy and Insolvency Systems: The Perils of Legal Transplantation", *B.C. Int'l & Comp. L. Rev.*, 2005, Vol.28.

199. Peng M W, Yamakawa Y, Lww S.H., "Bankruptcy laws and entrepreneur-friendliness", *Entrepreneurship Theory and Practice*, 2010, Vol.5.

200. Rafi Efrat, "Legal Culture and Bankruptcy: A Comparative Perspective", *Emory Bankr. Dev. J.*, 2004, Vol.9.

201. Roman Tomasic, Peter Little, Angus Francis, Kam Kamarul,, Kui Hua Wang, "Insolvency Law Administration and Culture in Six Asian Legal Systems", *AJCL LEXIS*, 1996, Vol.15.

202. Simeon D, Oliver H, Caralee M, Andrei S., "Debt Enforcement around the World", *Journal of Political Economy*, 2008, Vol.6.

203. Steven C. Krause, "A Practitioner's Guide to Prepackaged Bankruptcy", *Am. Bankr. Inst. L. Rev.*, 2011, Vol.2.

204. Teresa A. Sullivan, Elizabeth Warren and Jay Lawrence Westbrook, Less Stigman or More, "Financial Distress: An Empirical Analysis of the Extraordinary Increase in Bankruptcy Filings", *Stanford L.Rev.*, 2006, Vol.6.

后　记

本书是中国博士后科学基金第12批特别资助项目的研究成果。作为多年从事公司法、破产法等民商事理论与实务的研究者，缘何选择“破产法律文化与破产法变革”这一如此宏大叙事的题目展开研究呢？主要由于笔者作为资深破产法理论学者兼一线破产业务律师，对国内破产惩戒与破产耻辱文化严重阻碍我国破产法制度的实施情况感触颇深，从而坚定了对破产法律文化这一主题展开研究的决心。

文化对法律的影响反映在生活的各个方面，若从破产法视角观察，则可以发现文化从不同领域以多种方式对破产法律产生影响，且破产法律文化的形成和变革历史悠久、影响深远。本书从历史学、社会学和心理学视角，对破产法律文化与破产法的关系展开全面的理论探讨和研究。根据破产法律文化的世界谱系图分析破产法律文化对各国破产法律制度的影响，并从联合国国际贸易法委员会《破产法立法指南》、世界银行“办理破产”评价指标等多维视角分析破产法律文化的全球变革，从破产法的全球竞争透视破产法律文化的本质，进而从破产法律文化的本质剖析各国破产法的改革图景。通过对各国破产法变革的镜鉴，本书从破产法律文化的发展提出我国破产立法以及破产法律共同体等诸多方面的改革框架与具体内容。最后，从《欧盟破产程序条例》《跨境破产示范法》彰显的破产法律文化入手，探讨其与跨境破产法的关系以及我国跨境破产法的发展。

“文化是存异，而文明则是趋同”。虽然不同的民族传统让我们存在差异，但作为人类却一定会有共同的追求所在，经济全球化的发展，使得我们有机会不断汲取他国破产法的良好经验，不断变革、创新与重塑自我，从而优化我国营商环境。本书未拘泥于特定破产制度的完善，而从破产法律文化的视角入手，意图从更高的层面、利用多维视角审视破产法的发展，也未止步于对破产法律文化与破产法变革关系的探究，还致力于利用研究结果反哺立法、司法、行政方面的改革，并推动跨境破产制度的完善及我国破产法的国际化。本书深刻诠释了破产法律文化与破产法之间的因果机制，既涉及实体法与程序法，又涉及国内法与国外法的比较。行文至此，颇感惶恐，破产法律文化与破产法的变革是一个庞大的研究课题，如何将部分国家或地区的先进破产法律制度与规则移植并深耕于我国的文化土壤，仍需不断思索，亦需破产法学界同仁共同努力。

感谢我的博士生导师中国人民大学王欣新教授、博士后导师华东政法大学杨忠孝教授，还有在华东政法大学进行博士后课题研究期间给予我悉心指导和帮助的各位领导、老师，他们是华东政法大学顾功耘教授、吴弘教授、沈贵明教授、陈少英教授、钱玉林教授、罗培新教授、肖国兴教授、刘凤元教授、伍坚教授、高玉明副处长、储俊老师、陈雷老师等。感谢人民出版社郭星儿编辑和其他编校老师，正是你们的辛勤付出才有了本书的最终付梓。感谢我的公公婆婆、丈夫和儿子对我工作的支持与理解。

丁　燕

2022 年 7 月 1 日于青岛大学浮山校区